W0319811

Klaus Bemmann

Die Religion der Germanen

Klaus Bemmann

Die Religion der Germanen

Die Religion der Deutschen bevor sie Christen wurden

PHAIDON

Überarbeitete und erweiterte Neuauflage 1998.
© 1990 by Phaidon Verlag GmbH, Essen
mit Genehmigung der Rechteinhaber.
Die Verwertung der Texte und Bilder, auch auszugsweise, ist ohne Zustimmung des Verlags urheberrechtswidrig und strafbar. Dies gilt auch für Vervielfältigungen Übersetzungen, Verfilmung und die Verarbeitung mit elektronischen Systemen sowie das Scannen und Digitalisieren und die Verwendung in digitalen Datenbanken jeder Art.

Gesamtherstellung: Millium Media Management
Printed in Germany

ISBN 3-88851-094-5

Inhalt

Religion ist das Horchen auf die Stimme Gottes,
der in allem, dem Kleinsten wie dem Größten, redet.

Paul de Lagarde

Ein Wort vorweg

Wer zu ergründen versucht, welche religiösen Vorstellungen unsere Ahnen hatten, bevor sie Christen wurden, muß sich zwangsläufig mit den Germanen beschäftigen. Seit der NS-Zeit ist jedoch alles, was mit den Germanen zusammenhängt, für Deutsche ein heikles Thema. In ihrem Wahn von der Überlegenheit der nordischen Rasse verherrlichten und überhöhten die NS-Ideologen alles Germanische und interpretierten Geschichte und Kultur der Germanen bedenkenlos nach Gutdünken, so wie es für ihre Zwecke nützlich erschien. Da im Namen des NS-Rassismus schreckliche Verbrechen geschehen sind, wurden unbewußt auch die Germanen, die zur Stützung dieser Ideologie mißbraucht worden waren, gedanklich mit diesen Verbrechen in Verbindung gebracht.

Die Folge war, daß nach dem Zusammenbruch des NS-Regimes das Thema Germanen jahrzehntelang tabu war. Niemand wollte sich ohne Not dem Vorwurf aussetzen, er wärme die NS-Ideologie wieder auf. Auch im Geschichtsunterricht der Schulen wurde dieses Thema geflissentlich ausgespart. Dort begann die deutsche Geschichte frühestens 919 mit der Gründung des ersten Deutschen Reiches. So ist inzwischen eine ganze Generation junger Deutscher ohne nähere Kenntnis der germanischen Geschichte und Kultur herangewachsen.

Nun sind die Germanen unzweifelhaft unsere Ahnen. Das Wort Deutsche ist nur eine andere Bezeichnung für die Festlands- oder Südgermanen, wie später noch näher dargelegt werden wird. Und selbstverständlich können unsere Ahnen nichts dafür, daß sie 2000 Jahre nach ihrem Ableben für eine rassistische

Ideologie mißbraucht wurden. Es wäre auch völlig abwegig, sie mit heutigen politischen Begriffen bzw. Schlagworten wie »rechts« oder »links« bewerten zu wollen. Die Germanen waren ausgesprochene Individualisten und sehr freiheitsliebend. Wollte man ihre politische Organisation mit heutigen Begriffen beschreiben, so müßte man sie als leidenschaftliche Demokraten bezeichnen; denn über alle wichtigen Angelegenheiten stimmten sie mehrheitlich ab, Anführer statteten sie nur im Kriegsfalle mit größeren Vollmachten aus, und sie scheuten sich nicht, unfähige oder glücklose Anführer durch einen Mehrheitsbeschluß wieder abzusetzen. Denjenigen, der sich unbefangen für sie interessiert, politisch in die rechte Ecke zu stellen, wäre daher töricht.

Ein halbes Jahrhundert nach dem Ende des NS-Regimes sollte es möglich sein, den Germanen Gerechtigkeit widerfahren zu lassen und sich vorurteilsfrei mit ihnen zu beschäftigen. Die Fachwissenschaftler im In- und Ausland haben dies in ihren Studierzimmern und auf vielen Ausgrabungsstätten schon immer getan, allerdings weitgehend unbemerkt von der Öffentlichkeit. Und dabei haben sie ganz erstaunliche Fortschritte in der Forschung erzielt. Es ist an der Zeit, diese Kenntnisse aus den Studierzimmern und Museen herauszuholen und einer breiten interessierten Öffentlichkeit vorzustellen.

Wer sich mit diesen Forschungsergebnissen intensiv und vorurteilsfrei befaßt, wird fasziniert sein von der Welt, die sich vor ihm auftut, und überrascht feststellen, wie zahlreich doch die Fäden der Tradition sind, die aus ferner Vergangenheit bis in die Gegenwart führen, und wie vielfältig wir noch immer in Sitten und Gebräuchen, in Gedanken- und Gefühlswelt mit unseren germanischen Vorfahren verbunden sind.

Grundlagen

Uns Menschen, die in den Traditionen und Wertvorstellungen des Christentums aufgewachsen sind, ist es zur selbstverständlichen Gewohnheit geworden, nichtchristliche Glaubensvorstellungen für minderwertig zu halten. Der Christengott duldet keine anderen Götter neben sich. Ein Nichtchrist ist ein Heide, ein Ungläubiger. Mag der aufgeklärte, moderne Mitteleuropäer anderen monotheistischen Religionen, wie etwa dem Islam, noch mit gewissem Respekt begegnen, so gelten ihm vorchristliche Religionen, die er für gewöhnlich mit dem Sammelbegriff Naturreligionen bezeichnet, als primitiv.

Diese Auffassung ist nicht allein das Ergebnis einer jahrhundertelangen Verteufelung dieser Religionen durch die christliche Lehre, sondern auch eine Folge der Fortschrittsgläubigkeit des modernen Menschen. Weil wir in Wissenschaft und Technik gewaltige, atemberaubende Fortschritte gemacht haben, glauben wir ganz selbstverständlich, daß wir den Menschen mit den einfachen Werkzeugen, denen mit Schwert und Speer und erst recht denen mit dem Faustkeil, auch geistig und sittlich überlegen seien. Das ist ein großer Irrtum.

Historiker, Archäologen und Naturwissenschaftler wissen heute: Den heutigen Menschen mit allen seinen körperlichen, geistigen und seelisch-sittlichen Anlagen und Möglichkeiten gibt es seit mehr als 35 000 Jahren. Ca. 35 000 Jahre v. Chr. taucht er plötzlich in Europa, Vorderasien und Afrika fast gleichzeitig auf. Man nennt ihn den Cromagnon-Menschen nach einer Höhle im heutigen Frankreich, wo man erstmals Überreste von ihm fand. Bis heute weiß niemand, woher er kam. Er ist vom Neandertaler, der bis dahin in diesen Regionen lebte und noch eine Zeitspanne neben dem Cromagnon-Menschen existierte, dann aber bald ausstarb, so grundverschieden, daß er nicht aus ihm hervorgegangen sein kann.

Es sind wir, Menschen von heute, die damals, mitten in der letzten Eiszeit, sich körperlich und geistig in ihrer Umwelt behaupten und sich mit ihr auseinandersetzen mußten. Und sie taten es. Wenn wir die Höhlenmalereien von Altamira und Lascaux betrachten und uns mit den kulturellen Hinterlassenschaften der frühen Hochkulturen der Ägypter, Assyrier, Babylonier und Griechen beschäftigen, so wird deutlich, daß der Mensch sich schon vor vielen Jahrtausenden nicht allein mit den Problemen des Überlebens, sondern genauso intensiv mit den geistigen und seelisch-sittlichen Problemen dieser Welt auseinandergesetzt hat. Wir können mit Sicherheit davon ausgehen, daß alles, was wir heute über Sinn und Zweck unseres Lebens, unserer menschlichen Existenz, über Gott, über die ganze Welt des Transzendenten, über Unsterblichkeit und ein Leben nach dem Tode an Gedanken hervorbringen, schon damals wieder und wieder gedacht worden ist.

Diese Betrachtung wird der Darstellung einer alten Religion vorangestellt, um deutlich zu machen, daß es sich bei jeder alten Religion, an die viele Generationen von Menschen unseres geistigen und sittlichen Horizonts ernsthaft und mit tiefer Überzeugung und Ehrfurcht geglaubt haben, um eine ernstzunehmende Religion handelt, welche die gleiche Wahrscheinlichkeit von Wahrheit für sich in Anspruch nehmen kann wie das Christentum, der Islam, der Buddhismus oder irgendeine andere große Religion von heute.

Was war nun der Glaube der Deutschen, bevor sie Christen wurden? Jeder, der diese Frage richtig und erschöpfend beantworten will, steht vor einer fast unlösbaren Aufgabe.

Zunächst: Was heißt hier »der Deutschen«? Das Wort »deutsch« ist noch verhältnismäßig jung. Es bezeichnete ursprünglich kein Volk, keinen Stamm und keine Nation, sondern eine Sprache. Es ist das germanische Wort theudisk, althochdeutsch diotisk, das auf das Substantiv thiot = Volk zurückgeht. Theudisk = deutsch war die Sprache des Volkes. Der Gegensatz war walhisk = welsch, romanisch. Mit deutsch bezeichnete man ab dem 7. Jahrhundert die gemeinsame Sprache der Festlands- oder Südgermanen, unsere Sprache.

Zu dieser Zeit waren die meisten der Germanenreiche, die während der Völkerwanderungszeit im 5. und 6. Jahrhundert in ganz Europa entstanden waren, schon wieder untergegangen: Die Ostgoten in Italien, die Wandalen in Nordafrika, die Gepiden und Heruler auf dem Balkan. Im Jahre 711 erlagen auch die Westgoten in Spanien dem Ansturm der Araber. Zur gleichen Zeit erstarkte jedoch das Reich der Franken immer mehr, und ihre Könige gliederten im Verlaufe mehrerer Jahrhunderte von Chlodwig (481–511) bis zu Karl dem Großen (768–814) alle auf dem europäischen Festland noch verbliebenen germanischen Stämme in ihr Reich ein: Burgunder, Alamannen, Thüringer, Bayern, Langobarden, Friesen und Sachsen. Das daraus entstandene fränkische Großreich, das von den Pyrenäen bis zur Elbe reichte, bestand nun in seinem östlichen Teil aus »deutsch« sprechenden Germanen und in seinem westlichen Teil aus »welsch«, nämlich altfranzösisch, sprechenden Romanen. Als es den Nachfolgern Karls des Großen nicht gelang, die Einheit dieses Großreiches zu erhalten, zerfiel es nach mehrfachen Teilungen in ein deutsch sprechendes Ostfränkisches Reich und ein französisch sprechendes Westfränkisches Reich, wobei die gemeinsame Grenze mit der damaligen Sprachgrenze nahezu übereinstimmte. Für diese Sprachverschiedenheit sind die sog. Straßburger Eide ein hervorragendes zeitgenössisches Dokument. Mit diesen Eiden, deren Texte überliefert sind, gelobten im Jahre 842 die Könige beider Reiche, Ludwig der Deutsche für das Ostfränkische Reich und Karl der Kahle für das Westfränkische Reich, im Angesicht ihrer Heere in beiden Sprachen, nämlich althochdeutsch und altfranzösisch, einander Frieden und Treue. Zu dieser Zeit, als das Wort deutsch für die Sprache der Germanen bereits allgemein gebräuchlich war, vollzog sich auch die Gleichsetzung der Bezeichnungen Deutsche und Germanen. So wurde Ludwig der Deutsche, der diesen Beinamen schon zu seinen Lebzeiten erhielt, von zeitgenössischen Geschichtsschreibern auch als »Rex germanorum«, also »König der Germanen«, bezeichnet. Während wir selbst, die Germanen des Ostfränkischen Reiches, das bald Deutsches Reich hieß, uns seitdem als Deutsche bezeichnen, haben viele unserer Nachbarn die alte Bezeichnung bis heute beibehalten. So nennen uns die Engländer Germans, die Griechen und die Rumänen Germani und die Italiener wahlweise Germanici oder Tedesci, wobei die letztere Bezeichnung wiederum vom germanischen theudisk abgeleitet ist.

Wir Deutschen sind also – wenn man einmal unsere staatliche Organisation in Vergangenheit und Gegenwart außer Betracht läßt – mit den Festlandsgermanen identisch. Und da unsere Vorfahren bereits Christen waren, als sie sich erstmals Deutsche nannten, ist der vorchristliche Glaube unserer Ahnen die Religion der Germanen.

Über Ursprung und Herkunft der Germanen ist sich die Wissenschaft heute im wesentlichen im klaren. Die Germanen sind aus der großen Völkerfamilie der Indogermanen hervorgegangen. Die Indogermanen ihrerseits sind eine Entdeckung der Sprachwissenschaft. Seit der deutsche Sprachwissenschaftler Franz Bopp im Jahre 1816 erstmals auf die enge Verwandtschaft der germanischen, lateinischen, griechischen, persischen und indischen Sprache hinwies, hat sich eine umfangreiche indogermanische Sprachwissenschaft entwickelt, der inzwischen der Nachweis gelungen ist, daß alle europäischen Sprachen – mit Ausnahme der kleinen finno-ugrischen Gruppe, bestehend aus der finnischen, lappischen, ungarischen, estnischen und baskischen Sprache – sowie das Persische und das Indische, aber auch inzwischen untergegangene Sprachen Kleinasiens wie das Hethitische und das Phrygische, große Übereinstimmungen sowohl im Wortschatz als auch in der Grammatik aufweisen. Man kam zu dem Ergebnis, daß sich diese großen Gemeinsamkeiten auf gar keinen Fall allein durch nachbarliche Kontakte erklären ließen, sondern daß alle diese Sprachen sich aus einer gemeinsamen Ursprache entwickelt haben müßten. Gemeinsame Sprache bedeute aber auch gemeinsamer Ursprung und gemeinsame Volkszugehörigkeit. Nach den beiden äußersten Randvölkern dieser Sprachgemeinschaft, den Indern und den Germanen, gab man dem so entdeckten Urvolk den Namen Indogermanen.

Inzwischen haben sich auch andere Wissenschaften, insbesondere die Vorgeschichtsforschung mit Hilfe der Siedlungsarchäologie, intensiv mit dem Indogermanenproblem befaßt. Es würde allerdings den Rahmen dieser Arbeit sprengen, wollte man hier auch nur ansatzweise die wichtigsten Ansichten, Theorien und Zweifel erörtern, die inzwischen in den einzelnen Fachwissenschaften hierzu erarbeitet worden sind. Eine gute Übersicht über den gegenwärtigen Stand der Indogermanenforschung gibt Lothar Kilian in seinem 1983 erschienenen Buch »Zum Ursprung der Indogermanen«. Er kommt zu dem Ergebnis, daß nach unserem derzeitigen Wissensstand die Anfänge des Indogermanischen in der Altsteinzeit liegen, etwa um 10 000 v. Chr. Seit etwa 4–5000 v. Chr., also der mittleren Steinzeit, sei mit dem Beginn des Zerfalls der frühen Grundsprache und ihrer fortschreitenden Auflösung in Einzelsprachen zu rechnen, denn bereits 1800 v. Chr. besteht eine Anzahl indogermanischer Einzelsprachen von stark ausgeprägter Individualität, die uns durch das Hethitische, Altindische und Altgriechische überliefert sind. Als Siedlungsgebiet sei für die mittlere Jungsteinzeit, also zwischen 3000 und 2500 v. Chr., das Gebiet zwischen Nordsee und Schwarzem Meer anzunehmen, wie es auf der folgenden Karte 1 schraffiert dargestellt ist. Man schließt dies u. a. aus dem Fehlen nichtindogermanischer Eigennamen im mittleren und östlichen Europa in Verbindung mit dem Vorhandensein altindogermanischer Gewässernamen. Auch muß wegen des indogermanischen Wort-

Karte 1: Siedlungsraum der Indogermanen um 3000 v. Chr. (nach Kilian).

schatzes – Vorhandensein bzw. Fehlen bestimmter Pflanzen- und Tiernamen – die Heimat in einer Zone gemäßigten bis kühlen Klimas gelegen haben.

Siedlungsarchäologisch sollen demnach bereits die Bandkeramiker, die im 4. Jahrtausend v. Chr. in Mitteleuropa im Donauraum lebten, Indogermanen gewesen sein, ebenso die Trichterbecherleute, die im 3. Jahrtausend v. Chr. im nördlichen Mitteleuropa siedelten und an die uns heute vor allem ihre Megalith- oder Hünengräber erinnern. Nahezu Einigkeit besteht darüber, daß jedenfalls die in der späten Jungsteinzeit, also ab etwa 2300 v. Chr., in ganz Mitteleuropa lebenden Schnurkeramiker oder Streitaxtleute Indogermanen gewesen seien und daß sehr wahrscheinlich auch die zur gleichen Zeit nördlich des Schwarzen Meeres existierende Ockergrabkultur zu den Indogermanen zu rechnen sei.

Die Germanen treten erstmals in Norddeutschland und Dänemark in Erscheinung. Seit wann derjenige Volksteil der Indogermanen, aus dem später die Germanen hervorgingen, hier bereits ansässig war, läßt sich derzeit nicht mit Gewißheit beantworten. Die bisherigen Forschungsergebnisse der Archäologie deuten darauf hin, daß in diesem Raum offenbar eine Bevölkerungskontinuität seit der jüngeren Steinzeit bestand, also von der schnurkeramischen Einzelgrabkultur Schleswig-Holsteins und Dänemarks über den Nordischen Kreis der Bronzezeit bis hin zur eisenzeitlichen Jastorfkultur. Das folgert man aus dem Fortbestand von Siedlungen, die keinerlei Anzeichen für Störungen oder gar Zerstörungen erkennen lassen, aus dem Grabbrauchtum, dem Benutzen derselben Grabhügel oder Friedhöfe über Kulturepochen hinweg, aus der folgerichtigen Entwicklung der Keramik und der übrigen stofflichen Kultur.

Vieles spricht dafür, daß auch die Träger der schnurkeramischen Einzelgrabkultur Schleswig-Holsteins und Dänemarks, die Kilian als Urgermanen bezeichnet, nicht in diesen Raum eingewandert, sondern aus der dort bereits ansässigen Trichterbecherkultur hervorgegangen sind.

Sollte dies zutreffen, so ist derjenige Volksteil der Indogermanen, aus dem die Germanen erwachsen sind, mindestens seit dem 3. Jahrtausend v. Chr. in jenem Gebiet ansässig gewesen. Doch wie immer diese sich in der Steinzeit abspielenden Entwicklungen auch verlaufen sein mögen, von Germanen spricht man frühestens ab der Bronzezeit, die in Norddeutschland und Skandinavien etwa um 1600 v. Chr. begann. Manche wollen die Bezeichnung Germanen erst ab dem Zeitpunkt gelten lassen, da sich durch die sog. germanische Lautverschiebung die germanische Sprache endgültig herausgebildet hatte. Allerdings ist sehr unsicher, wann die germanische Lautverschiebung stattgefunden hat.

Dafür kommt der Zeitraum von 1600–300 v. Chr. in Betracht. Nach überwiegender Meinung war dieser Vorgang, der sich mit Sicherheit über mehrere Jahrhunderte erstreckte, spätestens um 500 v. Chr. abgeschlossen. Diese Zeitvorstellung deckt sich mit der Auffassung, die von der heutigen Vorgeschichtsforschung mehrheitlich vertreten wird, daß man nämlich von Germanen erst ab der vorrömischen Eisenzeit sprechen könne. Dabei ist man sich darin einig, daß jedenfalls die norddeutsche Jastorfkultur, deren Anfänge im 6. Jahrh. v. Chr. liegen, germanisch ist. Man darf also mit der allgemeinen Zustimmung der Fachwissenschaftler rechnen, wenn man behauptet, daß es spätestens ab 500 v. Chr. die Germanen als sprachlich und kulturell eigenständige Bevölkerungsgruppe gegeben hat. Das damalige Siedlungsgebiet der Germanen, also gewissermaßen ihre Urheimat, umfaßte die gesamte norddeutsche Tiefebene von Rhein bis Oder sowie Dänemark und Südschweden.

Der Name »Germanen« ist allerdings noch jünger. Erstmals erwähnt wurde er durch den griechischen Philosophen und Historiker Poseidonius um ca. 80 v. Chr. Allgemein bekannt wurde er jedoch erst durch Caesar, der während seines Feldzuges in Gallien 58–51 v. Chr. in engen Kontakt und gefährliche kriegerische Auseinandersetzungen mit den Germanen geriet. Nach Tacitus war es der Name des ersten Stammes, der den Rhein überschritt und die dort ansässigen Gallier vertrieb. Aus Furcht vor den Siegern habe man dann alle germanischen Stämme als Germanen bezeichnet, worauf diese allmählich sich auch selbst so genannt hätten, nachdem der Name nun einmal aufgekommen war.

Die Tatsache, daß *alle* germanischen Stämme den Namen »Germanen« annahmen, zeigt bereits, daß sie sich als *ein* Volk fühlten. Dieses Bewußtsein der Zusammengehörigkeit war offenbar von Anbeginn vorhanden. Sie hatten eine uralte Sage, nach der sie alle von dem Gottessohn Mann = Mensch, lateinisch Mannus, abstammten, und wahrscheinlich nannten sie sich selbst einfach »Menschen«, wie andere Naturvölker dies auch taten.

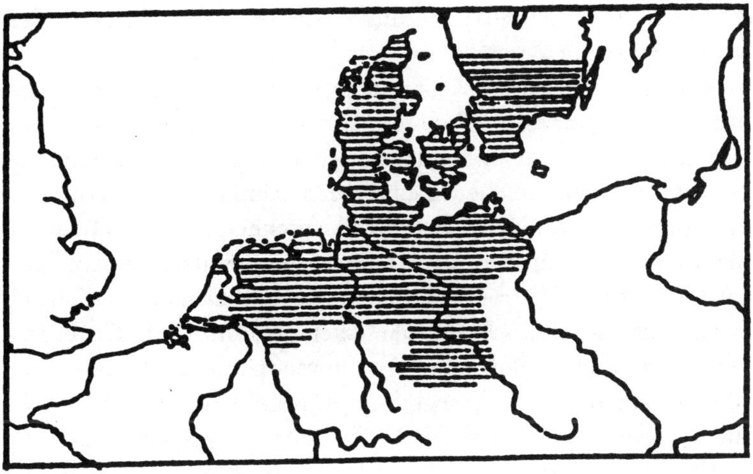

Karte 2: Siedlungsraum der Germanen um 500 v. Chr.

Auch ihre Stammesnamen Jüten, Goten, Heruler und Alamannen bedeuteten nichts anderes als »Menschen« oder »die eigentlichen Menschen«. Ihr frühes Zusammengehörigkeitsgefühl kommt auch in ihrer Bezeichnung »wendisch und welsch« für alle Nichtgermanen zum Ausdruck, denn das Bedürfnis zur Abgrenzung von anderen setzt das Bewußtsein der Zusammengehörigkeit voraus. Und auch die Bezeichnung »wendisch und welsch« ist uralt. Der Ausdruck »Welsche«, mit dem sie alle nichtgermanischen Nachbarn im Süden und Westen bezeichneten, zunächst die Kelten, dann die Römer und später auch die Italiener und Franzosen, geht nämlich auf den keltischen Stammesnamen Volcae zurück, und die Volcae lösten sich bereits um 300 v. Chr. aus der Nachbarschaft der Germanen. Damals verließen sie ihr Siedlungsgebiet am oberen Main. Der Ausdruck »Wenden«, mit dem die Germanen alle nichtgermanischen Nachbarn im Osten, nämlich Slawen und Balten, bezeichneten, geht auf die Veneter zurück, die ursprünglich an der unteren Weichsel siedelten, aber auch schon vor

200 v. Chr. von dort abzogen und so die Nachbarschaft der Germanen verließen.

Die Existenz dieses Zusammengehörigkeitsgefühls wird oft mit dem Argument in Zweifel gezogen, daß die germanischen Stämme sich untereinander häufig bekriegt hätten. Indessen zeigt ein Blick in die deutsche Geschichte, daß dieses Argument nicht zieht. Auch nach Gründung des Deutschen Reiches haben sich die deutschen Stämme und Kleinstaaten häufig bekriegt, zuletzt 1866. Trotzdem bestreitet niemand, daß die Deutschen sich seit jeher zusammengehörig fühlten. Auch in germanischer Zeit wird dieses Zusammengehörigkeitsgefühl mehrfach deutlich sichtbar, so im gemeinsamen Abwehrkampf gegen die Römer, in der Bündnispolitik Theoderichs des Großen, in der Weigerung der Sueben, Westgoten und Wandalen, als sie im 5. Jahrhundert als Nachbarn die iberische Halbinsel bewohnten, sich zum Nutzen Roms gegenseitig zu bekämpfen und auszurotten, ja der mittelalterliche Chronist Thietmar von Merseburg bezeichnet noch im 10. Jahrhundert die Germanen, die vor den Slawen in Schlesien siedelten, nämlich die Wandalen, als »die Unsrigen«.

Ab der Bronzezeit dehnten die Germanen ihren Siedlungsraum immer weiter nach Süden, Osten und Westen aus. Den Rhein mögen sie schätzungsweise um 300 v. Chr. überschritten haben. Als Folge der Unterwerfung Galliens durch Caesar wurde der Rhein dann zur Grenze zwischen dem Römischen Reich und dem freien Germanien, d. h. die linksrheinischen Germanen wurden römische Untertanen. Zu Beginn der Völkerwanderung, die 375 n. Chr. mit dem Hunnensturm einsetzte, umfaßte das Siedlungsgebiet der freien Germanen Skandinavien, Südengland, ganz Mitteleuropa bis Rhein und Donau und Osteuropa bis zum Don und Schwarzen Meer. Im Verlauf der Völkerwanderung brachten sie schließlich für einige Generationen ganz Europa und Nordafrika unter ihre Herrschaft.

Zu dieser Zeit waren sie allerdings zum überwiegenden Teil schon Christen. Von den germanischen Reichen der Völkerwan-

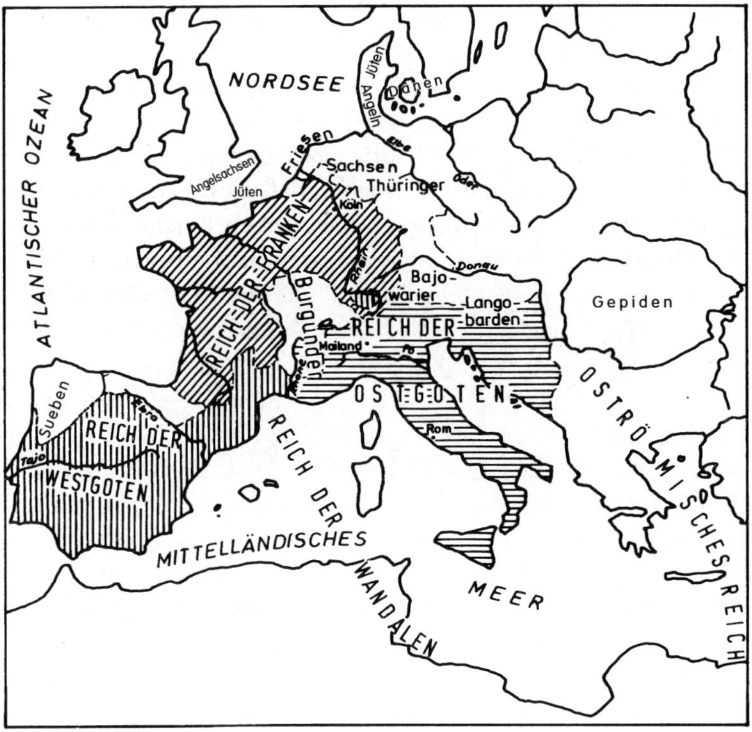

Karte 3: Europa um das Jahr 526.

derungszeit überlebte jedoch nur das Frankenreich, aus dem nach den Reichsteilungen von 843, 870 und 880 das Deutsche Reich hervorging.

Die größte Schwierigkeit einer Darstellung der germanischen Religion besteht in der Dürftigkeit des Quellenmaterials und dessen umstrittenem Aussagewert. Wir besitzen leider nicht einen einzigen Bericht eines Germanen aus vorchristlicher Zeit über seine Religion. Alles, was wir an schriftlichen Zeugnissen über die germanische Religion kennen, stammt entweder von Römern und Griechen oder von Germanen, die bereits Christen

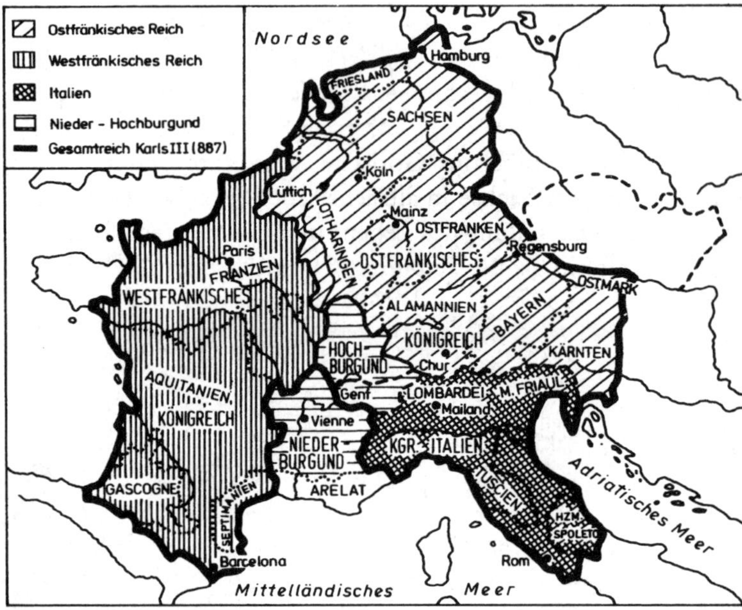

Karte 4: Die Frankenreiche nach 880

waren. Diese beurteilten die fremde Religion natürlich von ihrem Standpunkt, ihrer Erfahrungswelt und ihrer Interessenlage aus. Daher besteht bei jedem Autor die Streitfrage: Wie objektiv, wie wahr ist seine Darstellung? Hinzu kommt, daß keiner dieser Autoren eine umfassende Gesamtdarstellung der germanischen Religion gegeben, sondern immer nur einzelne Aspekte oder auffällige Besonderheiten dargestellt oder nur einen gerafften Überblick gegeben hat.

Die Frage, warum kein heidnischer Germane einen schriftlichen Bericht über seine Religion verfaßt hat, wird allgemein damit beantwortet, daß die Germanen die Schrift nicht kannten. Das ist jedoch nur bedingt richtig. Seit der Begegnung mit den Römern im 2. Jahrhundert v. Chr. beherrschten viele Germanen die römische Sprache, also das Latein, in Wort und Schrift. Es hätte also durchaus einer von ihnen eine Darstellung seiner Religion in Latein verfassen können. Er hätte sie sogar in seiner eigenen Sprache niederschreiben können, was daraus folgt, daß der Gote Wulfila die Bibel ins Gotische übersetzte und ein unbekannt gebliebener Sachse in altsächsischer Sprache den Heliand schrieb, eine Darstellung des Lebens und Leidens Jesu, beides zu einer Zeit, als ein großer Teil ihrer Stammesbrüder noch Heiden waren.

Vermutlich ist ein solches Werk deshalb nicht verfaßt worden, weil es dem religiösen Empfinden der Germanen widersprach. Dazu schreibt Tacitus: »Im übrigen sind sie der Meinung, sie dürften die Götter weder in Tempelwände einsperren noch sie sich irgendwie unter Menschengestalt vorstellen – und zwar der Größe der Himmlischen wegen. Sie weihen ihnen Wälder und Haine, und sie benennen mit Götternamen jenes Geheimnisvolle, das sie nur mit ehrfürchtiger Scheu wahrnehmen.« So werden sie es auch abgelehnt haben, ihre Götter in ein Buch einzusperren. So wie sich »jenes Geheimnisvolle des Göttlichen« jeder bildlichen Darstellung entzog, so auch jeder schriftlichen Formulierung.

Was steht uns also an Quellen zur Verfügung? Da sind zunächst die Werke der heidnischen römischen und griechischen Schriftsteller, allen voran die Germania von Tacitus, die man zwar lange Zeit als angeblich politische Streitschrift diskreditiert hat, deren Wahrheitsgehalt heute aber von der Wissenschaft einhellig anerkannt wird, nachdem archäologische Untersuchungen zahlreiche Angaben des Tacitus als richtig bestätigt haben. Wichtige Hinweise finden sich ferner bei Caesar, Plutarch, Poseidonius, Strabo, Suetonius und Ammianus Marcellinus.

Auch die frühen Geschichtswerke über einzelne germanische Stämme enthalten Aussagen über die germanische Religion, so die Gotengeschichte von Jordanes, die Langobardengeschichte von Paulus Diakonus, die Frankengeschichte von Gregorius von Tours und nicht zuletzt die Dänengeschichte von Saxo Grammaticus. Zu erwähnen sind ferner die Lebensbeschreibungen berühmter Missionare, Hagiographien genannt, die Kirchengeschichte des Adam von Bremen sowie germanische Gesetze wie die Lex Salica, der Edictus Rothari u. a.

Eine sehr wichtige und ergiebige Quelle sind die isländischen Eddas und Sagas, die zwar erst in christlicher Zeit niedergeschrieben wurden, aber zum ganz überwiegenden Teil auf heidnischer Überlieferung beruhen. Das älteste und interessanteste Material enthält die sog. ältere Edda. Sie ist eine Sammlung von Liedern, in denen Abenteuer von Göttern und Helden besungen werden, sowie von Gedichten belehrenden Inhalts.

Als schriftliche Quellen sind ferner die Merseburger Zaubersprüche, das Wessobrunner Gebet, die Formel, mit der die Sachsen bei ihrer Bekehrung zum Christentum ihrem alten Glauben abschwören mußten, Votiv- und Runeninschriften von Bedeutung.

Von den Votivinschriften, also lateinischen Inschriften auf heidnischen Weihealtären und Opfertafeln, hat man eine ganze Anzahl im von Römern besetzten Gebiet gefunden, die von Germanen für germanische Gottheiten verfaßt waren.

Runeninschriften finden sich auf Waffen, Schmucksachen, Steinen, vor allem Grabsteinen, und auf den verschiedensten Gebrauchsgegenständen. Die Runenschrift wurde vermutlich in den letzten beiden Jahrhunderten vor der Zeitenwende von einem Germanen nach dem Vorbild eines südeuropäischen, wahrscheinlich nordetruskischen Alphabets erfunden, sie wurde aber nie eine Gebrauchsschrift. Die Germanen glaubten, daß den Runen, deren Erfindung sie ihrem Gott Wodan zuschrieben, eine geheimnisvolle Kraft innewohne. Sie verwendeten sie daher hauptsächlich mit religiöser Absicht. Daher gewähren auch diese Inschriften Einblick in die germanische Religion.

An nichtschriftlichen Quellen stehen uns für die älteste Zeit Felszeichnungen zur Verfügung, die sich im gesamten bronzezeitlichen Siedlungsgebiet der Germanen finden und nach einhelliger Meinung mit religiösen Absichten in den Fels geritzt wurden.

Reiches Quellenmaterial hat uns vor allem in den letzten Jahrzehnten die Archäologie beschert. Nicht nur, daß Helme, Waffen, Schmuckstücke und Gerätschaften mit religiösen Darstellungen und Runeninschriften gefunden wurden, die entdeckten Opferplätze sowie Gräber und Siedlungen mit ganzen Friedhöfen geben auch Aufschluß über den Kult und die Jenseitsvorstellungen unserer Vorfahren.

Auch unser Wortschatz enthält heidnisches Erbe, so die Bezeichnung der Wochentage sowie zahlreiche Ortsnamen, die einen germanischen Götternamen enthalten und daher auf die Verehrung dieses Gottes an diesem Ort hindeuten.

Sicherlich geht auch mancher Volksbrauch und Volksglaube auf heidnische Zeit zurück. Wegen der Unsicherheit des Ursprungs kommen diese aber als wissenschaftliche Quelle nicht in Betracht. Man kann sie allenfalls als Bestätigung für auf andere Weise gewonnene Erkenntnisse benutzen.

Dieser kurze Überblick zeigt, daß die uns zur Verfügung stehenden Quellen unterschiedlichster Art sind. Sie stammen aus sehr verschiedenen Zeiten und weit voneinander entfernten Orten, betreffen verschiedene germanische Stämme und stammen von Autoren unterschiedlichster Volkszugehörigkeit und geistiger Überzeugungen. Darf man dennoch diese Quellen, z. B. die bronzezeitlichen Felszeichnungen und die mittelalterlichen Gedichte der Edda, zwischen deren Entstehung 2½ Jahrtausende liegen, wie Mosaiksteine zu einem einheitlichen Bild zusammensetzen? Die heutige Religionswissenschaft beantwortet diese Frage eindeutig mit Ja, vorausgesetzt, daß zuvor jede einzelne Quelle sorgfältig auf ihren Wahrheitsgehalt überprüft worden ist.

Das war nicht immer so. In der 150jährigen Forschungsgeschichte der germanischen Religion gab es die unterschiedlichsten Ansichten und Einschätzungen. Durch die Verquickung mit nationalen und antinationalen Gefühlen und Ideen gab es auch

Epochen emotionaler und tendenziöser Verirrungen, Übersteigerungen und Verdammungen. Das erschwert dem Laien, der sich objektiv und vorurteilsfrei informieren möchte, erheblich die Orientierung.

Die Forschung begann 1835 mit einem Grundlagenwerk, das noch heute große Anerkennung findet. Es ist die »Deutsche Mythologie« des genialen, umfassend gebildeten Jakob Grimm, der alle damals vorhandenen Quellen sammelte und erschloß. Die Darstellungen der ihm zeitlich nachfolgenden Autoren des 19. Jahrhunderts leiden alle darunter, daß die Verfasser mit ihrer Arbeit eine vorgefaßte These beweisen wollten, nämlich daß die germanische Religion lediglich aus einer Reihe spätantiker, christlicher und jüdischer Schriften zusammengesucht sei oder daß sie auf Phänomene des Sonnenlaufs oder auf meteorologische Erscheinungen zurückzuführen sei usw. Erst um die Jahrhundertwende erschienen wieder einige Gesamtdarstellungen, die um Sachlichkeit bemüht waren. Aber man trat auf der Stelle, die Forschung kam nicht voran, weil man sich auf die Deutung der schriftlichen Quellen beschränkte.

Erst durch die Heranziehung und Erschließung der Hilfswissenschaften gelang ein großer Schritt nach vorn. Der Norweger Olsen erschloß die Ortsnamenforschung, der Schwede Almgren lenkte die Aufmerksamkeit auf die Felszeichnungen, der Däne Grönbech befaßte sich ausführlich mit dem Kult, dem Gefühls- und Gedankenleben der Germanen, und der Deutsche Karl Helm bezog das archäologische Material in seine Forschung ein.

Die NS-Zeit brachte dann mit ihrem Geschwätz von der Überlegenheit der nordischen Rasse und der damit verbundenen Verherrlichung alles Germanischen die gesamte Germanenforschung derart in Mißkredit, daß es nach dem Kriege in Deutschland lange Zeit unmöglich war, das Thema überhaupt zu behandeln. So wundert es nicht, daß es zunächst Ausländer waren, die mit neuen Gesamtdarstellungen der germanischen Religion an die Öffentlichkeit traten. Dem Holländer de Vries verdanken wir ein monumentales Grundlagenwerk, 1957 erschienen, das zwar für einen Laien nicht leicht verständlich ist, für die Fachwelt heute aber das Standardwerk darstellt. Weitere wissenschaftliche Gesamtdarstellungen verdanken wir dem Belgier Derolez (1959) und dem Schweden Ström (1975).

Alle drei Forscher fügen die Erkenntnisse aus den zeitlich, örtlich und materiell unterschiedlichsten Quellen in überzeugender Weise zu einem einheitlichen Bild zusammen, das für die Gesamtheit der Germanen für die letzten 2000 Jahre vor ihrer Bekehrung zum Christentum Gültigkeit hat, von unwesentlichen Abweichungen von Stamm zu Stamm abgesehen. Dabei dient die Erkenntnis, daß alle indogermanischen Religionen große Ähnlichkeiten miteinander aufweisen und daher einen gemeinsamen Ursprung haben, als wertvoller Prüfstein. Indogermanische Parallelen zu einer germanischen Anschauung oder Sitte sind daher Beweis für deren heidnischen Charakter und zugleich für ihr hohes Alter. Überhaupt zeigt sich heute, daß die allzugroße Skepsis früherer Forscher gegenüber den Quellen weitgehend unbegründet war. Zutreffend bemerkt Ström: »Kritisch sein, ist das Wesen der Wissenschaft, aber Hyperkritik ist eine Krankheit. Die Beweispflicht geht immer zu Lasten desjenigen, der die Quellen als unzuverlässig ansieht.« Denn sicherlich stand der Zeitgenosse den von ihm geschilderten Ereignissen und Zuständen näher als der heutige Kritiker. Auch ist es falsch, mündliche Überlieferungen von vornherein als untaugliche Quelle zu betrachten. Es gibt bei den Germanen mehrere Beispiele einer mehr als 500 Jahre umspannenden einwandfreien mündlichen Überlieferung.

Nach Ström gibt es in der Kultur- und Religionsgeschichte der Germanen nur zwei Einschnitte: Den Übergang von der Jagd zur Landwirtschaft (etwa 3000 v. Chr.) und den Übertritt zum Christentum. So bestätigt die germanische Religion eine Beobachtung, die wir auch bei lebenden Religionen machen können: Von allen Kulturerscheinungen sind es die Glaubensgemeinschaften, in denen die Beharrungstendenz am stärksten ist. Was einem heilig ist, unterwirft man nicht den Modeströmungen. Ein Beispiel mag dies schlaglichtartig beleuchten: Die Beschreibung des Zustandes vor der Schöpfung in dem Gedicht »Der Seherin Weissagung«, das im 13. Jahrhundert auf Island im Rahmen der Eddalieder niedergeschrieben wurde, deckt sich fast wörtlich mit dem Wessobrunner Gebet, das man im 9. Jahrhundert in Süddeutschland aufzeichnete. Ganz offensichtlich handelt es sich um eine aus gemeinsamer Vorzeit stammende, in feste sprachliche Form gefaßte mythische Vorstellung, um einen uralten gemeingermanischen Götterhymnus.

So soll im folgenden aus den vielen Mosaiksteinen, die nach dem heutigen Stand der Wissenschaft als echt anerkannt sind, ein Gesamtbild der germanischen Religion entworfen werden.

Leben und Denken der Germanen

Wer eine fremde Religion verstehen will, muß zunächst das Leben und Denken der Menschen kennen, die Träger dieser Religion waren, denn die Religion ist ein Teil der Vorstellungswelt und ein Ausdruck der Lebensart dieser Menschen.

Vieles in der germanischen Lebens- und Denkweise erscheint uns heutigen Menschen fremd und unverständlich. Um trotzdem zu verstehen, müssen wir uns dieser Welt völlig vorurteilsfrei nähern, insbesondere müssen wir unsere christlich geprägte Ethik vorübergehend vergessen. Nur dann wird es uns gelingen, uns in diese Welt hineinzudenken.

Zunächst ein Blick auf die äußeren Bedingungen des Lebens der Germanen. Sie waren ein Volk von Bauern und Kriegern. Akkerbau und Viehzucht bildeten ihre Existenzgrundlage. Weizen, Roggen, Gerste, Hafer, Rüben, Erbsen, Bohnen, Flachs und Hanf säten, pflanzten und ernteten sie auf ihren Feldern. Pferde, Rinder, Schweine, Schafe, Ziegen, Gänse, Enten und Hühner züchteten sie als Haustiere. Es gab auch ein hochentwickeltes Handwerk, insbesondere das der Zimmerleute und Schmiede. Ihre Technik des Bootsbaues und ihre kunstvollen und hervorragenden Waffen erregen noch heute Bewunderung. Die meisten handwerklichen Tätigkeiten wie Spinnen, Weben, Mahlen von Getreide, zimmermannsgerechte Bearbeitung von Holz, Drechseln, Verarbeitung von Leder, Knochen und Metallen, Flechten von Binsen und Weidenzweigen und das Formen und Brennen von Tongefäßen wurden allerdings nebenher im bäuerlichen Haushalt ausgeübt. Auch Handel wurde getrieben, sogar Fernhandel mit den Mittelmeerländern.

Die Germanen siedelten nicht in Städten, sondern am liebsten verstreut. Der Einzelhof und kleine Hofgruppen, Weiler genannt, mitunter auch regelrechte Dörfer waren die gängige Siedlungsform. Jeder Hof war durch eine Umzäunung vom Nachbarhof getrennt und hatte seine eigene Flur. Dies entsprach ihrem starken Drang nach Unabhängigkeit. Haus, Hof und Flur waren Eigentum des einzelnen. Mitunter stand ein Teil der Flur, der noch heute als Allmende bekannt ist, im Gesamteigentum der Dorfbewohner.

Ihre Häuser waren aus Holz und ähnelten in Grundriß und Bauweise dem niederdeutschen Hallenhaus, auch Niedersachsenhaus genannt, jenem Fachwerkbauernhaus, das noch heute in ganz Norddeutschland weit verbreitet ist. Sein Inneres bildete eine große Halle, in deren vorderem Teil das Vieh aufgestallt war, während im hinteren Teil die Menschen wohnten. In der Mitte befand sich die Herdstelle, um die man frei herumgehen konnte und die den Mittelpunkt des häuslichen Lebens bildete. Von ihr aus konnte man das gesamte Haus überblicken und kontrollieren, insgesamt eine betriebswirtschaftlich hervorragende Lösung. Allerdings war das germanische Haus kein Ständerhaus, wie die heutigen Fachwerkbauten, bei denen die tragenden Stützpfosten auf Fundamentsteinen oder untermauerten Holzschwellen stehen, sondern es war ein Pfostenhaus, was besagt, daß die Stützpfosten in den Erdboden eingegraben waren. Infolge des natürlichen Fäulnisprozesses war die Lebensdauer dieser Pfosten sehr begrenzt. Insofern war das Ständerhaus eine großartige Erfindung und stellte einen einschneidenden Fortschritt dar. Es kam bei uns im 13./14. Jahrhundert auf.

Die Germanen kannten weder Staat noch Verwaltung. Ihr Zusammenleben wurde geprägt durch ungeschriebene, aber streng beachtete Gesetze, die sich in vielen Generationen durch Jahrhunderte bewährt hatten. Diese Gesetze, die man ebensogut als Sitte oder Brauch bezeichnen kann, wurden gewissermaßen mit der Muttermilch aufgenommen und daher als Selbstverständlichkeit empfunden. Sie garantierten daher auch ohne Staat und Verwaltung eine festgefügte Ordnung.

Kern dieser Ordnung war die Familie und Sippe. Sie war die Grundlage der germanischen Ethik. Ihrem Wohl und ihrer Ehre galt das ganze Denken, Fühlen und Streben des Germanen.

Die Sippe war stets wichtiger als der einzelne, denn der einzelne war unlöslich mit dem Schicksal seiner Sippe verbunden. Hohes Ansehen, Ruhm und Ehre der Sippe verliehen auch jedem einzelnen Sippenmitglied ohne weiteres einen hohen Wert in der Gemeinschaft. Umgekehrt minderten die Schande und das Versagen eines einzelnen das Ansehen der gesamten Sippe. Und ein Mann aus einer nur geringgeachteten Sippe hatte es außerordentlich schwer, zu persönlichem Ruhm und Ansehen zu gelangen.

Diese Einschätzung erstreckte sich auch auf die Verstorbenen. Die Sippe umschloß Tote und Lebende in einer unverbrüchlichen und unauflöslichen Gemeinschaft. Hohes Ansehen oder die Schande eines längst Verstorbenen warfen auch noch ihren Glanz oder Schatten auf die Nachgeborenen. Die Toten waren den Lebenden allgegenwärtig. Und so wurde die Sippe als eine Einheit empfunden, die viele Generationen aus Vergangenheit, Gegenwart und Zukunft umfaßte.

Dieses Bewußtsein der Einheit der Familie und Sippe auch mit den schon verstorbenen Generationen brachte später den christlichen Missionaren zusätzliche Probleme bei ihrer Bekehrungsarbeit. Als der Friesenfürst Radbod getauft werden sollte und bereits alle Vorbereitungen getroffen waren, hielt der Bischof Willibrord ihm noch einmal die Freuden des Himmelreichs und die Qualen der Hölle vor Augen. Radbod fragte ihn, wo denn seine toten Ahnen seien. Als Willibrord entgegnete, als Heiden seien sie natürlich in der Hölle, erklärte Radbod, er wolle nach seinem Tode mit seinen ruhmreichen Ahnen vereint sein und verzichte dafür gern auf die Gesellschaft all der frommen Christen. Damit erhob er sich und ging. Die Taufe war geplatzt. Radbod starb im Jahre 719 nach einem langen Leben, das erfüllt war von erbitterten Kämpfen für den Erhalt des alten Glaubens.

Die Gesamtleistung aller Generationen prägte den Wert einer Sippe. Man war der Überzeugung, daß jede Sippe ihre besonderen geistigen und körperlichen Eigenschaften und Fähigkeiten habe, die in den einzelnen Mitgliedern in jeder Generation mehr oder weniger immer wieder in Erscheinung traten. Ohne die Gesetze der Vererbung zu kennen, galten daher die Eigenschaften und Fähigkeiten des einzelnen nicht als zufällig und rein persönlich, sondern als im voraus bestimmt durch das Wesen und die besondere Beschaffenheit seiner Sippe.

Aber nicht nur in seinem Ansehen und seiner persönlichen Ausprägung, sondern auch in allen seinen Lebensaktivitäten war der einzelne in erster Linie Mitglied seiner Sippe. Diese vertrat ihn in allen wichtigen Angelegenheiten, sei es bei Vertragsschlüssen, in Rechtsstreitigkeiten oder bei der Eheschließung. Aus diesem Eingebundensein in die Familie und Sippe, in die man hineingeboren wurde, und die Gewißheit, im Schoße der Sippe Geborgenheit, Kraft und jede Unterstützung zu finden, erklärt sich ganz selbstverständlich der Wunsch jedes einzelnen, Ansehen, Wohlstand und Erfolg der Sippe zu erhöhen.

Die Sippe lebte eng beisammen. Sie bildete je nach Größe eine Hof- oder Dorfgemeinschaft. Zur Sippe zählten alle Verwandten väterlicher- und mütterlicherseits. Eine feste Grenze oder ein strenges System gab es nicht. Die Sippe war eine lebendige Einheit, bald weiter, bald enger. Die engsten Verwandten waren Vater, Sohn und Bruder, dann folgten Onkel und Vettern und schließlich alle übrigen Verwandten.

Innerhalb der Sippe herrschte unbedingter Friede. Er beruhte nicht auf einem bewußten Friedenswillen, sondern war eine Selbstverständlichkeit, mit der jeder aufwuchs. Es war einfach undenkbar, daß Verwandte die Hand gegeneinander hoben. Jeder Zwist unter Verwandten mußte friedlich gelöst werden. Selbstverständlich gab es Sympathien und Antipathien innerhalb der Sippe. Diese hatten aber zurückzustehen, denn der einzelne war nur etwas durch seine Sippe. Der Einsame, der Mann ohne Sippe, hatte keine Möglichkeiten, mochte er noch so genial sein. Dagegen hatte der Mann, der sich im Schutze einer starken Sippe wußte, alle Möglichkeiten. Deshalb war die Geschlossenheit der Sippe durch unbedingte Wahrung des inneren Friedens, waren ihr Ansehen und ihre Ehre eine lebenswichtige Notwendigkeit. Darum genügte es auch nicht, daß die Verwandten nur einander schonten. Vielmehr mußte der Friede aktiv sein. Jeder mußte die Sache des Verwandten als eigene verfechten. Dieses Bewußtsein war so stark, daß später, als die Germanen den christlichen Glauben angenommen hatten, durch Gesetz festgelegt werden mußte, daß man sich Verwandten nicht verpflichtet zu fühlen brauchte.

Der Friede schuf Geborgenheit in der Sippe, unbeschränktes Vertrauen und Treue. Darin lag auch Liebe. Geschah es doch einmal, daß Verwandte die Waffen gegeneinander erhoben, so war dies ein großes Unglück. Es war die Schändung des Heiligsten, der Tod der Sippe. Im Hildebrandslied, einem althochdeutschen Heldenlied aus der Völkerwanderungszeit, hat die Tragik eines solchen Konfliktes ihren dichterischen Ausdruck gefunden: Hildebrand, ein alter Haudegen, war 30 Jahre lang als bester Kämpe seines Königs Dietrich von Bern, des historischen Ostgotenkönigs Theoderich, in der Fremde gewesen. Jetzt kehrt er heim und trifft auf seinen Sohn Hadubrand, der ein Kleinkind war, als der Vater ging. Beide kennen sich nicht. Vor ihren Heeren stehend, fragen sie mit lautem Zuruf, wer der andere sei. Der Vater erkennt den Sohn, doch der Sohn glaubt ihm nicht, schilt ihn einen Betrüger. Der Vater ist verzweifelt. Wider seinen Willen kommt es zum Zweikampf, und der unglückliche Vater tötet den eigenen Sohn.

Ganz wichtig für das Verständnis germanischen Denkens ist die Bedeutung der Ehre. Die Ehre war das Rückgrat seines Menschentums, das Zentrale im Wesen des germanischen Mannes. Ohne Ehre konnte keiner leben. Wer seine Ehre verloren hatte, war kein Mensch mehr. Deshalb mußte die verletzte Ehre möglichst rasch durch Rache wiederhergestellt werden. Rache hatte also nichts mit Recht zu tun, sondern war Wiederherstellung der

Ehre. Die Rache mußte der Gekränkte um seines Lebens willen haben. Die Unentbehrlichkeit der Ehre bedeutete die Unumgänglichkeit der Rache.

Der Vollzug der Rache war Aufgabe der gesamten Sippe, denn durch die Verletzung der Ehre des einzelnen galt zugleich die Ehre der Sippe als verletzt. Da die Rache nicht Strafe, sondern Wiederherstellung der Ehre war, brauchte sie sich nicht notwendigerweise allein gegen den Täter zu richten, vielmehr wurde sie an der Sippe des Täters vollzogen, und zwar möglichst an ihrem besten Mann.

Die Rache mußte auch möglichst rasch vollzogen werden. Dauerte es zwischen Ehrverletzung und Rache sehr lange, so bestand die Gefahr, daß die Ehre sich vielleicht gar nicht wiederherstellen ließ. Das aber bedeutete praktisch den Tod des Gekränkten, denn das entehrte Sippenmitglied mußte ausgeschlossen werden, um die Ehre der Sippe zu retten. Ebenso wurde mit jemandem verfahren, der freiwillig auf die Rache verzichtete.

Die Ehre war die Seele der Sippe. Sie war ihr Selbstwertgefühl, das aus den Taten der Vorfahren, deren Reichtum und Ansehen, und aus den eigenen Taten und der der Verwandten entsprang.

Ursprünglich gab es nur eine Rache, die Rache in Blut. Das änderte sich auch nach Übernahme des Christentums zunächst nicht. Die mittelalterlichen Gesetze im christlichen Norwegen erkannten das Recht zur Rache weiterhin an. Die Überzeugung von ihrer unbedingten Notwendigkeit saß so tief, daß es noch Jahrhunderte brauchte, bis der Gesetzgeber ihre Abschaffung durchsetzen konnte. Bei den Friesen stand die Blutrache noch im 13. Jahrhundert in voller Blüte. Dort ließ man die Leiche so lange im Hause liegen, bis die Rache vollzogen war, damit der Tote die Hinterbliebenen ständig an ihre Pflicht zur Rache mahne. Obwohl auch die südgermanischen Stämme, so die Sachsen, Franken, Friesen, Langobarden und Burgunder, versuchten, die Rache in Blut zu verbieten und durch Bußgeldzahlungen abzulösen, gelang dies nur ganz allmählich.

Ebenfalls eine wichtige Rolle im Bewußtsein der Germanen spielte das Heil. Heil war etwas, das man nicht durch eigenes Tun erlangen konnte. Man konnte es allenfalls von den Göttern erbitten oder erflehen. Dennoch war es mehr als Glück. Es war einfach die Tatsache, daß jemandem alles gelang, wobei dieses Gelingen auch als Ergebnis der Tüchtigkeit angesehen wurde. Zwar konnte man durch noch so große Tüchtigkeit das Heil nicht erzwingen, dennoch wurde Heil im allgemeinen nur dem Tüchtigen zuteil.

Es gab Ernteheil, Fischheil, Fahrwindheil, Wetterheil und vor allem Siegesheil. Die Germanen folgten nur einem Anführer, der das Siegesheil besaß. Fiel er, so flohen sie kopflos. Ein König, den das Heil verlassen hatte, wurde abgesetzt. Und da das Heil der ganzen Sippe anhaftete, also erblich war, durfte der Nachfolger nicht der bisherigen Königssippe angehören, sondern es wurde ein ganz neues Königsgeschlecht gewählt.

Heil und Ehre lagen dicht beieinander, ja bedingten einander. Heil ohne Ehre war nicht denkbar, und wo viel Ehre war, mußte auch viel Heil sein. Wie in der Ehre war der Germane auch im Heil untrennbar mit seiner Familie und Sippe verbunden. Das Heil der Sippe begünstigte auch den einzelnen, und das Heil des einzelnen mehrte und erhöhte das Heil der Sippe.

Geburt, Heirat und Tod waren wichtige Ereignisse im Leben der Sippe.

Nach der Geburt wurde das Kind von der Hebamme aufgehoben – daraus erklärt sich der Name Heb-Amme – und wurde zunächst dem Vater gereicht. Nahm dieser das Kind an, so war es vollgültiges Mitglied der Sippe. Ein mißgestaltetes oder schwaches Kind konnte der Vater zurückweisen. Es wurde dann ausgesetzt. Das galt keineswegs als Verbrechen oder auch nur als verwerfliche Tat, denn es diente der Erhaltung der Lebenskraft der Sippe, und bis zur Aufnahme in die Sippe war das Kind völlig rechtlos. Das Aussetzen war ein so fester Bestandteil der germanischen Lebensordnung, daß der christliche Gesetzgeber sie –

ebenso wie die Blutrache – nach der Bekehrung zum Christentum zunächst weiter gestattete.

Erst nach neun Nächten – die Germanen zählten nach Nächten und nicht nach Tagen – erhielt das Kind seinen Namen. Er wurde vom Vater sorgfältig gewählt, denn er mußte sowohl zur Sippe als auch zum Kind passen. Familiennamen gab es bekanntlich bei den Germanen noch nicht. Sie entstanden in Deutschland erst in der Zeit vom 12. bis 14. Jahrhundert. Aber jede germanische Sippe hatte einen Wortstamm als eigenes unveränderliches Kennzeichen, in dem sie ihre individuelle Besonderheit, ihre Ehre und ihr Heil ausgedrückt sah. Jedes einzelne Sippenmitglied trug diesen Wortstamm, aus dem durch Anfügung eines Zusatzes wie bald = stark, rik = mächtig oder bert = strahlend der eigentliche Personenname gebildet wurde. So finden wir bei den Merowingern die Namen Childerik, Chlodwig, Chlothilde, Chlodomir, Childebert, Charibert, Chilperich, bei der Königssippe der Ostgoten Amalaberga, Amalafrida, Amalasuintha, bei der Königssippe der Westgoten Theudis, Theudegisel, Theudahathus, Theudomir, Theudericus, Theudimundus, bei dem Fürstengeschlecht von Kent Eormenrik, Eormenred, Eorconbert, Eorcongote, Eormenhild.

Diese Form der Namensbildung dürfte übrigens der Schlüssel zur Beantwortung der viel diskutierten, aber bisher ungelösten Frage sein, wie der germanische Name des Cheruskerfürsten Arminius lautete, des Siegers über die Römer in der Schlacht im Teutoburger Wald im Jahre 9 n. Chr. Da der Name seines Vaters Sigimerus lautete und andere Verwandte Segestes, Segimundus und Segimerus hießen, der Wortstamm seiner Sippe also Sieg lautete, hieß Arminius mit sehr hoher Wahrscheinlichkeit Siegfried. Die Siegfriedsagen und Siegfriedlieder wären danach Erinnerungen an ihn und seine Taten. Tatsächlich wurde Arminius nicht erst durch die deutsche Romantik vor 150 Jahren zum vielbesungenen Nationalhelden, sondern er war es schon unmittelbar nach der Varusschlacht und blieb es durch zwei Jahrtausende. So schrieb Tacitus 80 Jahre nach dem Tode des Arminius, daß die Germanen ihn noch immer in Liedern besingen würden. Und diese Lieder sind in Form des Nibelungenliedes und der Siegfriedgesänge der Edda auf uns gekommen, freilich infolge der jahrhundertelangen mündlichen Überlieferung vielfach verändert und verwoben mit anderen alten germanischen Heldenliedern. Interessant ist in diesem Zusammenhang, daß eine der Siegfriedsagen, nämlich der Kampf Siegfrieds mit dem Drachen, bereits auf einem der ältesten Bildsteine Gotlands dargestellt ist, nämlich dem Stein Austers I im Kirchspiel Hangvar, der in die Zeit von 400–600 datiert wird. (Abb. 3) Während andere Sagen und Gestalten des Nibelungenliedes, wie der Kampf zwischen Burgundern und Hunnen, König Etzel, der historische Hunnenkönig Attila, und Dietrich von Bern, der historische Ostgotenkönig Theoderich, eindeutig an geschichtliche Ereignisse des 5. und 6. Jahrhunderts anknüpfen, ist dieser Bildstein ein weiterer Hinweis darauf, daß die Siegfriedgestalt offenbar eine noch ältere historische Figur verkörpert, nämlich Arminius. Der Drache, auch Lindwurm genannt, könnte gut ein Symbol für das römische Heer sein, denn als Heerwurm im wahrsten Sinne des Wortes bewegten sich die Legionen des Varus in lang auseinandergezogener Kolonne durch das unwegsame Gelände des Teutoburger Waldes. Auch sonst sind in den Siegfriedsagen noch heute Ähnlichkeiten mit dem historischen Arminius erkennbar. So stammte Siegfried wie Arminius aus Norddeutschland, und beide wurden schließlich von Verwandten ermordet.

Doch zurück zur Namensgebung. Sehr gerne wurde dem Kind der Name des Großvaters gegeben. Namen berühmter Vorfahren kehrten in fast jeder Generation wieder, denn man wünschte und erhoffte, daß dem Kinde mit dem Namen auch das Heil des Verstorbenen zuteil werde.

Zahlreiche gesunde und kräftige Kinder waren der Stolz ihrer Eltern. Sie galten als Reichtum der Familie.

Zum Erstaunen der Römer erwies sich die germanische Familie auch bei der Begegnung mit den vielfältigen Verlockungen und der sexuellen Unbekümmertheit der römischen Hochzivilisation als unantastbar. So schreibt Tacitus über die germanische Ehe: »Die Ehen werden dort ernst genommen, und wohl keine ihrer Sitten verdient größeres Lob. Die Frau lebt in wohlbehüteter Schamhaftigkeit, durch keine lüsternen Schauspiele oder verführerischen Gelage verdorben. Eine Ehebrecherin findet keinen Mann wieder und wenn sie noch so schön, so jung oder so reich wäre. Niemand lacht dort über Laster, und man nennt es nicht Zeitgeist, zu verführen und sich verführen zu lassen. Gute Sitten vermögen dort mehr als anderswo gute Gesetze.«

Es galt die Einehe. Ausnahmen gab es nur bei hochgestellten Persönlichkeiten. So versuchte man mitunter, das Bündnis zweier Stämme dadurch zu festigen, daß der König oder Stammesfürst ein Mädchen aus der Königssippe des anderen Stammes zur Frau nahm, auch wenn er bereits verheiratet war.

Möglichst lange die Keuschheit zu bewahren, galt bei Männern wie Frauen als besonderer Vorzug. Vor Erreichen des 20. Lebensjahres kam für den Mann eine Heirat nicht in Betracht. »Auch mit der Verheiratung der Jungfrauen hat man es nicht eilig. Bei ihnen findet man die gleiche Jugendfrische und den ähnlichen hohen Wuchs. Einander ebenbürtig an Gesundheit und Stärke gehen sie die Ehe ein, und der Eltern Kraft spiegelt sich in den Kindern wider.« (Tacitus)

Die Brautwerbung wurde meistens durch einen Mittler vorgetragen und danach durch einen Vertrag zwischen den Sippen der Brautleute besiegelt. Dabei wurden Geschenke ausgetauscht, deren Qualität die anwesenden Verwandten prüften. »Diese Gaben sind nicht nach den Liebhabereien der Frau ausgesucht und nicht zum Schmuck der Neuvermählten bestimmt; es sind vielmehr Rinder, ein gezäumtes Pferd sowie Schild, Schwert und Speer. Auf diese Gaben hin bekommt der Mann die Frau, die nun auch ihrerseits dem Manne irgendeine Waffe schenkt. Das ist in den Augen der Germanen die stärkste Bindung, das ist die geheimnisvolle Weihe, das ist der göttliche Schutz und Schirm der Ehe. Die Frau soll nicht annehmen, sie stehe außerhalb des Gedankenkreises männlicher Tapferkeit und werde von den wechselvollen Schicksalen eines Krieges nicht betroffen. Deshalb wird die Frau gerade durch diese Sinnbilder bei Beginn ihrer Ehe daran erinnert, daß sie Kameradin ihres Mannes in Mühen und Gefahren wird, gewillt, das gleiche im Frieden, das gleiche im Kriege zu tragen und zu wagen; dies bedeuten die Rinder unter dem gemeinsamen Joch, dies das zum Kampfe gerüstete Roß, dies die Waffengabe. In diesem Sinne habe sie zu leben, in diesem Sinne zu sterben; sie empfange eine Gabe, die sie unentweiht an ihre Kinder weiterzugeben habe und die es wert sein müsse, von den Schwiegertöchtern übernommen und an die Enkel vererbt zu werden.« (Tacitus)

Der noch heute geübte Brauch, daß beim Einzug in die Ehewohnung der Bräutigam die Braut über die Schwelle des Hauses trägt, war bereits vor 2000 Jahren festes Brauchtum unserer Vorfahren. De Vries sieht den Grund in der Erinnerung daran, daß früher die Toten manchmal unter der Schwelle des Hauses begraben wurden, damit sie in vertrauter Nähe der Familie blieben. Um nun die Vorfahren des Bräutigams nicht zu verletzen, mußte die Braut über die Schwelle getragen werden. Auch die anschließende dreimalige Umrundung des Herdfeuers durch die Braut war eine Ehrenbezeugung für die Sippe des Mannes, der sie von nun an angehorte.

Der Mann war das Haupt der Familie. Ehefrau und Kinder unterstanden seiner Munt, d.h. seinem Schutz und seiner Gewalt. Sie wurden durch ihn rechtlich vertreten. Dennoch galt die Frau im Vergleich zum Manne keineswegs als minderwertig. Im Gegenteil: Die Germanen glaubten, daß den Frauen etwas Heiliges und Seherisches innewohne. Deshalb achteten sie auf ihre Meinung und folgten oft ihrem Rat.

Das eigentliche Aufgabenfeld der Frau war die Familie, und zwar in der gleichen Weise wie das in Deutschland bis Anfang dieses Jahrhunderts der Fall war. Ihr oblag die Betreuung und Versorgung aller Familienmitglieder, sie schaltete in Küche, Haus und Hof, und ihr unterstanden auch die Knechte und Mägde. Da der Mann durch Krieg, Jagd, Thingversammlungen und ähnliche Gemeinschaftspflichten oft abwesend war, trug die Frau die Verantwortung und die Lasten für Familie, Haus und Hof ganz allein.

Den Tagesablauf des Mannes schildert Tacitus wie folgt: »Gleich nach dem Schlafe, den sie häufig bis in den Tag ausdehnen, baden die Germanen, und zwar öfters warm, weil es bei ihnen während des größten Teils des Jahres Winter ist. Danach frühstücken sie, wobei jeder seinen Stuhl und Tisch für sich hat. Dann gehen sie bewaffnet an ihre Geschäfte, ebensooft aber auch zu Gelagen. Tag und Nacht durchzutrinken, ist für niemand eine Schande. Streitigkeiten, wie sie unter Trunkenen häufig vorkommen, enden nur selten mit bloßen Schimpfereien, öfters mit Totschlag und Verwundungen. Doch beraten sich die Germanen andererseits auch über Versöhnung von Feinden, über Anknüpfung von verwandtschaftlichen Beziehungen, über die Wahl von Fürsten, schließlich auch über Krieg und Frieden sehr oft bei solchen Gelagen, weil sich nach ihrer Ansicht der Sinn zu keiner anderen Zeit aufrichtigen Gedanken leichter erschließt oder für erhabene stärker begeistert. Ohne List und schlaue Berechnung offenbart dieses Volk noch immer die Geheimnisse seines Herzens in der Zwanglosigkeit froher Stimmung. So tritt denn bei allen die Gesinnung offen und unverhüllt zu Tage. Tags darauf verhandelt man nochmals über die Angelegenheit, und beide Zeiten sind gut gewählt: Sie beraten, wenn sie sich nicht verstellen können, und sie beschließen, wenn sie sich nicht irren können.« Eine in der Tat weise Einrichtung.

Hauptgetränk war das Bier. Daneben gab es den Met, ein berauschendes Getränk, das die Hausfrauen aus Honig und Wasser brauten, sowie Obstweine aus Äpfeln, Birnen und Schlehen.

Berühmt war die germanische Gastfreundschaft. Irgendeinem Menschen, wer es auch war und welchen Grund er auch hatte, kein Obdach zu gewähren, galt als Frevel. Man bewirtete, so gut man konnte, und waren die Vorräte aufgebraucht, so geleitete man den Gast zu einer anderen gastlichen Stätte. Allerdings galt es für den Gast als unschicklich, länger als drei Tage zu bleiben.

In den Bestattungsbräuchen fanden im Laufe der Jahrtausende mehrfach Veränderungen statt. Bis zum Beginn der jüngeren Bronzezeit, also etwa bis 1200 v. Chr., herrschte der Brauch der Körperbestattung. Der Verstorbene wurde sehr sorgfältig in einen Sarg aus Stein oder Eichenholz gebettet. Den Boden des Sarges bedeckte man zunächst mit einer weichen Unterlage aus Gras und Kräutern und breitete darauf eine Rinderhaut aus. Auf diese wurde der Verstorbene vollbekleidet gelegt, die Männer rasiert und angetan mit ihren Waffen, die Frauen sorgfältig frisiert und versehen mit ihrem Schmuck. Außerdem wurden mehrere irdene Töpfe mit Speise und Trank als Wegzehrung für die Reise ins Jenseits hinzugefügt. Nach den Feierlichkeiten wurde der Tote mit mehreren Decken zugedeckt und danach die Rinderhaut über ihm zusammengelegt. Sodann schloß man den Sarg und errichtete darüber einen Grabhügel, der bei hochgestellten Persönlichkeiten riesige Ausmaße erhalten konnte, bis zu 10 m Höhe und 75 m Durchmesser. In diesen Gräbern finden sich oft außerhalb des Sarges noch verbrannte Menschenknochen, die darauf hindeuten, daß dem Verstorbenen die Witwe oder Diener in den Tod gefolgt sind.

Ab der jüngeren Bronzezeit breitete sich dann von Südosten kommend über ganz Europa die Sitte der Leichenverbrennung und Urnenbestattung aus. Die Grabbeigaben wurden nun allmählich geringer an Zahl und Wert. Oft wurden die Urnen in schon bestehenden Grabhügeln beigesetzt.

Im ersten Jahrhundert n. Chr. kam dann wieder der Brauch der Körperbestattung auf, ohne jedoch die Sitte der Brandbestattung ganz zu verdrängen. Beide Bestattungsarten bestanden bis zur

Christianisierung nebeneinander, was den Schluß zuläßt, daß bis dahin der Unterschied und Wechsel in der Art der Bestattung nicht eine Änderung der religiösen Anschauungen bedeutete.

Übrigens enthielten bei weitem nicht alle Gräber Beigaben an Waffen und Schmuck, und auch auf die Errichtung eines Hügels wurde oft verzichtet. Die besonders aufwendigen und sorgfältigen Bestattungen galten vermutlich Angehörigen der Oberschicht.

Etwa ab 400 n. Chr. kam in Skandinavien die Sitte auf, am Grabe unbehauene Steine, sogenannte Findlinge, aufzustellen und mit einer Runeninschrift und religiösen Darstellungen zu versehen. Besonders prunkvolle Grabsteine entstanden dabei auf Gotland. Diese sog. Bildsteine sind auch für die germanische Religionswissenschaft von besonderem Wert.

In der Zeit zwischen Tod und Bestattung wurde eine Leichenwache gehalten. Die eigentliche Totenfeier war mit Gesängen, mehrmaligem Umreiten des Grabes und anderen feierlichen Handlungen verbunden. Den Abschluß bildete ein üppiges Totenmahl, durch das nicht nur der Verstorbene geehrt, sondern zugleich der Zusammenhalt der Sippe als unverbrüchliche Gemeinschaft aus Toten und Lebenden bekräftigt werden sollte. Das Bewußtsein der Lebenskraft der Sippe gab Lebensgewißheit und Vertrauen in die Zukunft auch im Angesicht des Todes. Daraus erwuchs eine gewisse selbstbewußte Fröhlichkeit, die allerdings später in christlicher Zeit ausartete, wohl weil ihr Ursprung nicht mehr verstanden wurde.

Bei den Germanen gab es noch keine ständische Gliederung der Gesellschaft etwa in der Art, wie sie im Hochmittelalter in der Unterteilung in Adel, Bürger und Bauern bestand. Alle waren sie freie Bauern und Krieger. Allerdings gab es eine kleine Oberschicht von besonders angesehenen Familien, deren Mitglieder von Geburt dazu bestimmt waren, die Führungskräfte des Gemeinwesens zu stellen. Diese Schicht war aber keineswegs nach unten abgeschlossen, sondern es gab soziale Auf- und Abstiege ohne Standesschranken. Wenn man sich dessen bewußt bleibt, kann man diese Schicht durchaus als Geburtsadel bezeichnen. In ihrer eigenen Sprache hießen die Angehörigen dieser Schicht Edelinge.

Daneben gab es auch Unfreie. Sie rekrutierten sich aus Kriegsgefangenen und deren Nachkommen. Sie wirtschafteten oft als Pächter selbständig und waren ihrem Herrn nur abgabepflichtig. Die rechtliche und tatsächliche Situation der Freigelassenen unterschied sich nur wenig von derjenigen der Unfreien, denn da sie keiner Sippe angehörten, mußten sie sich unter die Munt eines Freien stellen.

Die germanischen Stämme waren keine konstanten Gebilde, sondern befanden sich im Laufe der Jahrhunderte in einem ständigen Wandel. Da sich der germanische Siedlungsraum bis zum Ende der Völkerwanderungszeit ständig erweiterte, waren immer irgendwelche Stämme auf Wanderschaft. Diese bestanden im Kern aus kleinen traditionstragenden Kreisen, um die sich die kriegslustige Mannschaft vieler Stämme scharte. Unterwegs schlossen sich dann weitere kleinere und größere Gruppen an. So entstanden ganze Wanderlawinen. Dies ist schon bei den Kimbern und Teutonen zu beobachten und wird besonders augenfällig bei den Goten, Burgundern, Wandalen und Langobarden. Nach dem Eindringen in das Römische Reich schlossen sich auch große Massen germanischer Sklaven und römischer Soldaten germanischer Abkunft den wandernden Völkerschaften an.

Daneben gab es Neugründungen von Stämmen durch Abspaltung einzelner Gefolgschaftsverbände, sei es, daß diese aus Not abwandern mußten, sei es, daß sie einfach auf der Suche nach Ruhm und Reichtum nach Süden aufbrachen. Es gab auch Teilungen bei Uneinigkeit über die Königswahl, und andererseits gab es Zusammenschlüsse zu einem Großstamm, wenn größere Machtbildungen entstanden. Das zeigt sich in Ansätzen bereits im 1. Jahrhundert n. Chr. bei den Cheruskern unter Arminius und den Markomannen unter Marbod und vollzieht sich später in großem Stil bei der Entstehung der deutschen Großstämme der Sachsen, Franken, Alamannen und Bayern.

Dieser ständige Wandel erklärt, daß uns zu Beginn der Zeitrechnung, also zu Lebzeiten des Arminius, ganz andere Stammesnamen auf deutschem Boden begegnen, als im 5. Jahrhundert zur Zeit der Völkerwanderung und schließlich im 9. Jahrhundert bei der Entstehung des Deutschen Reiches. Der ständige Wandel zeigt zugleich, daß ursprünglich keine großen Unterschiede zwischen den einzelnen Stämmen bestanden. Das gilt sowohl für die Sprache als auch für Sitten und Gebräuche, Lebens- und Denkungsart und die Religion. Erst nach Bildung der deutschen Großstämme kam es allmählich zu verfestigten Stammestraditionen.

Bei Seßhaftigkeit des Stammes war das Siedlungsgebiet in Gaue eingeteilt, deren Zahl sich nach der Größe des Stammes richtete. Das Sachsenland umfaßte zu Widukinds Zeiten 70 bis 80 Gaue. Die Gaue setzten sich ihrerseits aus mehreren Dorfgemeinschaften bzw. Sippen zusammen.

Das politische Leben der Germanen war auf Gauebene als unmittelbare Demokratie, auf Stammesebene als parlamentarische Demokratie organisiert. Die höchste Instanz war das Thing, eine Vollversammlung aller Freien und Waffenfähigen. Während am Gauthing jeder teilnahmeberechtigt war, wurden zum Allthing des Stammes Vertreter entsandt, bei den Sachsen waren es 36 je Gau.

Die Vollversammlung des Gaues trat regelmäßig zu feststehenden Terminen zusammen, meistens bei Vollmond oder Neumond, weil diese Zeiten als heilbringend galten. Das Thing wurde in Waffen und unter freiem Himmel abgehalten. Die Beratungen zogen sich oft tagelang hin. Den Vorsitz führte ein Edeling, der nach Alter, Kriegsruhm und Beredsamkeit das höchste Ansehen genoß. Beifall wurde durch Aneinanderschlagen der Waffen gezollt, Mißfallen durch Murren kundgegeben.

Auf dem Thing wurde der Gaufürst gewählt, wurden die heranwachsenden Jünglinge durch Überreichung von Schild und Speer, meist durch den Vater, für waffenfähig und damit für volljährig erklärt, und es wurden rechtliche Streitigkeiten entschieden. Da Streitigkeiten zwischen einzelnen, Familien und Sippen unmittelbar durch Selbsthilfe bzw. Rache geregelt wurden, beschäftigte sich das Thing in der Hauptsache mit Verstößen gegen die Gemeinschaft: mit Landesverrat, Störung des Thingfriedens, Unzucht und Untreue. Wurde der Angeklagte für schuldig befunden, so lautete das Urteil auf Tod, wobei der Vollzug der Strafe sich nach der Art des Verbrechens richtete. Verräter und Überläufer knüpfte man an Bäumen auf, Kriegsdienstverweigerer und Versager im Kriege sowie Sittlichkeitsverbrecher versenkte man im Moor, wo sich ihre Leichen zur Freude der Archäologen so gut konservierten, daß wir durch sie interessante Belege für Aussehen und Kleidung der Menschen jener Zeit erhielten. (Abb. 9)

Höchste und letzte Instanz in allen rechtlichen und religiösen Fragen war das Thing des Stammes, das einmal jährlich oder aus dringendem Anlaß zusammentrat. Hier wurde der Stammesfürst oder König gewählt, wurde über Krieg und Frieden entschieden und wurde in Zeiten der Gefahr der Herzog gewählt, der die Führung des Heeres übernahm. »Bei der Wahl von Königen ist die adlige Abkunft, bei der von Herzögen die persönliche Tapferkeit ausschlaggebend. Die Könige besitzen keine unbegrenzte oder willkürliche Macht, und die Herzöge, mehr durch ihr Vorbild als durch ihre Befehlsgewalt Führer, verdanken ihre Stellung der Bewunderung, die sie erregen, wenn sie entschlossen sind, sich hervortun und in vorderster Linie kämpfen.« (Tacitus)

Alle wichtigen Fragen wurden von den mächtigen Adelsfamilien vorberaten. Sie waren auch sonst tonangebend. Wer Macht und Ansehen genoß, das richtete sich aber nicht in erster Linie nach dem wirtschaftlichen Reichtum, sondern danach, wer die größte, stärkste und entschlossenste Gefolgschaft hatte. »Die meisten und entschlossensten Gefolgsleute zu besitzen, das verleiht Ansehen, das verleiht Macht. Stets von einer großen Schar erlesener junger Leute umgeben zu sein, ist im Frieden eine Ehre und im Kriege ein Schutz. Und nicht nur im eigenen Stamme, auch bei den Nachbarn ist bekannt und berühmt, wer sich durch ein zahlreiches und tapferes Gefolge hervortut. Um seine Freundschaft wirbt man durch Gesandte, ihn zeichnet man durch Ehrengaben aus, und sehr oft läßt allein schon sein Ruf einen Krieg gar nicht zum Ausbruch kommen.

Erlauchter Adel und hohe Verdienste der Väter sichern auch noch ganz jungen Leuten die Wertschätzung eines Gefolgsherrn. Sie werden dann in die anderen, stärkeren und längsterprobten Mannen eingereiht, und es ist keine Schande, in einem solchen Gefolge« – dem auch Freigelassene angehörten – »gesehen zu werden.

In der Schlacht ist es eine Schmach für den Gefolgsherrn, sich an Tapferkeit übertreffen zu lassen, und eine Schmach für die Gefolgschaft, es dem Herrn an Tapferkeit nicht gleichzutun. Fürs ganze Leben aber lädt Schimpf und Schande auf sich, wer seinem Gefolgsherrn nicht in den Tod folgt. Ihn zu schirmen, ihn zu schützen, auch die eigenen Heldentaten ihm zum Ruhme anzurechnen, ist des Gefolgsmannes vornehmste und heiligste Pflicht. Die Gefolgsherren kämpfen um den Sieg, die Gefolgsmannen für ihren Herrn.« (Tacitus)

Unerschütterliche Treue ist eine Tugend, die im germanischen Leben eine große Rolle spielte, sei es als Sippentreue, Gefolgschaftstreue oder Bündnistreue. Sie wurde sich selbst und den Getreuen abgefordert und wurde als Tugend hochgeachtet. Sie selbst hielten sich für das treueste Volk. So wird berichtet, daß z. Z. des Kaisers Nero (54–68 n.Chr.) friesische Fürsten, die als Gesandte in Rom weilten, rühmend hervorhoben, niemand übertreffe die Germanen an Tapferkeit und Treue. Daraufhin setzten sie sich im Theater des Pompeius eigenmächtig auf die Plätze, die, wie man ihnen sagte, den Gesandten der Völker vorbehalten waren, die sich durch Tapferkeit und besondere Treue auszeichneten.

In der germanischen und mittelalterlichen Dichtung finden sich viele Belege für die hohe Wertschätzung der Treue. Auch im Nibelungenlied wird die Treue bis in den Tod, ja über den Tod hinaus, als große Tugend besungen, einerseits die Treue Kriemhilds zu Siegfried und andererseits die Treue Hagens und seiner Mitstreiter zu ihrem König Gunther. Sie ist als Nibelungentreue noch heute ein fester Begriff, wenn auch mit negativem Beiklang.

So wie die Familie im Frieden Grundlage des Lebens und der Ethik war, so war sie es auch im Kriege. Nach Familien, Sippen und Gauen geordnet, zogen die Germanen in den Kampf. Und nichts stärkte ihre Kampfmoral mehr als das Bewußtsein, Schulter an Schulter mit Vater, Bruder oder Sohn und unter den Augen der Frauen und Mütter zu kämpfen. »Am meisten spornt es sie zur Tapferkeit an, daß nicht blindes Ungefähr und willkürliche Zusammenrottung, sondern Familien und Sippen ihre Reitergeschwader und Schlachtkeile bilden. Auch befinden sich ihre Lieben in unmittelbarer Nähe, so daß die Kämpfer von dorther«, nämlich von der hinter der Front aufgefahrenen Wagenburg, »die gellenden Zurufe ihrer Frauen und das Wimmern ihrer Kinder hören können. Die Frauen betrachtet ein jeder als die heiligsten Zeugen, und auf ihre Anerkennung legt er den höchsten Wert. Zur Mutter, zur Gattin kommen sie mit ihren Wunden, und ohne Zagen zählen und untersuchen diese die Schläge und Stiche; auch bringen sie den Kämpfenden Speise und feuern sie an. Manche Schlachtreihe, die schon ins Wanken geraten war und zurückflutete, brachten die Frauen, wie es heißt, wieder zum Stehen: Sie bestürmten die Krieger unablässig mit Bitten, wiesen auf die unmittelbar drohende Gefangenschaft hin und hielten ihnen ihre entblößte Brust entgegen, um sie an ihre Ehegemeinschaft und die Kinder zu erinnern, die sie an ihrer Brust genährt hatten.« (Tacitus)

Seit altersher wurden Tierbilder als Feldzeichen mit in den Kampf geführt. Die Bilder waren von Stamm zu Stamm verschieden. Häufig waren es Drachen oder drachenähnliche Zeichen, wie sie auch die Schiffsschnäbel der Wikinger zierten, aber auch Adler, Löwen, Pferde, Eber und Raben sind bekannt. In Friedenszeiten wurden die Heeresstandarten in den heiligen Hainen aufbewahrt, die den Göttern geweiht waren. Dort wurden sie von Priestern behütet und bewacht.

Vor der Schlacht stimmten die Germanen Gesänge an, mit denen sie ihre Helden priesen und versuchten, sich selbst Mut und den Feinden Furcht und Schrecken einzuflößen. Dabei kam es ihnen hauptsächlich auf Rauheit des Tones und auf dumpfdröhnenden Widerhall an. Deshalb hielten sie ihre Schilde vor den Mund, so daß der Ton widerhallte und der Gesang zu großer Fülle und Wucht anschwoll. Noch aus der Völkerwanderungszeit wird dieser Brauch berichtet.

Alte Lieder waren auch die einzige Art ihrer geschichtlichen Überlieferung. Karl der Große, der trotz seiner christlichen Gesinnung fest in altgermanischen Traditionen wurzelte, der sich germanisch kleidete und germanisch, also deutsch, sprach, ordnete an, alle diese Lieder der Vorfahren zu sammeln und aufzuschreiben. Doch leider überdauerte diese Sammlung nur wenige Jahrzehnte. Ludwig der Fromme, Sohn und Nachfolger Karls des Großen, war ein frömmelnder, weltabgewandter Mann, der ernsthaft erwog, dem Thron zu entsagen und ins Kloster zu gehen. Er stand ganz unter dem Einfluß kirchlicher Würdenträger, und diese überredeten ihn, die Sammlung heidnischer Lieder zu vernichten, ein für die deutsche Geschichte und Kultur unersetzlicher Verlust. Wäre die Sammlung erhalten geblieben, wüßten wir heute wesentlich mehr über Leben, Geschichte und Religion unserer Ahnen.

Die Götter

Die Germanen lebten in Einklang und in Frieden mit der Natur. Sie wollten nicht die Natur beherrschen und sich unterwerfen, sondern sie fühlten sich als Teil der Natur. Sie lebten in Frieden und Freundschaft mit Tieren, Bäumen, Wasserläufen und Steinen. Sie fühlten sich mit ihnen verwandt. Alle waren sie Bestandteile der großen Schöpfung, und alle unterstanden sie den allmächtigen Gesetzen und Kräften, die allgegenwärtig waren und die doch niemand schauen konnte. In ihnen offenbarte sich das Göttliche.

Diese Harmonie mit der Natur und der Schöpfung und das Bewußtsein des göttlichen Wirkens in allen Dingen hat manchen antiken Beobachter zu der Annahme verleitet, die Germanen verehrten die Gegenstände der Natur als solche. So berichtet Caesar, die Germanen verehrten als Götter nur Sonne, Mond und Feuer. Eine Feststellung, die auf sehr oberflächlicher Beobachtung beruhte.

Die germanische Götterwelt war zu Caesars Zeiten bereits genauso vielgestaltig wie die römische, denn die vielen Ähnlichkeiten der griechischen, der römischen, ja auch der persischen und indischen mit der germanischen Götterwelt bedeuten, daß alle eine gemeinsame indogermanische Wurzel haben. Das ist heute die einhellige Meinung der Wissenschaft. Daraus folgt, daß alle diese Religionen sehr alt sind. Sie existierten in der Ausprägung, wie wir sie in der historischen Zeit kennenlernen, mit Sicherheit schon zur Bronzezeit, sehr wahrscheinlich noch früher.

Dieser Tatsache muß man sich auch bewußt sein, wenn man versucht, die germanischen Felszeichnungen der Bronzezeit zu deuten. Wenn es sich hierbei um religiöse Darstellungen handelt, wie allgemein anerkannt ist, so sind die dargestellten Götter dieselben, die auch in der historischen Zeit verehrt wurden, also Wodan, Donar, Tiwaz und all die anderen.

Obwohl also die germanische Götterwelt genauso vielgestaltig war wie die römische und die griechische, lag bei den Germanen das Schwergewicht des religiösen Empfindens auf der Verehrung der Gesamtheit der göttlichen Macht und des göttlichen Wesens, nicht bei der Verehrung einzelner Götter. Bezeichnend ist in diesem Zusammenhang, daß die meisten germanischen Wörter für die Götter sächlichen Geschlechts sind und nur im Plural gebraucht wurden, nämlich regin, god, bond und hopt.

Regin heißt »Wesen, die sich beraten, Entscheidungen treffen und herrschen«. Nach der Vorstellung der Germanen herrschten die Götter gemeinsam. Zwar gab es zwischen ihnen eine gewisse Rangordnung, aber schon die Aufgaben- und Arbeitsteilung unter den Göttern: Kriegsgott, Schutzgott, Fruchtbarkeitsgott, Thinggott, zeigt, daß ein Gott allein die Welt nicht regieren konnte. Die ausschließliche Verehrung eines einzelnen Gottes, verbunden mit dem Bewußtsein eines geradezu persönlichen Freundschafts- und Treueverhältnisses, wie es uns in einzelnen isländischen Sagas begegnet, ist eine Zerfallserscheinung der Spätzeit, die sich als Reaktion auf die Begegnung mit dem erstarkenden Christentum erklärt.

Nach der Vorstellung der Germanen berieten sich die Götter regelmäßig in einer Art Thing und regierten nach diesen Ratschlüssen die Welt. So kehrt in dem berühmten Götterlied der älteren Edda »Der Seherin Weissagung« die folgende Zeile immer wieder:

> »Da gingen die Berater zu den Richtstühlen,
> die hochheilgen Götter, und hielten Rat.«

Die Wörter bond und hopt heißen wörtlich: Bande, Fesseln. In ihnen kommt die Vorstellung zum Ausdruck, daß die Götter kraft ihrer Allmacht die Welt durch Gesetze, die wir noch heute als Naturgesetze bezeichnen, binden, ja fesseln, d.h. unabänderlich regeln. Auch das germanische Wort god ist sächlich und ein Pluraletantum, also ein nur in der Mehrzahl vorkommendes Wort, und bedeutet »die göttlichen Mächte«.

Gleichwohl hatten die Germanen sehr genaue Vorstellungen vom Aussehen und vom Wesen ihrer Götter. Sie waren durchaus menschenähnlich, hatten menschliche Eigenschaften und auch menschliche Schwächen. Sie waren verheiratet, hatten Kinder, führten Kriege gegen Riesen und Ungeheuer, hielten Zechgelage und hatten Liebschaften. Der herausragende Unterschied zu den Menschen war ihre Allmacht und ihre Unsterblichkeit.

Allerdings konnten die Götter auch Tiergestalt annehmen. Wenn diese Tiere, in die sich einzelne Götter zu verwandeln liebten, nämlich Pferd, Wolf, Rabe, Eber, Adler, Schlange, als heilig galten, so nicht deshalb, weil in ihnen der Gott selbst gesehen wurde, sondern weil sie auserwählt waren. Sie waren zugleich Lieblinge und Begleiter der Götter, und so fiel auch auf sie ein Abglanz des Göttlichen.

Die Götter bildeten eine große Familie, eine Sippe. Sie nannten sich die Asen. Ihr Reich hieß daher Asgard, während die Erde, das Reich der Menschen, Midgard hieß. Ursprünglich hatte es noch ein zweites Göttergeschlecht gegeben, die Wanen. Zwischen Asen und Wanen war in grauer Vorzeit ein Krieg entbrannt, der durch den Austausch von Geiseln beendet wurde. Die Asen erhielten Njörd und seine Kinder Frei und Freia als Geiseln, die allerdings bald so sehr in die Familie der Asen integriert wurden, daß man sie schließlich auch als Asen betrachtete.

Es hat viele Deutungsversuche gegeben, diesen Krieg der Göttergeschlechter zu erklären. Da die Wanen Fruchtbarkeitsgötter sind, bei den Asen dagegen das kriegerische Element überwiegt, wurde die These aufgestellt, daß die Wanen die Götter einer bäuerlichen Urbevölkerung gewesen seien, vielleicht der Trichterbecherleute, also jenes Volkes, das die Megalith- oder Hünengräber errichtete, und daß die Asen die Götter eingedrungener kriegerischer Eroberer, nämlich der Streitaxtleute oder Schnurkeramiker, gewesen seien. Eine interessante, aber nicht beweisbare These, zumal sehr zweifelhaft ist, ob das Auftreten der Streitaxtkultur überhaupt mit einer Bevölkerungsverschiebung verbunden war. Vieles spricht dafür, daß es ein und dasselbe Volk war, das im 3. Jahrtausend v. Chr. zunächst durch Trichterbecher und Hünengräber und später durch Schnurkeramik und Streitäxte in Erscheinung trat.

»Es verträgt sich nicht mit der Vorstellung der Germanen von der Erhabenheit der Himmlischen, Götter in Tempelwände einzuschließen oder irgendwie menschenähnlich darzustellen. Sie weihen ihnen Wälder und Haine und benennen mit Namen von Göttern jenes Geheimnisvolle, das sie nur mit ehrfürchtiger Scheu wahrnehmen«, so wurde bereits eingangs Tacitus zitiert. In der Tat kannten die Germanen keine Tempel als bleibende Wohnstätten ihrer Götter. Prunk und Protz vertrugen sich nicht mit ihrem religiösen Empfinden und ihrem Verständnis des Göttlichen. Gleichwohl gab es Gebäude für religiöse Zwecke und auch bildliche Darstellungen von Göttern.

In ihren heiligen Hainen gab es Gebäude zur Aufbewahrung ihrer Heiligtümer, wie Heeresstandarten und Gerätschaften, die bei religiösen Feiern Verwendung fanden, wie heilige Wagen, Opferkessel, Trinkhörner usw. Sie wurden dort von Priestern bewacht und gehütet. Diese Gebäude hatten also mit religiöser Verehrung nichts zu tun. In der Spätzeit, als der geistige Abwehrkampf gegen das Christentum voll entbrannt war, gab es allerdings auch Tempel. Sie sind als Abwehrreaktion auf das Christentum zu verstehen, das sich mit Kirchenbauten, Kruzifix und Bibel sehr stark gegenständlich und bildlich in Szene setzte und dem man sich daher mit gleichen Mitteln entgegenstemmte. So berichtet Adam von Bremen, der im 11. Jahrhundert als Bischof von Hamburg und Bremen in Skandinavien missionierte, daß es in Uppsala einen großen Tempel gab, in dem auch Statuen der Götter Wodan, Donar und Frei standen und wo regelmäßig zu Ehren dieser Götter große Opferfeste stattfanden.

Bildliche Darstellungen von Göttern hat es indessen schon immer gegeben. Schon während der Bronzezeit wurden Götterbilder in Felsen geritzt. Wenn in den Felszeichnungen inmitten vieler kleiner Menschen, Kriegern auf Pferden und Schiffen eine überdimensional große menschliche Gestalt abgebildet wurde, so können wir mit Sicherheit davon ausgehen, daß diese einen Gott darstellen soll. In der germanischen Bildersprache wurden die Figuren in einer Größe dargestellt, die ihrer Bedeutung entsprach. Daher war ein Gott leicht daran zu erkennen, daß er zigmal so groß dargestellt wurde, wie die ihn umgebenden Menschen, Tiere und Schiffe. Das war in historischer Zeit nicht anders. So sind im Sachsenspiegel, einem Rechtsbuch aus dem Anfang des 13. Jahrhunderts, in dem alle Texte bildlich erläutert sind, die Könige und Fürsten dadurch kenntlich gemacht, daß sie die einfachen Leute um ein Vielfaches überragen. Die gleiche Erscheinung finden wir in den Evangeliarien des Mittelalters wieder. Zusätzlich wurde die Person durch Beifügung eines für sie typischen Symbols, etwa Krone, Zepter oder eines roten Mantels für den König, kenntlich gemacht.

Wenn also auf der Felszeichnung von Litsleby in Südschweden inmitten kleiner Menschen eine riesige Gestalt mit einem Speer dargestellt ist, so handelt es sich dabei unzweifelhaft um Wodan, dessen kennzeichnendes Attribut ein Speer ist.

Aber auch aus späterer Zeit kennen wir viele germanische Götterdarstellungen auf Waffen, Helmen und Brakteaten. Letzteres sind Medaillen aus Goldblech, ursprünglich römischen Münzen nachgebildet, die als Amulette getragen wurden. Eine besonders schöne Darstellung Wodans mit furchterregendem Gesicht unter schwerem Helm, reitend auf seinem Pferd Sleipnir und begleitet von den beiden Raben Hugin und Munin, den gewaltigen Speer kampfbereit in der Faust, findet sich auf dem Helm von Vendel, der in Ostschweden gefunden wurde. (Abb. 1 u. 2)

Ein recht primitives Bildnis stellen dagegen die sog. »Pfahlgötter von Eutin« dar. (Abb. 10) Es sind Holzstämme, die sich nach

Felszeichnung von Litsleby in Südschweden.

unten gabeln, in die man einfache Gesichter und Geschlechtsmerkmale geschnitzt hat, so daß deutlich zu erkennen ist, daß sie einen Mann und eine Frau darstellen sollen. Ursprünglich waren sie auch noch mit Armen versehen, wie die Löcher in Schulterhöhe erkennen lassen. Da diese Figuren in der Nähe von Topfscherben und Spuren großer Feuer gefunden wurden, gehörten sie zu einer Opferstätte, wo sie die Götter symbolisieren sollten. Ganz ähnliche Pfahlgötter hat man auch in anderen germanischen Heiligtümern gefunden, z. B. in Oberdorla in Thüringen und im Wittenmoor im Landkreis Wesermarsch.

Doch für alle diese Bilder gilt, daß sie nicht selbst Gegenstand der Verehrung waren, nicht in ihnen der Gott persönlich gesehen wurde, sondern daß sie nur die bewußte Äußerung eines starken religiösen Gefühls waren. Durch sie erhielt die Verbundenheit mit den Göttern, die Verehrung, das Bekenntnis zur Allmacht des Göttlichen einen sichtbaren Ausdruck. Der Krieger, der den Helm von Vendel trug, bekannte damit sichtbar, daß er Wodan verehrte und auf den Beistand dieses Gottes vertraute.

Wodan

Wodan, althochdeutsch Wuotan, altenglisch Woden, altnordisch Odin, war der höchste Gott, auch Allvater genannt. »Er herrscht über alle Dinge, und alle anderen Götter dienen ihm, wie Kinder, die ihrem Vater gehorchen, und mögen sie auch selber noch so mächtig sein.« (Snorri)

Wodan ist eine vielschichtige, geheimnisvolle Gestalt. Er war der Kriegsgott, der das Schlachtenglück lenkte, der Gott der Dichtkunst und der Runen, der Gott der Weisheit, der Gott der Ekstase und der Magie.

Er war der einzige Gott, dem Menschenopfer dargebracht wurden. Sie wurden erhangt oder mit dem Speer durchbohrt, denn der Speer war sein Herrschaftssymbol. Manchmal weihte man ihm das gesamte feindliche Heer, indem vor Beginn des Kampfes ein Speer über die feindlichen Schlachtreihen geschleudert wurde. Nach errungenem Sieg wurde ihm in einer Art religiösem Blutrausch das gesamte Heer geopfert, die Kriegsgefangenen wurden erhängt, die Pferde geschlachtet, die erbeuteten Waffen und Rüstungen zertrümmert. Dafür gibt es aus der Geschichte, Literatur und Archäologie zahlreiche Beispiele.

Als im Jahre 105 v. Chr. die Kimbern und Teutonen bei Arausio am linken Ufer der Rhone ein römisches Heer, das sich ihnen entgegenstellte, besiegt hatten, opferten sie die gesamte Beute Wodan. Der Römer Orosius berichtet darüber: »Die Feinde, die eine unermeßliche Beute gemacht hatten, vernichteten infolge eines ungewöhnlichen Schwures alles, was in ihre Hände gefallen war: Die Gewänder wurden zerrissen und in den Kot getreten, das Gold und Silber in den Strom geworfen, die Panzer der Männer zerhauen, der Schmuck der Pferde vernichtet, die Pferde selbst in den Strudeln des Stroms ertränkt, die Menschen mit Stricken um den Hals an Bäumen aufgehängt, so daß der Sieger keine Beute erhielt, der Besiegte kein Erbarmen erfuhr.«

Tacitus berichtet von einer Schlacht zwischen den germanischen Stämmen der Chatten und Hermunduren im Jahre 58 n. Chr., vor deren Beginn beide Parteien im Falle eines Sieges das feindliche Heer Wodan geweiht hatten, indem sie einen Speer über die feindliche Streitmacht schleuderten. »Ein Gelübde, durch das Mann und Roß, überhaupt alles Lebende, der Vernichtung anheimgegeben wird.«

Ähnliches wird von den Goten und den Franken berichtet. In dänischen Mooren hat man riesige Waffenfunde gemacht, Hunderte von Speerspitzen, Schilden, Schwertern, alles zerhackt, zerschlagen, verbogen; offensichtlich die Überbleibsel eines Wodanopfers.

Wodan genoß bei allen germanischen Stämmen größte Verehrung. Er war nicht nur der Herrscher im Himmel und auf Erden, sondern verkörperte die Herrschaftsfunktion schlechthin. Alle germanischen Königshäuser, seien es die der Goten, Burgunder, Sachsen, Franken, Angelsachsen, führten ihre Abstammung auf Wodan zurück. Diese göttliche Abstammung gab ihrer Herrschaft die religiöse und rechtliche Grundlage und ihrem Königsheil die kraftvolle Ausstrahlung.

Als Gott des Krieges entschied Wodan über Sieg und Niederlage des ganzen Heeres, leistete aber auch dem einzelnen Krieger, der sich ihm verschrieben hatte, Hilfe und Beistand. Der Langobarde Warnefried, der im 8. Jahrhundert als Mönch von Monte Cassino unter dem Namen Paulus Diakonus die Geschichte seines Volkes schrieb, berichtet, wie einst Wodan den Langobarden zu ihrem Namen verhalf. Als der Stamm der Winniler einst auf Wanderung ging und von Skandinavien nach Norddeutschland übersetzte, traf er dort auf die Wandalen. Im Streit um Siedlungsland kam es zum Krieg. Man bestimmte Ort und Zeit der Schlacht, und die Wandalen beteten zu Wodan um den Sieg. Der Gott versprach ihn – vermutlich durch Priester – denjenigen, die er bei Sonnenaufgang als erste erblicken würde. Die Winnilen flehten ihrerseits Frija, die Gemahlin Wodans, um Hilfe und Beistand an. Diese ließ wissen, die Frauen der Winnilen sollten sich ihr gelöstes Haar wie einen Bart vors Gesicht halten und sich dann gemeinsam mit ihren Männern in aller Frühe auf dem Schlachtfeld einfinden und dort aufstellen, wo Wodan sie als erste sehen müsse. Sie befolgten den göttlichen Rat. Und als Wodan bei Sonnenaufgang aufs Schlachtfeld blickte, fragte er: »Wer sind diese Langbärte?« Da bat Frija ihren Gemahl, jenen den Sieg zu geben, denen er gerade einen Namen gegeben habe, denn sie habe er als erste gesehen. So geschah es. Die Winnilen gewannen die Schlacht und nannten sich seit dieser Zeit Langbärte = Langobarden.

Auch in dieser Geschichte ist Wodan also der Spender des Sieges. Der Gott beteiligte sich allerdings nie persönlich am Kampf, um mit seiner übernatürlichen Körperkraft die Entscheidung zu erzwingen, sondern er wirkte mit der Kraft des Geistes. Er inspirierte seine Schützlinge mit einer List, lehrte sie eine geschickte Schlachtordnung, machte sie unverletzlich, gab ihnen Zauberwaffen, lieh ihnen sogar seinen eigenen Speer Gungnir. Die Gegner dagegen machte er taub, blind und schreckerfüllt, ihre Waffen stumpf.

Insbesondere aber vermochte er die Kampfeswut seiner Männer bis zum Rausch zu steigern, so daß sie wie die Berserker wüteten. Die Berserker, wörtlich die Männer, die eine Bären- oder Wolfshaut trugen, im Kampf also wie Bären und Wölfe wüteten, waren die Mannen Wodans. »Wodan id est furor« = Wodan, das ist Wut, berichtet Adam von Bremen. Er war der Gott der Ekstase und führte daher zu Recht den Beinamen »der Schreier«.

In der Edda steht ein Vers, in dem Wodan spricht:

> In die Schilde schrei ich hinein,
> wenn alte Freunde in die Schlacht ich führe,
> und ruhmvoll zieh'n sie
> heil zum Kampf, heil vom Kampf
> und heil kehren sie wieder heim.

Kein Wunder also, daß die Germanen großen Wert auf Wucht und dröhnenden Widerhall ihres Schlachtgesanges legten, waren sie dann doch überzeugt, daß Wodan mit in die Schilde brüllte, der Gott also mit ihnen war und sie zum Siege führen würde.

Wodan war eben vor allem der Gott der Krieger. Die Gefolgschaftsbünde, die durch Schwur und Blutsbrüderschaft verbundenen Kampfgenossenschaften, betrachteten ihn als ihren göttlichen Führer. In rituellen Feiern zu Ehren Wodans, wo auch dem Met in Form eines Trankopfers reichlich zugesprochen wurde, versetzten sie sich in einen Zustand der Ekstase, der sie wie die Berserker kämpfen ließ. Es wird von Kriegerbünden berichtet, die in Bären- und Wolfsfellen, ja teilweise splitternackt kämpften und wahre Wunderdinge an Heldentaten vollbrachten, um unmittelbar nach dem Sieg völlig erschöpft in einen apathischen Zustand zu versinken.

Tacitus schildert einen solchen Kriegerverband mit den Worten: »Ihrer angeborenen Wildheit helfen sie künstlich und durch Ausnützung der besten Zeit nach: Schwarz sind ihre Schilde, bemalt ihre Körper, dunkle Nächte suchen sie zum Kämpfen aus und jagen schon durch das grauenvolle Dunkel ihres Totenheeres Schrecken ein. Hält ja doch kein Feind dem ungewohnten und gleichsam höllischen Anblick stand. Denn bei allen Kämpfen werden zuerst die Augen besiegt.«

Von dem Krieger im Wolfspelz leitet sich übrigens auch der Begriff des Werwolfes ab, denn althochdeutsch wer heißt Mann, also Werwolf = Mannwolf.

Selbstverständlich geschah es mitunter auch, daß die Krieger trotz aller Anstrengungen und höchster Tapferkeit und obwohl sie ihrem Gott große Opfer dargebracht hatten, im Kampf unterlagen und ihre besten Männer erschlagen wurden. Dann konnten sie auch mit ihrem Gott hadern. Es gibt in den nordischen Sagas mehrere Stellen, in denen aufgrund solcher Erfahrung eine tiefe Verzweiflung erkennbar wird. Sie können die Ungerechtigkeit ihres Gottes nicht verstehen. Sie nennen ihn treulos, was in den Augen eines Germanen ein sehr schwerer Vorwurf ist. Dieser Gott ist unheimlich. Deshalb wird unfaßbares Unglück, z. B. Verwandtenmord, auch auf Wodans Wirken zurückgeführt. Nicht von ungefähr nennt man ihn auch »den Schrecklichen«.

Die gefallenen Krieger holte Wodan nach Walhall. Das Wort ist eine Zusammensetzung von Walstatt = Schlachtfeld und Hölle = Jenseits. Sie wurden von Walküren, also kriegerischen jungen Frauen, die sie vom Schlachtfeld kürten = auswählten, dort hingeleitet. Walhall war ein riesiger prunkvoller Palast mit 540 Pforten, wo Wodan seine auserwählten Krieger festlich bewirtete, wo sie täglich vor den Toren Schlachten schlugen und Heldentaten vollbrachten, um sich anschließend unverletzt zu einem ausgelassenen Trinkgelage, bei dem die Walküren sie bedienten, im Palast niederzulassen. So lebten sie dort jahraus, jahrein, fröhlich und heroisch. Wenn die Winterstürme übers Land brausten, dann jagte Wodan mit dem wilden Heer der Toten, den Einheriern, über die Wolken dahin, daß die Lebenden erschauerten. (Abb. 11)

Die Germanen waren überzeugt, nach dem Tode in Walhall unverändert weiterzuleben, körperlich, geistig, mit ihrer bisherigen Persönlichkeit und der Rüstung und den Waffen, die sie im Kampfe bei sich geführt oder die ihre Verwandten ihnen ins Grab mitgegeben hatten. Ja, der Heldentod bedeutete sogar eine Erhöhung des Lebensgefühls. Daraus erklärt sich auch die Todesverachtung der Germanen. Der Tod im Kampf hatte für sie keinerlei Schrecken, sie sahen ihm mit innerer Gelassenheit entgegen.

Gefürchtet war dagegen der Strohtod, weil er zu Hel ins freudlose Reich der Schatten führte. Aus »Hel« wurde nach der Christianisierung »Hölle«. Für die Germanen hatte Hel aber nichts mit Strafe zu tun. Es gab für sie kein Jüngstes Gericht, wo die Taten gewogen und die Sünder in die Hölle gewiesen wurden. Das Wort »Hel« bedeutet »der Verbergende«. Dort lebten die Toten nämlich völlig verborgen vor den Augen der Lebenden, führten ein Schattendasein in Kälte und Finsternis und entbehrten alle irdischen Güter und Genüsse.

Für den Krieger war der Strohtod eine Schande. Um diesem Schicksal zu entgehen, ließ er sich auf dem Sterbebett mit einem Speer, dem Attribut Wodans, zeichnen, also eine kleine Verletzung beibringen. Mit dieser »Wodanswunde« war er auserkoren für Walhall. Eine Walküre würde ihn an den ersehnten Ort geleiten.

Für die seefahrenden Germanen war Wodan zugleich der Gott, der ihr Schicksal auf See bestimmte. In den nordischen Sagas schenkt er günstigen Fahrwind und beschützt die Schiffe seiner Männer im Sturm, und in Uppland in Schweden gibt es eine bronzezeitliche Felszeichnung, auf der Wodan ein vollbesetztes Schiff trägt.

Wodan war der 4. Wochentag geweiht. Wodanstag, englisch Wednesday, holländisch Woensdag, altnordisch Odinsdagr, schwedisch-dänisch Onsdag, wurde bei uns erst später zum Mittwoch.

Ständige Begleiter Wodans waren die beiden Raben Hugin und Munin und die Wölfe Geri und Freki. Rabe und Wolf waren die Tiere des Schlachtfeldes, die dort die Leichen aufrissen und sich daran gütlich taten. Die Namen Geri und Freki bedeuten »die Gierigen«. Während ihr Name also einen eindeutigen Bezug zu ihrem schauerlichen Tun auf dem Schlachtfelde hat, weisen die Namen der Raben auf Wodans Funktion als Gott der Weisheit

Felszeichnung von Brandskogen in Uppland/Schweden. Wodan trägt ein Schiff.

hin. Hugin und Munin bedeutet nämlich »Gedanke« und »Gedächtnis«. Sie waren also nicht nur die Aasvögel der Walstatt, sondern zugleich Boten des höchsten Gottes, die durch die Welt flogen und Ausschau hielten, um sich dann wieder auf den Schultern ihres Gottes niederzulassen und ihm das Gesehene zu berichten.

Reste dieses Glaubens finden sich in der Kyffhäusersage wieder. Im Kyffhäuser, einem kleinen Waldgebirge südlich des Harzes, soll der deutsche Kaiser Friedrich Barbarossa verzaubert schlafen. Zwei Raben umkreisen ständig den Berg und halten Ausschau, wie es um Deutschland steht. Sobald Deutschland in Not ist, werden sie ihn erwecken und ihm berichten, und er wird wiederkehren, um Deutschland aus der Not herauszuführen.

Dieser Kaiser Friedrich Barbarossa, der eine unglaubliche Ausstrahlung gehabt haben soll, Charisma, wie man heute sagt, und der deshalb beim Volke sehr beliebt war, ertrank im Jahre 1190 als Führer des 3. Kreuzzuges in dem türkischen Fluß Salef. Wahrscheinlich erlitt der Kaiser, der ein guter Schwimmer war, einen Herzschlag, als er sich nach den Anstrengungen eines glutheißen Tages ins kalte Wasser stürzte. Dieser plötzliche Tod war für seine Zeitgenossen so unfaßbar, daß man ihn nicht wahrhaben wollte, nicht als endgültig akzeptieren mochte. So entstand diese Sage. Und es ist interessant, wie lebendig zu dieser Zeit noch der alte

Glaube gewesen sein muß, daß man die göttliche Verehrung, die einst Wodan entgegengebracht wurde, auf Friedrich Rotbart übertrug, einen christlichen Kaiser, der auf einem Kreuzzug zu Ehren Christi den Tod fand.

Auch das Bewußtsein, daß die Raben heilige Vögel seien, hielt sich sehr lange, so daß die christliche Kirche schließlich zu ihrem simplen, aber bewährten Mittel der Verteufelung griff. Sie verbreitete die Mär, Raben seien Unglücksvögel, und als solche gelten sie noch heute.

Für den Germanen war es dagegen immer ein gutes Zeichen, wenn Raben ihn krächzend umflogen. In einem der Eddalieder antwortet Wodan auf die Frage Siegfrieds, was die beste Vorbedeutung für einen in die Schlacht ziehenden Krieger sei: »Das Geleit eines tiefschwarzen Raben.«

Ein weiteres Attribut Wodans ist sein achtbeiniges Pferd Sleipnir, mit dem er auch auf mehreren gotländischen Bildsteinen dargestellt ist, sehr deutlich auf dem Stein Alskog Tjängvide I, der aus der Mitte des 8. Jahrhunderts stammt. (Abb. 12) Die 8 Beine waren Ausdruck für außerordentliche Schnelligkeit und Ausdauer. Sleipnir, »aller Rosse bestes«, wie es in der Edda heißt, konnte über die Erde, durch die Luft und übers Meer dahinstürmen. Er war Wodans treuer Gefährte. Daher war auch das Pferd den Germanen heilig. Tacitus schreibt dazu: »Es ist eine germanische Eigentümlichkeit, auch auf Weissagungen und Mahnungen von Pferden zu achten. Auf Stammeskosten hält man in den heiligen Hainen schneeweiße Rosse, die durch keinen Dienst für Sterbliche entweiht sind. Man spannt sie an den heiligen Wagen, und der Priester oder der König oder das Oberhaupt des Stammes gehen neben ihnen und achten auf ihr Wiehern und Schnauben. Und keinem anderen Vorzeichen bringt man größeres Vertrauen entgegen, nicht bloß beim einfachen Volke, sondern auch bei den Vornehmen und Priestern. Sich selbst nämlich halten diese nur für Diener der Gottheit, die Pferde dagegen für deren Vertraute.«

Wodan wurden daher auch Pferdeopfer dargebracht, und der Genuß von Pferdefleisch war somit Bestandteil jedes Opfermahles zu Ehren Wodans. Um diesen Brauch auszurotten, sah sich die christliche Kirche gezwungen, den Verzehr von Pferdefleisch unter Strafe zu stellen. Zusätzlich griff sie auch hier zum bewährten Mittel der Verteufelung, indem die Mär verbreitet wurde, Pferdefleisch schmecke unangenehm. Eine Ansicht, die sich bis heute gehalten hat. Das Gegenteil ist jedoch der Fall.

Pferd und Rabe, die heiligen Tiere Wodans, zierten daher auch viele Heeresstandarten als Symbol für die Überzeugung der germanischen Krieger, daß Wodan mit ihnen kämpfe. Ein angelsächsischer Chronist des 9. Jahrhunderts erzählt in seinem Bericht über die Wikingerüberfalle in England, daß die Wikinger eine Kriegsfahne mit sich führten, auf die ein Rabe mit gespreizten Flügeln gestickt war. »In jeder Schlacht«, schreibt er, »in der die Standarte vor den Kriegern hergetragen wird, fällt ihnen der Sieg zu, wenn in der Mitte des Banners ein fliegender Rabe zu sehen ist. Hängt aber das Banner wie leblos herab, so unterliegen sie.« Die Sachsen führten mit Vorliebe ein weißes Pferd auf ihren Heeresstandarten. Und noch heute ist ein weißes Pferd das Wappentier der Niedersachsen und Westfalen, aber auch der Grafschaft Kent, die im 5. Jahrhundert von Sachsen erobert und besiedelt wurde. Hingegen ist die weitverbreitete Annahme, daß auch die gekreuzten Pferdeköpfe an den Giebeln norddeutscher Bauernhauser uraltes Brauchtum aus vorchristlicher Zeit seien, unzutreffend. Die Erforschung des niederdeutschen Hallenhauses hat ergeben, daß diese Giebelzier noch sehr jung ist. Ursprünglich trugen die Windfedern, wie der Fachmann die Bretter nennt, die das rietgedeckte Dach an den Überhangkanten gegen den angreifenden Winddruck schützen, keinerlei Verzierung. Erst im Hochmittelalter, also in christlicher Zeit, begannen dann die Zimmerleute, den sich überkreuzenden Enden der Windfedern mit wenigen Beilhieben eine schlichte Verzierung zu geben. Bis ins 19. Jahrhundert blieben diese Formen aber so abstrakt, daß es der

Phantasie der Zeitgenossen überlassen blieb, etwas Sinnvolles darin zu entdecken. Erst nach 1850 entstand der Brauch, die Enden der Windfedern mit deutlich herausgearbeiteten Pferdeköpfen zu verzieren. Da die Windfedern sehr stark der Verwitterung ausgesetzt sind, müssen sie des öfteren erneuert werden. So erklärt es sich, daß auch Häuser diesen Giebelschmuck tragen, die bereits vor 1850 erbaut wurden.

Wie sich aus den Göttersagen ergibt, besaß Wodan auch die Fähigkeit, sich bei Bedarf in ein Tier zu verwandeln. Bekannt sind Verwandlungen in eine Schlange und in einen Adler. Auch diesen Tieren begegnete der Germane daher mit einer heiligen Scheu.

Der Speer als Herrschaftssymbol Wodans wurde bereits erwähnt. Sein Speer Gungnir war eine fürchterliche Waffe. Sie machte den auserwählten Helden, dem er sie lieh, im Kampf unüberwindlich. Der Speer galt auch unter den Sterblichen als Herrschaftssymbol. So wurde in der Mitte des Thingplatzes immer ein Speer aufgerichtet als Zeichen der Macht, des göttlichen Schutzes und des Gebots zum Frieden. Störung des Thingfriedens wurde daher nicht nur als Vergehen gegen die Gemeinschaft, sondern auch als religiöses Delikt angesehen und schwer bestraft. Auch die germanischen Könige, die ja alle ihre Abstammung auf Wodan zurückführten, verwendeten den Speer als göttliches Symbol ihrer Herrschaft. Und man vermutet, daß dieses Bewußtsein der tiefere Grund war für das energische Bemühen des deutschen Königs Heinrich I., des Gründers des Deutschen Reiches, die Heilige Lanze zu erwerben, denn in Heinrich waren altgermanische Traditionen noch sehr lebendig. Bei der Heiligen Lanze handelt es sich um den Speer, den der römische Soldat Longinus dem gekreuzigten Christus in die Seite stieß, um zu sehen, ob er gestorben sei. Der römische Kaiser Konstantin der Große ließ später noch Nägel, die vom Kreuz Christi stammen sollen, in das Lanzenblatt einlegen. Seit dem Erwerb durch Heinrich I. im Jahre 935 gehört die Heilige Lanze zu den deutschen Reichsinsignien, den Herrschaftszeichen der deutschen Könige und Kaiser. Sie wird heute gemeinsam mit den anderen Reichsinsignien in der Schatzkammer der Hofburg in Wien aufbewahrt.

Wodan besaß auch einen Ring namens Draupnir, der in den Göttersagen mehrfach erwähnt wird. Seine Bedeutung wird aber nicht recht deutlich. Er besaß die Eigenschaft, daß jede 9. Nacht acht ebenso schwere Ringe von ihm abträufelten.

So wie Wodan sich in ein Tier verwandeln konnte, so vermochte er auch sein menschenähnliches Erscheinungsbild zu verändern. Als Kriegsgott bot er das Bild eines grimmigen Kriegers, gerüstet mit schwerem Helm, Schild und Speer, reitend auf Sleipnir, begleitet von seinen Raben und Wölfen. Oft trat er aber auch als großer, alter Mann in Erscheinung mit lang herabwallendem Bart. Dazu trug er einen weiten blauen Mantel und einen tief herabhängenden Hut, der einen Teil seines Gesichtes verbarg.

Ein sehr wichtiges Merkmal war seine Einäugigkeit. Sie ist das Zeichen seiner Weisheit, denn er verlor ein Auge, als er in grauer Vorzeit in Mimirs Brunnen schaute, den Brunnen der Weisheit, der sich am Fuße der Weltesche befindet.

Dieses Bild ist symbolisch zu verstehen. Wodan war auch der Gott der Weisheit, und zwar einer Weisheit, die nicht durch logisches Denken zu erlangen war, sondern die auf einer tieferen Schau der Dinge beruhte. So wie ein blinder Mensch zum Ausgleich eine besondere Feinfühligkeit, eine Art innere Sehkraft entwickelt, so erlangte Wodan durch das Opfer eines korperlichen Auges die Fähigkeit zu geistiger Schau. Ihm blieb nunmehr nichts mehr verborgen, seine Weisheit war tief und allumfassend.

Auf ähnliche Art erlangte Wodan die Kenntnis der Runen. In einem Eddalied läßt man ihn selbst verkünden:

> Ich weiß, daß ich hing an einem Baum
> neun Nächte lang,
> mit dem Speer verwundet, geweiht dem Wodan,
> ich selbst mir selbst,

an jenem Baum, von dem niemand weiß,
aus welcher Wurzel er wächst. (Weltesche)
Sie spendeten mir weder Speise noch Trank,
nieder neigte ich mich,
nahm auf die Stäbe, (Runen)
nahm sie stöhnend auf,
dann stürzte ich herab.

Auch hier gewinnt der Gott die Erkenntnis nicht durch logisches Denken, sondern durch einen Zustand der Entrücktheit, der Ekstase. Von Schmerzen gepeinigt, von Hunger, Durst und Schlaflosigkeit gequält, war er zum Denken nicht mehr fähig. Die Erkenntnis überkam ihn wie eine Erleuchtung und beendete zugleich seine körperlichen Qualen.

Aufgrund ihres göttlichen Ursprungs wohnte den Runen eine geheimnisvolle Kraft inne. Sie wurden daher nur zu kultischen Zwecken verwendet und dienten nie als Gebrauchsschrift, jedenfalls nicht in heidnischer Zeit. Das wäre wohl als Entweihung empfunden worden. Neben ihrem Lautwert hatte jede Rune einen Sinngehalt. So stand z. B. die feh-Rune mit dem Lautwert f zugleich für Vieh, Besitz, Reichtum. Beim Lesen eines alten Runentextes muß man daher immer beachten, daß die Rune entweder für einen Buchstaben oder für ein ganzes Wort, nämlich den Sinngehalt, den sie zugleich verkörpert, stehen kann. Das erschwert die Entzifferung alter Texte erheblich.

Die Runen wurden in erster Linie zur Befragung der Götter über die Zukunft benutzt. Das dabei angewandte Verfahren beschreibt Tacitus so: »Sie zerschneiden den dünnen Zweig eines fruchttragenden Baumes in kleine Stücke, machen diese durch gewisse Zeichen (Runen) kenntlich und streuen sie dann über ein weißes Laken hin, ganz aufs Geratewohl und wie es der Zufall fügt. Danach betet bei einer Befragung in einer allgemeinen Angelegenheit der Priester des Stammes und bei einer Befragung in einer privaten Angelegenheit der Hausvater zu den Göttern, hebt, den Blick gen Himmel gerichtet, drei Zweigstücke nacheinander auf und deutet sie nach den vorher eingeritzten Zeichen.«

Von diesem Auflesen der Runen kommt übrigens unser Wort »Lesen«. Auch das Sprichwort »aller guten Dinge sind drei« wird auf diesen Brauch der Vorväter zurückgeführt.

Im übrigen glaubte man, durch Verwendung der Runen auch der ihnen innewohnenden göttlichen Kraft teilhaftig zu werden. Mit dieser Absicht ritzte man sie in Waffen und Schmuckstücke. Die Sieg-Rune, ins Schwert geritzt, sollte die Kraft des Schwertes steigern und so dem Schwertkämpfer zum Sieg verhelfen.

Wodan ist auch der Gott der Dichtkunst, weil er den Met, den Göttertrank, dessen Genuß zum Dichten inspiriert, für die Götter gewann. In einer Gesellschaft, in der es keinerlei Schrifttum gab, in der alle geschichtliche und kulturelle Überlieferung in alten und neuen Liedern erfolgte, hatte die Dichtkunst einen sehr hohen Stellenwert. Die Skalden, wie die germanischen Dichter und Sänger genannt wurden, genossen großes Ansehen und waren an den Fürsten- und Königshöfen gerngesehene Gäste. Sie haben selbstverständlich ihrem Gott der Dichtkunst besonders gehuldigt und deshalb zur Verehrung Wodans nicht unwesentlich beigetragen.

Schließlich war Wodan auch der Gott der Magie, der Zauberei. Er kannte Zaubersprüche, die bewirkten, daß Wunden heilten, Frauen mit Liebe betört wurden, feindliche Waffen stumpf und Fesseln gesprengt wurden. Einige davon sind uns in den Merseburger Zaubersprüchen überliefert, die in einer Handschrift aus dem 10. Jahrhundert in der Bibliothek des Doms zu Merseburg enthalten sind. Als die Götter durch einen Wald ritten und plötzlich eines der Pferde lahmte, »beschwor es Wodan: Bein zu Beine, Blut zu Blute, Glied zu Gliede, wie wenn sie geleimt sei'n«.

Da allerdings ein Gott, der allmächtig ist, es nicht nötig hat, durch Anwendung von Zauberei zum Erfolg zu kommen, wird man aus diesen Überlieferungen nicht schließen können, daß Wodan selbst als Zauberer angesehen wurde. Vielmehr wird er als Lehrmeister der Zauberei verehrt worden sein, also als ein Gott, der so weise war, daß er auch die Formeln wußte und lehren konnte, die man anwenden mußte, um das Wirken göttlicher Kräfte auszulösen. Wodan war ganz allgemein der Gott der geistigen Kraft. Weisheit, Dichtkunst, Ekstase und Zauberei sind nur einzelne Aspekte der gewaltigen geistigen Kraft, die dieser Gott verkörperte.

Wodan wurde von allen Germanen als höchster Gott verehrt, aber vom Adel, den Kriegern und den Gefolgschaftsbünden wohl mit besonderer Inbrunst. Dem einfachen Bauern wird er dagegen oft unheimlich gewesen sein. Er konnte sich viel leichter mit dem derben, offenen, geradlinigen Gott Donar identifizieren.

Wodan ist nicht nur ein gewaltiger und geheimnisvoller Gott, sondern ist auch hochinteressant als geistiges Spiegelbild der Menschen, die ihn verehrten. Wodan verkörpert nämlich das Mystische der deutschen Seele. In ihm ist bereits alles begründet, was viele unserer Nachbarn an uns Deutschen so rätselhaft, unheimlich und erschreckend finden und was ein unbeteiligter Beobachter beim Studium unserer zweitausendjährigen Geschichte zu Recht als sehr widersprüchlich empfinden muß: Da ist der furor teutonicus, die ekstatische Kampfeswut, das Berserkertum, die Sehnsucht nach heldischem Sterben, und da ist gleichzeitig die geistige Empfindsamkeit, die tiefe geistige Schau, die nicht auf logischem Denken, sondern auf geheimnisvoller Entrücktheit beruht, ein gewisser Hang zum Irrationalen und schließlich die Innerlichkeit eines Volkes der Dichter und Denker.

Nach der Christianisierung suchten unsere Vorväter unter den Figuren des neuen Glaubens nach einer Entsprechung Wodans. Sie fanden sie in dem Erzengel Michael, dem Führer der himmlischen Heerscharen. So wie Wodan einst die gefallenen Helden in Walhall aufnahm, so empfing jetzt St. Michael als Engelsfürst die

Seelen der Gefallenen im Himmel. Der Erzengel Michael wurde so zum wehrhaften Schutzheiligen des deutschen Volkes. An der Stelle vieler Wodansheiligtümer wurde jetzt eine dem St. Michael geweihte Kirche errichtet, so z. B. auf dem Heiligenberg bei Heidelberg. (Abb. 13)

Die erste Kirche, die Bonifatius weihte, war eine Michelskirche. Ja, das Bild des St. Michael zierte die alte deutsche Reichsfahne. In den Ungarnschlachten von 933 und 955 befand sie sich unmittelbar neben dem Kaiser, umringt von einer Schar auserlesener Krieger. Da in der Folgezeit die Deutschen in allen Schlachten die Fahne des Erzengels Michael vorantrugen, »des Engels, bei dem der Sieg ist«, wie Widukind von Corvey formuliert, wurden sie schon in den Kreuzzügen die »Michelsleute« genannt. So entstand das Wort vom »deutschen Michel«, das zwar heute alle negativen Eigenschaften des Deutschen in sich vereinigt, früher aber ein Ehrenname war. St. Michael wurde »Protector Germaniae« genannt, Beschützer des deutschen Vaterlandes. Noch im Kölner Diözesan-Gebet- u. Gesangbuch von 1910 heißt es in der Litanei zum Erzengel Michael: »Heiliger Erzengel Michael, du treuer Beschützer unseres Vaterlandes«.

Aber auch andere kriegerische Heilige erfreuten sich im deutschen Sprachraum großer Beliebtheit und wurden mit Attributen Wodans versehen, so der St. Georg, der immer zu Pferd und mit Speer dargestellt wird, obwohl die geschichtliche Figur des Georg aus Kappadozien dafür nichts hergibt. Das gleiche gilt für die Heiligen St. Martin und St. Oswald. Auch St. Martin, der als Schutzpatron der Franken volkstümlich wurde, ist stets zu Pferd und mit Mantel und Speer oder Schwert versehen. Ja, in der Kirche von Dunningen bei Rottweil, die dem heiligen Martin geweiht ist, befindet sich, eingemauert im Turm, ein sehr alter Stein, der ganz offensichtlich Wodan mit den Wölfen Geri und Freki zeigt. (Abb. 19)

Bei dem heiligen Oswald handelt es sich um den christlichen angelsächsischen König Oswald von Northumbrien, der im Jahre

Bildnis des heiligen Oswald mit den Raben im Heiligenbuch von 1488.

642 im Kampf gegen den heidnischen König Penda von Mercia fiel und danach zum Märtyrer erklärt und heiliggesprochen wurde. Dieser Oswald ist der Ahnherr von Edgitha, der Gemahlin des deutschen Kaisers Otto des Großen (936–973), und er wurde daher auch in Deutschland sehr verehrt. Im Heiligenbuch von 1488 ist er mit zwei Raben abgebildet, die denen auf der Helmplatte von Vendel, die Wodan in Begleitung seiner Raben Hugin und Munin darstellt, sehr ähnlich sind. Auf beiden Abbildungen trägt der voranfliegende Rabe einen Ring im Schnabel.

Auch in Märchen und Sagen lebte Wodan fort, wie die Kyffhäusersage zeigt. Und in manchen ländlichen Gegenden Deutschlands lebt noch heute die Erinnerung an ihn, wenn er in nächtlichen Winterstürmen mit dem wilden Heer durch die Lüfte braust.

Donar

Donar, althochdeutsch Thunaer, altenglisch Thunor, altnordisch Thor, ist nach Wodan der bedeutendste germanische Gott.

Sein Name heißt Donnerer, denn er ist der Herr des Gewitters. Wenn dunkle Gewitterwolken den Himmel verfinstern, dann jagt Donar mit seinem Wagen, der von zwei Ziegenböcken gezogen wird, über die Wolken dahin und schleudert seinen Hammer Mjölnir = Zermalmer, daß die Blitze zucken und der Donner kracht. Donar strotzt vor Kraft. Es gibt kein anderes Wesen, sei es ein Gott, Riese oder irgendein Ungeheuer, das es an Körperkraft mit Donar aufnehmen könnte. Von hoher Gestalt, mit mächtigem, rotem Bart, daher auch »der Rotbärtige« genannt, mit blitzenden hellen Augen und einer Stimme von schrecklicher Kraft, war allein schon seine Erscheinung respekteinflößend. Er war ein gewaltiger Esser und Trinker, gutmütig, freundlich und aufrichtig. Aber wehe, er geriet in Zorn! Dann wütete er fürchterlich. Schon vor seinen funkelnden Augen prallte der Gegner zurück. Mit wuchtigen Schlägen seines gewaltigen Hammers, der wie ein Bumerang immer wieder zu ihm zurückkehrte, zerschmetterte er jeden Gegner.

Doch die ungeheure Kraft und Stärke dieses Gottes flößte den Germanen nicht Angst, sondern Vertrauen ein. Donar war der große Beschützer, und zwar im Himmel wie auf der Erde. Im Himmel war er unablässig auf Kriegspfad und verteidigte Asgard, die Welt der Götter, und Midgard, die Welt der Menschen, gegen Utgard, die Welt der Riesen, Ungeheuer und Dämonen. Um diese Kämpfe ranken sich zahlreiche Mythen und Sagen. Donar ist in viele Abenteuer verwickelt und vollbringt unglaubliche Heldentaten. Geraten die Götter einmal in Bedrängnis, so nur deshalb, weil Donar schon wieder im Osten weilt und die Riesen bekämpft. Sobald er zurückkehrt, wendet sich alles zum Guten.

Die Menschen schützt Donar vor Hungersnot, Krankheit, schlechten Ernten und jedem Übel. Er schützt das Vieh, die Saaten und Fluren und sorgt für gute Erträge. So ist er zugleich ein Gott der Fruchtbarkeit. Man ruft ihn an bei der Urbarmachung des Landes und betet zu ihm bei der Eheschließung um Fruchtbarkeit für die Braut. Er ist für das Wohl von Haus, Hof und Familie unmittelbar verantwortlich.

Es hat den Anschein, daß Donar der beliebteste aller Götter war. Im Gegensatz zu Wodan war an ihm nichts Unheimliches, er genoß grenzenloses Vertrauen. Er wurde mit »lieber Freund«, »guter Freund« und »treuer Freund« angerufen. Die Wikinger nannten sich direkt »Thors Volk«, und auch zahlreiche Ortsnamen weisen auf einen lebhaften Thor-Kult in Skandinavien hin. Sein Antlitz wurde oft in den Hauptpfeiler des Hauses geschnitzt, der beim »Hochsitz«, dem Sitzplatz des Hausherrn, stand. Diese Hauptpfeiler nahmen viele Wikinger mit, als sie zur Besiedlung Islands aufbrachen. Vor der Küste Islands warfen sie den Hauptpfeiler mit dem Antlitz Thors ins Wasser, damit ihnen der Gott den Weg weise, wo sie ihren neuen Wohnsitz nehmen sollten. Wo der Hauptpfeiler angespült wurde, gingen sie an Land und bauten ihr neues Heim.

Aber auch im Süden des germanischen Siedlungsraumes wurde Donar gleich innig verehrt. Vor seinem Angriff auf die Römer im Jahre 16 n. Chr. versammelte Arminius seine Truppen in einem dem Donar geweihten Wald östlich der Weser. Und als Bonifatius bei der Missionierung der Sachsen den alten Glauben erschüttern wollte, fällte er als erstes eine Donareiche. Und schließlich wird Donar in der sog. Abschwörungsformel der Sachsen an erster Stelle genannt. Karl der Große ließ im Verlaufe seines 33jährigen Krieges zur Unterwerfung und Christianisierung der Sachsen mehrfach Massen-Zwangstaufen durchführen, bei denen die Sachsen einen Schwur leisten mußten, der im Originaltext in altsächsischer Sprache lautet:

»Forsachistu diobole? ec forsacho; end ec forsacho allum dioboles werkum und wordum, thuner ende woden ende saxnote, ende allem them unholdum, the hira genotas sint.«

Auf hochdeutsch:

»Widersagst du dem Teufel? Ich widersage; und ich widersage allen teuflischen Werken und Worten, Donar und Wodan und Saxnot, und all den Unholden, die ihre Genossen sind.«

Aus dieser Formel hat man sogar den Schluß ziehen wollen, Donar sei der höchste Gott der Germanen gewesen. Das ist mit Sicherheit falsch. Aber die Reihenfolge, in der die Götter in der Abschwörungsformel genannt werden, dürfte ein Hinweis darauf sein, daß nach dem Eindruck der Christen die Verehrung des Gottes Donar bei den Sachsen außerordentlich groß war.

Man kann sich gut vorstellen, daß die einfachen Bauern und Krieger, also die Masse des germanischen Volkes, sich mit diesem Gott voll identifizieren konnten. Sein grundehrlicher Charakter, seine Treue, sein Mut und sein Draufgängertum, seine derbe, unkomplizierte Lebensart flößten Vertrauen ein. Auf diesen Gott war unbedingt Verlaß. Und sein ständiger Kampf gegen alle Bedrohungen der bestehenden Ordnung, für den Schutz von Familie und Besitz, für Fruchtbarkeit und Fortbestand von Mensch, Tier und jeglicher Natur entsprach genau dem unablässigen Bemühen des einfachen Mannes für Wohl und Wehe seiner Familie und seines Hofes mit allem, was dazugehörte.

In den Göttersagen ist Donar ein Sohn Wodans aus dessen Verbindung mit Jörd, der Mutter Erde. Er ist verheiratet mit der schönen Sif mit dem goldenen Haar und hat die Söhne Magni (Starke) und Modi (Mut) und die Tochter Trud (Kraft). Ein kleiner Diener namens Tjalfi begleitet ihn oft auf seinen Abenteuerfahrten. Doch viel mehr als die Namen ist über diese Göttergestalten nicht bekannt. Und der Meinungsstreit der Wissenschaftler, ob sie Figuren des alten Glaubens oder nur späte Zutaten der Eddadichter sind, wird sich wohl nie entscheiden lassen.

Donars Attribute sind der Hammer und die Ziegenböcke, deren Namen Zahnknisterer und Zahnknirscher Anspielungen auf Geräusche des Gewitterdonners sind. Und mit Hammer und Bockshörnern wird er bereits auf bronzezeitlichen Felszeichnungen dargestellt, zugleich mit einem gewaltigen Phallus, dem erregten männlichen Glied, als Symbol der Fruchtbarkeit. An die Stelle des Hammers tritt zuweilen die Doppelaxt, und es dürfte ein Überbleibsel des Donarkultes sein, daß man in Dänemark noch in geschichtlicher Zeit am Vorabend des Gründonnerstags Äxte auf die Saatfelder warf, um Fruchtbarkeit zu erbitten. Auch der Ziegenbock ist ein Symbol der Fruchtbarkeit. Weitere Symbole der gewaltigen Körperkraft Donars sind ein kraftspendender Gürtel und ein Paar Eisenhandschuhe. Wenn er den Gürtel anlegt, verdoppelt sich seine Körperkraft, und die Eisenhandschuhe benötigt er, um den Hammerschaft ergreifen zu können.

Ziegenböcke waren auch die bevorzugten Opfertiere im Donarkult. Außerdem stand die Eiche zu ihm in einer besonderen Beziehung. Wir hören von Donareichen und heiligen Eichenhainen, in denen der Gott verehrt wurde. Dieser Baum kann ein hohes Alter erreichen und bietet dann ein imponierendes Bild. Riesig an Höhe und Stammesumfang, in der Krone schwer gezeichnet von den vielen Unwettern, denen er getrotzt hat, ist er Sinnbild für Kraft und Stärke, Härte und Unbeugsamkeit, also Eigenschaften, die auch Donar verkörperte. Auch die Eberesche stand in einer besonderen Beziehung zu Donar.

Nach einer Sage konnte Donar sich einmal aus einer jäh ansteigenden Flut retten, indem er sich an dem Stamm einer Eberesche hochzog. Wegen dieser besonderen Beziehung zwischen Gott und Baum glaubte man, daß Zweige der Eberesche die Fruchtbarkeit fördern könnten.

Donar ist der 5. Tag der Woche geweiht. Unser Wort Donnerstag hat sich aus althochdeutsch Donarstag entwickelt.

Die große Beliebtheit Donars zeigt sich auch darin, daß man sich beim Vordringen des Christentums besonders an diesen Gott geklammert und seine Verehrung bewußt der Verehrung Christi entgegengesetzt hat. So wurde der Hammer als Gegenstück zum Kreuz der Christen das Bekennerzeichen zum alten Glauben. Man trug einen kleinen silbernen Hammer an einem

Bronzezeitliche Felszeichnung des Gottes Donar.

Kettchen um den Hals (Abb. 17) und ritzte das Hammerzeichen auf Runen-, Grab- und Grenzsteine, um seine schroffe Ablehnung des christlichen Glaubens kundzutun. Und man wollte den starken göttlichen Beschützer, der einem in allen Nöten und Gefahren treu zur Seite gestanden hatte, auf keinen Fall verlassen und aufgeben, Treu um Treu. So müssen wir mit Erstaunen feststellen, daß auch nach der Bekehrung Donar noch neben Christus verehrt wurde. Das folgt nicht nur aus verschiedenen skandinavischen Überlieferungen, sondern auch aus der Tatsache, daß Donar an den Außenwänden mehrerer deutscher Kirchen abgebildet ist, so sehr eindrucksvoll am sog. Eulenturm in Hirsau, dem einzigen Gebäudeteil der großartigen Klosterruine St. Peter und Paul, der vollständig erhalten geblieben ist. Dort thront er, umgeben von seinen beiden Ziegenböcken, in einem lebensgroßen Figurenfries an drei Seiten des Turmes. Nach de Vries finden sich weitere Donardarstellungen an der Johanniskirche in Schwäbisch Gmünd, am Dom zu Worms und an der Kirche von Oberröblingen bei Halle, jeweils zu erkennen an der Beifügung von Bocksköpfen, Hörnern oder Hammer.

Wir wissen, daß die christlichen Kirchen mit Vorliebe an den Stellen errichtet wurden, an denen die Germanen bisher ihre alten Götter verehrt und ihnen Opfer dargebracht hatten. Dies beruht auf einer Anweisung Papst Gregors des Großen aus dem Jahre 601, die lautete, man solle die heiligen Stätten der zu bekehrenden Völker nicht zerstören, sondern deren überlieferte Ehrfurcht für diese Stätten gerade benutzen, um den an dieser Stelle bestehenden Gottesdienst zu verchristlichen und den wahren Gott an die Stelle der Heidengötter zu setzen. Die gleiche Anweisung wurde 725 Bonifatius für die Missionierung in Deutschland erteilt.

So kommt es, daß fast alle alten Kirchen, deren Ursprung auf die Zeit der Christianisierung zurückgeht, auf heidnischen Heiligtümern stehen. Bei vielen konnte dies nachgewiesen werden, z. B. bei den Domen von Köln, Paderborn und Verden/Aller, der Frauenkirche in Nürnberg, der St. Severinskirche in Keitum auf Sylt, der Laurentiuskirche in Müden/Örtze in der Lüneburger Heide und der Kirche auf dem Hasel bei Lühnde südöstlich von Hannover, wobei der Name Hasel noch an die »Haselung«, die Einhegung des germanischen Kultplatzes mit Haselstangen, erinnert.

In der Praxis sah das so aus, daß die alte Kultstätte beseitigt und an derselben Stelle eine christliche Kirche errichtet wurde. Dabei wurde häufig der heidnische Altar im Fundament der Kirche verbaut, aber – wie aus den Inschriften erkenntlich ist – auf den Kopf gestellt, um dadurch die von ihm ausgehende göttliche Ausstrahlung und Kraft unschädlich zu machen. Solche vermauerten heidnischen Altäre fand man u. a. beim Abriß der St. Martins-Kirche in Trier, in der alten Stiftskirche in Bonn und in der Kirche von Guglingen in Württemberg. Außerdem bildete man häufig an den Außenwänden der Kirche die alten Götter ab. Damit konnte einmal der Zweck verfolgt werden, die bisher an dieser Stelle verehrten alten Götter als böse Dämonen zu bannen. Das war sicherlich immer dann der Fall, wenn die Götter fratzenhaft oder so dargestellt wurden, daß sie unter der Last des christlichen Bauwerks und damit zugleich durch die Kraft des Christengottes niedergedrückt wurden. Der Sieg des Christengottes über die alten Heidengötter wurde damit für jeden Betrachter deutlich sichtbar gemacht.

In der Abbildung des alten Gottes an der Außenfassade der Kirche konnte aber auch die Absicht liegen, den Anhängern der alten Religion die Möglichkeit zu geben, ihren Gott an gewohnter Stelle zu verehren. Das mag zunächst unglaubhaft klingen. Aber das Christentum wurde ja nicht bei allen germanischen Stämmen mit Brachialgewalt eingeführt, mit Krieg, Terror, Deportationen und Zwangstaufen wie bei den Sachsen, sondern in der Mehrzahl der Fälle durch friedliche Bekehrungsarbeit, ja manchmal sogar mit Toleranz. So wurde auf Island das Christentum im Jahre 1000 durch einen Thingbeschluß eingeführt. Als sich nach langer und heftiger Diskussion die Anhänger des alten Glaubens und die Befürworter des Christentums weiterhin unversöhnlich gegenüberstanden, machte der alte Gesetzessprecher einen klugen Vermittlungsvorschlag, der von allen gutgeheißen wurde. Danach sollte auf Island wie bisher nur *ein* Gesetz und *ein* Glaube gelten, und deshalb sollten sich alle christlich taufen lassen. Um jedoch den Anhängern des alten Glaubens diesen Schritt zu erleichtern, sollte es weiterhin gestattet sein, den alten Göttern zu opfern, Pferdefleisch zu essen und kranke und schwache Kinder auszusetzen. Ähnliche Kompromisse hat es sicherlich auch andernorts gegeben.

Am Eulenturm zu Hirsau sind beide Varianten zur Anwendung gekommen. Während im Fries der Südseite der Gott von der christlichen Kirche schwer niedergedrückt wird, so daß er sich mit seinem Rücken und beiden Händen, offenbar mit letzter

Kraft, gegen die auf ihm ruhende Last der Mittelstrebe des Doppelbogens stemmen muß, thront Donar sowohl an der West- als auch an der Nordseite majestätisch und unbedrängt. Während der Gott an der Süd- und Westseite jeweils von seinen Ziegenböcken flankiert wird, ist ihm an der Nordseite nur zur Linken ein Bock beigeordnet, während zur Rechten ein Rad und eine kleine menschliche Halbfigur abgebildet sind, die offenbar seinen Wagen und seinen Diener Tjalfi symbolisieren sollen. (Abb. 14, 15 u. 16)

In jedem Falle sollte durch die Abbildung der alten Götter an den Außenwänden der Kirchen deutlich gemacht werden, daß sie vom Innern der Kirche und damit zugleich von ihren Wohltaten ausgeschlossen waren. Dadurch können wir andererseits mit ziemlicher Sicherheit davon ausgehen, daß urtümliche, unchristliche Gestalten an den Außenfassaden der alten Kirchen alte Götter darstellen sollen. Eine große Schwierigkeit besteht nur darin, den Gott genau zu bestimmen. Sofern er nicht durch seine typischen Attribute kenntlich gemacht ist, wie Hammer und Ziegenböcke für Donar und Speer, Pferd, Wölfe und Raben für Wodan, ist eine zuverlässige Bestimmung so gut wie unmöglich.

Eine interessante Variante befindet sich im Dom zu Meißen. Dort steht ein Taufbecken aus dem 12. Jahrhundert, dessen vier Füße heidnische Göttermasken tragen und jeweils in einem Huf auslaufen, der am Boden festgenagelt zu sein scheint. Auch hierdurch soll offensichtlich symbolisiert werden, daß durch die christliche Taufe die alten Götter besiegt und gebannt werden.

Daß Donar sich noch lange neben Christus behaupten konnte, ist ein Beweis für die große Ausstrahlungskraft dieses Gottes. Er war eben nicht nur der Donnerer. Die Naturerscheinungen Blitz und Donner waren nur Ausdruck seiner Kraft und Stärke. Seine große Bedeutung hatte er als Beschützer in allen Nöten des Lebens. Darin lag seine Aufgabe und Verantwortung als Gott. Aus diesem Grunde verehrte man ihn und bat ihn um Beistand. Und als großer, treuer Beschützer war er ein ebenbürtiger Gegenspieler zu Christus, so daß man ihm sogar noch die Treue hielt, nachdem man die christliche Taufe empfangen hatte. Ja, die Verbindung zu diesem Gott reicht bis in die Gegenwart. So findet sich noch heute an norddeutschen Bauernhäusern das Zeichen ᛉ, der sogenannte Donnerbesen. Es ist die z-Rune, die Schutz und Abwehr bedeutet, ein Heilszeichen, mit dem das Haus unter den Schutz Donars gestellt wurde.

Tiwaz

Wodan und Donar sind die einzigen germanischen Götter, von denen uns ein umfassendes Bild überliefert worden ist. Zwar wird dieses Bild niemals vollständig dem entsprechen, das unsere Vorfahren vor 2000 Jahren hatten, doch reicht es aus, um uns eine gute Vorstellung vom Wesen und Wirken dieser Götter zu vermitteln. Ganz anders verhält es sich mit den übrigen Gottheiten. Ihr Bild ist in nur wenigen Bruchstücken auf uns gekommen, und in vielen Fällen haben wir nur Kenntnis von ihnen, weil ihr Name in einer oder mehreren Göttersagen erwähnt wird. Um ihre Bedeutung zu erkennen, sind wir dann allein auf die Auslegung des Sinnzusammenhanges angewiesen, in dem dieser Name vorkommt. Dennoch scheinen zumindest einige dieser Götter früher eine große Rolle gespielt zu haben. Das gilt vor allem für Tiwaz.

Sicherlich ist es richtig, daß die gute Überlieferung von Wodan und Donar ein Zeichen dafür ist, daß diese beiden Götter in der Spätzeit der germanischen Religion am meisten verehrt wurden und daß folglich die Bedeutung der übrigen Götter zu dieser Zeit geringer war. Indessen hat der Gott Tiwaz im Laufe der zwei Jahrtausende, in denen er mit Sicherheit verehrt wurde, eine bedeutsame Wandlung durchgemacht.

Tiwaz, wie sein urgermanischer Name lautet, althochdeutsch Ziu, altenglisch Tiw, altnordisch Tyr, war nämlich in ältester Zeit der höchste Gott. Sein Name ist verwandt mit dem griechischen

Zeus und dem indischen Dyaus, auch Dyaus pitar (Vater) genannt, was zum römischen Juppiter überleitet. Tiwaz wurde also bereits in indogermanischer Zeit verehrt, und zwar wie Zeus, Dyaus und Juppiter als ranghöchster Gott. Das allen diesen Götternamen zugrundeliegende indogermanische Wort dieus bedeutet sowohl »Tag« als auch »Himmel« und »Gott des strahlenden Himmels«. Man nimmt daher an, daß der Sonnenkult, der in der germanischen Bronzezeit sehr verbreitet war, Tiwaz gegolten hat, daß er der Gott war, der sich in der Sonne offenbarte. Demnach wären sowohl die vielen Sonnensymbole in Form von Kreisen und Rädern, die wir auf bronzezeitlichen Felszeichnungen und Schmuckstücken finden, als auch der berühmte Sonnenwagen von Trundholm Zeichen seiner Verehrung. (Abb. 21)

Doch im Laufe der Jahrhunderte verlor Tiwaz seine überragende Bedeutung. Er wurde zum Kriegsgott, um schließlich in der Spätzeit der germanischen Religion nur noch Gott des Things, also eine Art Rechtsgott, zu sein. Offensichtlich wurde er durch die wachsende Verehrung Wodans nach und nach verdrängt, zunächst aus seiner Stellung als ranghöchster Gott und schließlich auch als Kriegsgott.

Daß Tiwaz zeitweise als Kriegsgott verehrt wurde, folgt daraus, daß die Germanen, als sie von den Römern die Wochentage übernahmen und nach Bezeichnungen suchten, die den römischen entsprachen, den 3. Tag der Woche, der bei den Römern Mars geweiht war, nach Tiwaz benannten. Unser heutiger Dienstag hieß althochdeutsch Ziestac (von Ziu), friesisch Tiesdei, altenglisch Tiwesdag, neuenglisch Tuesday. Bei den Sachsen hieß Tiwaz Saxnot, was entweder »Genosse der Sachsen« oder »Schwertgenosse« bedeutet, denn auch das sächsische Kurzschwert hieß sax. Die Bezeichnung Schwertgenosse würde ebenfalls auf einen Kriegsgott hindeuten. Im übrigen zeigt die namentliche Erwähnung des Saxnot neben Wodan und Donar in der sächsischen Abschwörungsformel, welch große Bedeutung Tiwaz = Saxnot auch noch in spätgermanischer Zeit hatte.

Auf Tiwaz als Kriegsgott weist auch die folgende Strophe eines Eddagedichtes hin:

> Siegrunen lerne, willst Sieg du haben!
> Auf den Schwertknauf schneide sie,
> Auf die Blutrinne und des Rückens Breite
> Und ruf zweimal zu Tyr!

Tiwaz war auch eine Rune geweiht. Sie hat die Form eines senkrecht stehenden Pfeiles ↑ und den Lautwert t. Sie findet sich auch auf Brakteaten. Diese ursprünglich als germanische Nachahmungen römischer Kaisermünzen entstandenen Medaillen wurden schon bald mit germanischem Gedankengut gestaltet und enthielten dann Götter- und Tierdarstellungen, Runen und andere Symbolzeichen. Sie wurden mit einer Kette um den Hals getragen und als Amulette betrachtet. Sie sollten dem Träger Schutz und Kraft des angerufenen Gottes bringen. Ihre größte Verbreitung hatten die Brakteaten in der Völkerwanderungszeit. Mit dem Seeland-Brakteaten Nr. 57 (Abb. 20), der eine dreifache Tiwaz-Rune enthält ↟, wollte sich der Träger offensichtlich des Beistandes dieses Gottes versichern.

Auf die Funktion des Tiwaz als Gott des Things weisen vor allem zwei Altäre hin, die in Nordengland am Hadrianswall gefunden und dort während der Regierungszeit des römischen Kaisers Alexander Severus, also zwischen 222 und 235 n. Chr., von Angehörigen einer in römischem Sold stehenden friesischen Reitertruppe errichtet wurden, wie sich eindeutig aus den Inschriften ergibt. Diese Altäre sind einem Gott Mars Thingsus geweiht.

Auf einen Zusammenhang zwischen Tiwaz und Thing weist auch der Name Tislund auf Seeland in Dänemark hin, denn Tislund bedeutet »heiliger Wald Tyrs«, und Tislund war ein Thingplatz.

Darüber hinaus wird verschiedentlich die Meinung vertreten, auch der Name unseres Wochentages Dienstag leite sich von

Thing = Ding ab und sei daher ein weiterer Beweis für die besondere Beziehung des Gottes Tiwaz zum Thing. Dabei wird auch auf die niederländischen Bezeichnungen Dinxdag und Dinsdag, die dem Wort Thing = Ding noch ähnlicher sind, hingewiesen. Vielleicht ist dies richtig. Doch das althochdeutsche Wort Ziestac = Ziustag und das neuhochdeutsche Wort Dienstag sind nicht so verschieden, daß sie notwendigerweise auch auf verschiedene Begriffe, nämlich Ziu und Thing, zurückgeführt werden müßten. Eine sprachliche Entwicklung von althochdeutsch Ziestac über Diestag zu neuhochdeutsch Dienstag ist durchaus möglich.

Doch unabhängig von dieser Streitfrage gilt es als erwiesen, daß Tiwaz in der Spätzeit der germanischen Religion der Gott des Things war. Diese Wandlung vom Kriegsgott zum Thing- und Rechtsgott ist nicht so befremdlich, wie es auf den ersten Blick scheint, wenn man bedenkt, daß für die Germanen auch der Krieg eine Angelegenheit war, die bestimmten Rechtsregeln unterlag. So wurden nicht selten Ort und Zeit der Schlacht im voraus zwischen den kriegführenden Parteien vereinbart, und es gab auch den Brauch, den Kampf der Heere durch einen vereinbarten Zweikampf der Heerführer oder zwei anderer hervorragender Krieger zu ersetzen, so z. B. im Jahre 428 zwischen Sueben und Wandalen, wie Gregor von Tours berichtet. Ja, die Schlacht wurde auch als »Schwertthing« und »Waffenurteil« bezeichnet.

Auch der Name Ull oder Ullin, unter dem Tiwaz verschiedentlich erwähnt wird, deutet auf seine Funktion als Rechtsgott hin, denn »auf Ulls Ring« wurden besonders heilige Eide geschworen, und Ull wurde auch in Zweikämpfen um Beistand angerufen. Und Eid und Zweikampf waren die Mittel, mit denen ein germanischer Rechtsstreit entschieden wurde. Ein germanisches Gericht hatte nämlich keineswegs die Aufgabe, einen Sachverhalt aufzuklären und die Wahrheit zu finden, sondern sein Auftrag bestand darin, Frieden und Ordnung wiederherzustellen, und das geschah in der Weise, daß der Stärkere zum Sieger erklärt wurde.

Stärker war derjenige, der das größere Ansehen und damit die höhere Ehre genoß. Und das größere Ansehen genoß derjenige, der die meisten Eidgenossen – die Höchstzahl war zwölf – für sich aufbieten konnte. Diese Eidgenossen brauchten nicht Zeugen des Vorfalls gewesen zu sein, denn mit ihrem Eid verbürgten sie sich nur für die Untadeligkeit und den guten Ruf ihrer Partei. Boten nun beide Parteien gleich viele Eidgenossen auf, so wurde der Rechtsstreit durch Zweikampf entschieden. Tiwaz = Ull wurde daher auch Schild-Ase genannt.

Der Zweikampf als Prozeßentscheidung überdauerte sogar die Christianisierung. Er findet sich noch in der Lex Saxonum verankert, die zwischen 797 und 802 entstand, und auch im Recht der Thüringer, der Lex Thuringorum, heißt es: »Wer einen Freien tötet, büße 200 Schillinge, oder wenn er leugnet, schwöre er mit 11, oder er gehe zum Zweikampf, welches von beiden jener will, den die Sache betrifft.«

Die Eide wurden auf Ulls Ring geschworen. Ring bedeutet bei den Germanen in aller Regel Armreif, genaugenommen Armspange, denn der Ring war nicht ganz geschlossen, damit er sich leichter überstreifen ließ. Einen solchen goldenen Armring trugen alle Götter, auch die Götterstandbilder im Tempel von Uppsala, und ein schwerer goldener Armring gehörte auch zu den heiligen Gegenständen eines jeden größeren Kultfestes. Da jede Thingversammlung mit einem Kultfest verbunden war, wie wir später noch sehen werden, und auf dem Thing auch die Rechtsstreitigkeiten entschieden wurden, muß man sich den Vorgang so vorstellen, daß die Eidgenossen an den Altar herantreten mußten und dort auf den heiligen Ring ihren Eid sprachen.

Verschiedentlich wird die Ansicht vertreten, Tiwaz habe auch den Namen Irmin geführt, und deshalb sei die aus den Sachsenkriegen bekannte Irminsul ihm geweiht gewesen. Bekanntlich eröffnete Karl der Große im Jahre 772 den Krieg gegen die Sachsen damit, daß er ihr Hauptheiligtum zerstörte. Es war ein östlich von Paderborn im Teutoburger Wald gelegener größerer Bezirk, dessen Mittelpunkt die Irminsul bildete, bei der es sich entweder um den Stamm einer mächtigen, vielhundertjährigen Eiche oder um eine künstliche Säule handelte (sul = Säule), unter der den Göttern geopfert wurde. Die Franken wüteten drei volle Tage in dem Heiligtum und zerstörten es völlig. Die in hölzernen Gebäuden verwahrten reichen Gold- und Silberschätze, Opfergaben für die Götter, verteilte Karl an seine Krieger.

Aufgrund der Beschreibung der Örtlichkeiten in den fränkischen Reichsannalen muß sich dieses Heiligtum in der Nähe des Bullerborn bei Altenbeken befunden haben, denn als das Frankenheer dort lagerte und Durst litt, brach plötzlich Wasser aus einem Berg hervor. Die einzige intermittierende Quelle weit und breit ist aber der Bullerborn. Daher befand sich die Irminsul vermutlich auf dem Berg Velmerstot, der höchsten Erhebung dieses Bezirks. (Abb. 22)

Der Teutoburger Wald erinnert noch an anderer Stelle an den Kampf der Germanen für ihre Freiheit und den Glauben der Väter: In der Stiftskirche zu Enger (Abb. 24) fand Widukind, der berühmte Anführer der Sachsen im Kampf gegen Karl den Großen, seine letzte Ruhestätte. (Abb. 25)

Die mündliche Überlieferung wußte schon immer, daß Widukind diese Kirche gestiftet hatte und darin auch begraben lag. Daher führte man bereits um 1200 (!) eine Grabung in der Kirche durch, um seine Gebeine zu bergen. Man fand auch tatsächlich ein Skelett, das man für dasjenige Widukinds hielt und seitdem in einem gotischen Schrein sorgfältig und voller Ehrfurcht verwahrte. Neuzeitliche Untersuchungen ergaben jedoch, daß dieses Skelett von einer etwa 20jährigen jungen Frau stammt und offensichtlich aus einem Grabe entnommen war, das sich vor dem Chor der Kirche befand, denn in diesem Grab fand man noch weitere Knochen, die mit hoher Wahrscheinlichkeit zu dem Skelett in dem gotischen Schrein gehören. Eine umfangreiche und mit modernsten Mitteln durchgeführte Grabung im Jahre 1971 führte dann zur Auffindung der echten Gebeine Widukinds. Direkt unter der Mitte des Chores stieß man auf das fast unversehrte Skelett des großen Sachsenführers, eines über 60 Jahre alten, 182 cm großen Mannes mit hohem, schmalem Gesicht. Zugleich fand sich auch eine Bestätigung für die Stiftung dieser Kirche durch Widukind, denn der erste Kirchenbau an dieser Stelle – der heutige Bau wurde um 1350 errichtet – erstand um das Jahr 800. Widukind erhielt 785 die christliche Taufe und lebte vermutlich von 745–812, genau sind jedoch Geburts- und Sterbejahr nicht bekannt. Seine Lebenszeit entspricht also fast genau der seines großen Gegenspielers Karl des Großen, der von 742–814 lebte. Übrigens ist Widukind auch der Ahnherr deutscher Kaiser, denn Mathilde, die Gemahlin Heinrichs I. und Mutter Otto des Großen, ist eine Urenkelin Widukinds.

Es gibt noch einen weiteren Ort in Norddeutschland, der eindrucksvoll an den Kampf unserer Ahnen für die Bewahrung ihres alten Glaubens erinnert. Es ist die Stadt Verden an der Aller, wo Karl der Große an einem einzigen Tage des Jahres 782 viertausendfünfhundert Sachsen hinrichten ließ, um dem nun schon 10 Jahre andauernden Freiheitskampf der Sachsen ein für allemal ein Ende zu setzen. Doch er erreichte das Gegenteil. Die Empörung über dieses furchtbare Gemetzel steigerte nur die Wut und den Haß der Sachsen. Sie setzten ihren Kampf noch 23 weitere Jahre fort, trotz Hinrichtungen, Deportationen, Brandschatzungen und Verheerung des ganzen Landes. Widukind freilich gab 3 Jahre nach dem Blutgericht von Verden auf, wohl weil er die völlige Ausrottung seines Volkes fürchtete und weil er den Verlauf des Krieges auch als Gottesurteil ansah, daß nämlich der Christengott stärker sei als die alten Götter der Ahnen.

In der Vergangenheit hat man mehrfach die Richtigkeit der Zahl 4500 angezweifelt, um diesen schrecklichen Makel von der sonst großartigen Gestalt des Frankenkönigs zu nehmen. Heute ist dieser Meinungsstreit für die Fachwelt entschieden. Sämtliche Quellen, auch die dem Frankenkönig wohlgesonnenen Reichsannalen, sprechen von 4500 hingerichteten Sachsen, und es gibt keinen vernünftigen, sachlichen Grund, der gegen die Richtigkeit der Quellen spricht.

Die Hinrichtung selbst schildert Diwald so: »Die Gerichtssitzung fand außerhalb Verdens statt, an der Stelle des heutigen Domplatzes. Die Sachsen standen gefesselt, eng nebeneinander, in einem riesigen Haufen vor dem König. Sie waren umringt von schwerbewaffneten Frankenkriegern. Nachdem Karl seinen Richtspruch gefällt hatte, wurden die Verurteilten sofort von den Kriegern exekutiert, mit den Schwertern zusammengehauen, mit den Spießen durchbohrt, nicht anders, als es auch in späteren Jahrhunderten öfter der Fall war, etwa in der deutschen Bauernrevolution des 16. Jahrhunderts. Die Leichen der Sachsen wurden in die Aller geworfen, sie trieben in die Weser und dann ins Meer. Einige Jahre später ließ Karl der Große an der Gerichtsstätte eine Holzkirche errichten. Sie wurde zum Mittelpunkt des Bistums Verden. An dem gleichen Ort begann 1185 der Bau des Domes. Fertiggestellt wurde er gegen Ende des 15. Jahrhunderts, und so, mit seinem unverwechselbaren Kupferdach, ist er noch heute zu sehen.« (Abb. 23)

Zur Erinnerung an dieses denkwürdige Geschehen stellte man in den Jahren 1934/35 in einem Eichenhain außerhalb der Stadt 4500 Findlinge auf, die dort als stumme Mahner die Wanderwege säumen. Heute ist dieser »Sachsenhain« ein beliebtes Ausflugsziel für Naturfreunde. (Abb. 26)

Doch zurück zu der Frage, ob Irmin ein anderer Name für Tiwaz ist. Diejenigen, die diese Frage bejahen, gehen wie selbstverständlich von der Annahme aus, das Wort Irmin müsse einen Gott bezeichnen. Nun ist aber das Wort irmin auch ein germanisches Eigenschaftswort und bedeutet groß, mächtig, göttlich, heilig. Irminsul könnte also schlicht »große, heilige Säule« bedeuten und Sinnbild der Weltesche gewesen sein. Darauf deutet auch die Beschreibung hin, die der zeitgenössische Mönch Rudolf von Fulda gegeben hat: »Einen Holzbock von ansehnlicher Größe, senkrecht aufgerichtet, verehrten sie auch im Freien. In ihrer

Muttersprache nannten sie ihn Irminsul, was lateinisch Weltsäule heißt, als ob er das All trüge.«

Was darüber hinaus die Gleichsetzung von Tiwaz = Irmin höchst unwahrscheinlich macht, ist die Tatsache, daß gerade die Sachsen für diesen Gott schon einen anderen Namen hatten, nämlich Saxnot, und daß dieser Name offensichtlich sehr geläufig und tiefverwurzelt war, was nicht nur aus der Erwähnung in der Abschwörungsformel folgt, sondern vor allem daraus, daß die Sachsen ihn als ihren Stammgott ansahen. Auch nahmen sie den Namen mit nach England, wo er die Form Saxneat und Seaxneat erhielt. Hätten sie nach diesem Gott eine Säule benannt, so hätte sie mit Sicherheit Saxnotsul geheißen. Irminsul bedeutet daher mit hoher Wahrscheinlichkeit »große, heilige Säule« und wird Sinnbild der Weltesche gewesen sein. Das Heiligtum diente vermutlich, wie alle Hauptheiligtümer der germanischen Stämme, der gemeinsamen Verehrung aller Götter.

Tiwaz wird auch in mehreren Göttersagen erwähnt. Mut und Tapferkeit sind dabei seine herausragenden Eigenschaften. Ein unverwechselbares äußeres Kennzeichen ist, daß ihm eine Hand fehlt. Dazu kam es so: Als der Fenriswolf, eines der Ungeheuer von Utgard, zu immer gewaltigerer Größe heranwuchs, erschien er den Göttern so gefährlich, daß sie ihn an eine starke Kette legen wollten. Da der Fenriswolf sich widersetzte, redeten die Götter ihm gut zu, daß sie nur sein Bestes wollten. Da verlangte das mißtrauische Ungeheuer, daß einer der Götter ihm seine Hand in den Rachen lege zum Pfand dafür, daß kein Betrug an ihm geschehe. Daraufhin legte Tiwaz seine Hand in den Rachen des Fenriswolfes. Als der Wolf bemerkte, daß er tatsächlich gefesselt war, biß er dem Gott die Hand ab.

Was ist der tiefere Sinn dieses Mythos? Der Verlust der Schwurhand als Strafe für einen falschen Eid ist ein bei vielen Völkern bekannter Brauch. Aber hier begeht ausgerechnet der Gott des Rechts die Täuschung und erleidet dafür die schreckliche Strafe. Doch der Gott handelt aus der Notwendigkeit, die

Weltordnung aufrechtzuerhalten, die durch einen übermächtigen Fenriswolf aufs höchste bedroht gewesen wäre. Er befindet sich also in einem tragischen Konflikt, in dem er selbstlos und mutig ein Opfer für den Bestand der Weltordnung bringt. Die Tat ist daher gut und richtig und schmälert in keiner Weise sein Ansehen als Gott und Held. Da jedoch die Tatsache eines Betruges, eines Vertrauensbruches bestehenbleibt, muß der Gott die dafür übliche Strafe erdulden.

Frija

Auch über die Gemahlin Wodans, Frija, die auch Frigg und Frea genannt wurde, Tochter des Fjörgyn, wissen wir nur wenig, obwohl auch sie mit Sicherheit große Verehrung genoß, denn immerhin wurde auch nach ihr ein Wochentag benannt, nämlich der Freitag.

Sie ist die Beschützerin der Ehe, Göttin der hingebungsvollen Mutter- und Gattenliebe, der fürsorgenden Hausfrau.

Der patriarchalischen Gesellschaftsordnung der Germanen entspricht ihre Götterwelt. Die Hauptgötter, die wir bisher kennengelernt haben, sind daher alle ausgesprochen männlich und vertreten ausschließlich die Interessen des germanischen Mannes. Frija ist die einzige Gottheit, welche die Interessen der germanischen Frau vertritt. Sie steht für all jene Bereiche, die das Wirkungsfeld der germanischen Frau waren. Auch ihr äußeres Erscheinungsbild ist das einer schönen, stattlichen Frau, die sich ihres Wertes voll bewußt ist und die als Zeichen ihrer Herrschaftsgewalt über Haus und Hof das Schlüsselbund am Gürtel trägt, genau wie die germanische Frau dies tat. Mit Frija konnten sich die Frauen daher voll identifizieren. Sie wurde deshalb von ihnen hoch verehrt und war die Zentralfigur ihres religiösen Empfindens.

Die Germanen standen vor einer schwierigen Aufgabe, als sie in ihrer Götterwelt nach einer Göttin Ausschau hielten, die der römischen Venus entsprach, der Göttin der Liebe, die dem Freitag der Römer den Namen gab. Denn eine Göttin der weiblichen Sinnlichkeit kannten sie nicht. Für die germanische Frau gab es geschlechtliche Freuden nur in der Ehe. Wie wir gehört haben, war vorehelicher Verkehr verpönt und stand Ehebruch unter schwerer Strafe. Was also ist Liebe auf germanisch? Die Antwort kann nur lauten: Liebe in der Ehe. Also konnte der lateinische dies Veneris (Tag der Venus) nur ins althochdeutsche friatac (Tag der Frija), neuhochdeutsch Freitag, englisch Friday, übersetzt werden.

Frija ist aber eine ganz andere Götterpersönlichkeit als Venus. Frija verkörpert alle Ideale der germanischen Frau. Sie ist nicht nur Beschützerin der Ehe und der Gattenliebe, sondern verkörpert mit gleicher Intensität die Mutterliebe. Dies wird besonders deutlich in den Mythen um Balder, ihren Sohn. Als dieser unheilverkündende Träume hat, bemüht sie sich rührend und rastlos darum, das drohende Unheil abzuwenden. Sie nimmt allen Dingen einen Eid ab mit dem Versprechen, ihrem Sohn Balder keinen Schaden zuzufügen. Nur den Mistelzweig übergeht sie, weil sie ihn für zu unbedeutend hält. Dieses Geheimnis entlockt ihr der böse Loki. Als die Götter in fröhlichem Spiel auf Balder schießen, weil sie wissen, daß er durch die Bemühungen seiner Mutter unverletzlich geworden ist, läßt Loki den nichtsahnenden, blinden Hödur einen Mistelzweig, der sich in einen Speer verwandelt, auf Balder schleudern, indem er Hödur den Arm führt. Balder wird getroffen und ist tot. Die Trauer der Mutter Frija ist grenzenlos und herzergreifend.

Auf die Mutterliebe deutet auch die Edda-Weisheit hin, daß man in der Stunde der Niederkunft die Göttinnen Frija und Freia um Beistand anrufen solle.

In manchen populärwissenschaftlichen Werken über die germanische Mythologie werden Frija und Freia gleichgesetzt. Das ist mit Sicherheit falsch. Das zeigt nicht nur diese Edda-Weisheit, die beide Göttinnen nebeneinander nennt, sondern ergibt sich auch aus der völlig andersartigen Persönlichkeit der Göttin Freia, die im folgenden Kapitel erörtert wird. Auch die persönliche Stellung in der Götterwelt ist eine ganz andere: Freia ist eine Wanengöttin, die mit ihrem Bruder Frei in Blutschänder-Ehe zusammenlebt.

Offenbar hat nur die große Ähnlichkeit der Namen zu der Gleichsetzung verleitet.

Auf Frija geht auch der germanische Brauch zurück, am Freitag zu heiraten. Die Ehe stand dann unter besonderem göttlichen Schutz. In manchen Gegenden Deutschlands hat sich dieser Brauch, wenn auch in Unkenntnis seines Ursprungs, bis heute erhalten.

Die Wanen

Einst in grauer Vorzeit tobte ein Krieg zwischen zwei Göttergeschlechtern, den Asen und den Wanen. Da keine Partei einen endgültigen Sieg zu erringen vermochte, schloß man Frieden und tauschte zur Bekräftigung des ehrlichen Friedenswillens Geiseln aus. Die Wanen bekamen Hönir und Mimir, die Asen Njörd mit seinen Kindern Frei und Freia. Die Wanen machten danach Hönir zu ihrem König, weil sie von seiner Weisheit tief beeindruckt waren, bis sie entdeckten, daß diese vermeintliche Weisheit nur auf den Ratschlägen Mimirs beruhte. Daraufhin waren sie so erbost, daß sie Mimir töteten und sein Haupt an Wodan schickten. Sonst ist von den Wanen, die in Wanenheim lebten, nichts bekannt.

Njörd mit Frei und Freia wurden als gleichberechtigte Mitglieder in die Familie der Asen aufgenommen, und ihre Herkunft minderte ihr Ansehen auch bei den sie verehrenden Germanen in keiner Weise. Allerdings wurde die Sitte der Wanen, daß bei ihnen Geschwister einander heirateten, als fremdartig und anstößig empfunden. Solche Ehen waren bei den Germanen undenkbar. Diese Sitte spricht daher für die These, daß die Wanen einem sehr alten Kulturkreis aus indogermanischer oder sogar vorindogermanischer Zeit entstammen.

Njörd, Frei und Freia waren Fruchtbarkeitsgötter. Der ganze Segen der Natur beruhte auf ihrem Wirken. Sie spendeten Fruchtbarkeit für Menschen, Tiere und Pflanzen, sie sandten das für reiche Ernten günstige Wetter, Regen und Sonnenschein zur rechten Zeit, bescherten auch reiche Beute auf Jagd und Fischfang, ja sie spendeten ganz allgemein Glück und Reichtum, Milde und Gnade und vor allem Frieden. Sie waren friedliche Götter, sie trugen keine Waffen, und während der Opferfeste, die zu ihren Ehren gefeiert wurden und die oft Tage und Wochen andauerten, herrschte striktes Friedensgebot, alle Waffen waren verschlossen.

Diese Götter hatten für die Bauern, Jäger und Fischer, ja für alle Menschen größte Bedeutung. Sie sorgten für das tägliche Wohlergehen, für den Fortbestand von Familie und Sippe, ja für das Lebensglück insgesamt. Diese Götter genossen daher große Verehrung, zu ihnen betete man, ihnen opferte man, von ihnen erflehte man die Erfüllung des persönlichen Glücks. Sie standen auch im Mittelpunkt des großen Kultfestes im Frühling, wenn die Natur mit aller Kraft zu neuer Entfaltung drängte und um ein fruchtbares Jahr für Menschen, Tiere und Pflanzen gebetet und geopfert wurde.

Schon Tacitus gibt eine anschauliche Schilderung eines solchen Festes. Bei ihm heißt die Göttin Nerthus. Sie sei von den germanischen Stämmen verehrt worden, die im Gebiet des heutigen Norddeutschland und Dänemark lebten. Er schreibt: »Zu den einzelnen Stämmen ist nichts Besonderes zu bemerken, außer daß sie gemeinsam die Nerthus, das ist die Mutter Erde, verehren und glauben, sie kümmere sich um die Angelegenheiten der Menschen und komme zu den Völkern gefahren. In einem heiligen Hain auf einer Insel des Ozeans steht ein geweihter Wagen, der mit einem Tuch zugedeckt ist und den nur der Priester berühren darf. Er merkt es, wenn die Göttin im Heiligtum anwesend ist, spannt dann Kühe vor den Wagen und geleitet mit großer

Ehrfurcht die Göttin auf ihrer Fahrt durch das Land. Dann sind Tage der Freude, und alle Orte sind festlich geschmückt, welche die Göttin ihres Besuches und Aufenthaltes würdigt. Da zieht man nicht in den Krieg und greift nicht zu den Waffen; unter Verschluß ist alles Eisen. So lange herrschen Ruhe und Frieden, bis die Göttin des Verkehrs mit den Menschen müde ist und derselbe Priester sie wieder in ihr Heiligtum zurückgeleitet. Dann werden Wagen und Tuch und, wenn man es glauben will, die Gottheit selbst in einem verborgenen See abgewaschen. Dabei helfen Sklaven, die sofort derselbe See verschlingt, daher herrscht ein geheimes Grauen, eine heilige Scheu, was das für ein Wesen sei, das nur Todgeweihte sehen dürfen.«

Die Wissenschaft ist sich darin einig, daß Nerthus und Njörd identisch sind. Das folgt nicht nur aus der Namensgleichheit – Nerthus ist das latinisierte Njörd –, sondern auch aus der Gleichheit von Wesen und Kult, wie sie uns von den Wanengöttern aus allen anderen Quellen überliefert sind. Was nur erhebliches Kopfzerbrechen bereitet hat, ist die Tatsache, daß Nerthus eindeutig eine Göttin ist und Njörd ebenso eindeutig ein Gott. Doch dürften Vermutungen, die dahin gehen, Tacitus sei hier ein schwerwiegender Irrtum unterlaufen oder Njörd sei eine doppelgeschlechtliche Gottheit gewesen, abwegig sein. Vielmehr dürfte die Meinung von de Vries und Much zutreffen, daß hier ein Geschwisterpaar verehrt wurde, das wesensgleich und fast namensgleich war. So wie Frei und Freia Geschwister sind, in Geschwisterehe zusammenleben, praktisch den gleichen Namen führen, wesensgleich sind und auf gleiche Weise verehrt wurden, so wird es auch mit Njörd und seiner Schwester gewesen sein. Auch von Njörd wird nämlich berichtet, daß er mit einer Schwester in Geschwisterehe lebte. Aus dieser Verbindung sind Frei und Freia hervorgegangen. Nur der Name dieser Schwester wird nicht ausdrücklich erwähnt. Wenn wir uns aber erinnern, daß Donar, der u. a. auch ein Gott der Fruchtbarkeit war, ein Sohn der Jörd, der »Mutter Erde« ist, so ist klar, wer Njörds Schwester war. Njörd und Jörd sind das Geschwisterpaar, das als göttliche Einheit Fruchtbarkeit spendet und dem der Kult galt, von dem Tacitus berichtet. In spätgermanischer Zeit wurden sie dann durch das wesensgleiche Geschwisterpaar Frei und Freia im Kult etwas in den Hintergrund gedrängt.

Großes Rätselraten hat auch die Frage ausgelöst, auf welcher Insel wohl das Heiligtum der Nerthus gelegen haben mag. Fast alle Inseln der Nord- und Ostsee sind in Erwägung gezogen worden. Am meisten Beachtung hat dabei die These von Magnus Olsen gefunden, daß die am Hardangerfjord in Südnorwegen gelegene Insel Njardarlog das gesuchte Eiland sei. Denn der Name bedeutet »Gebiet, wo das Gesetz des Njörd gilt«, und auf der Insel liegt auch ein heiliger See. Daß im übrigen Njörd auch in Norwegen verehrt wurde, ergibt sich aus zahlreichen Ortsnamen, die seinen Namen enthalten, sowie aus der alten norwegischen Eidesformel: »So helfe mir Njörd und Frei und der allmächtige Ase.« Doch auch für andere Inseln gibt es gute Argumente. Endgültig wird man diese Frage daher nicht beantworten können.

Der Nerthus-Wagen wird wahrscheinlich dem Dejbjerg-Wagen sehr ähnlich gewesen sein. Im dänischen Moor von Dejbjerg hat man zwei prachtvolle Wagen aus der vorrömischen Eisenzeit gefunden, die reich mit Bronzebeschlägen bedeckt sind und von denen man annimmt, daß sie religiösen Zwecken dienten. (Abb. 27)

Rund 1000 Jahre nach Tacitus werden von Adam von Bremen und Saxo Grammaticus ganz ähnliche Beobachtungen über Festlichkeiten zu Ehren der Wanengötter berichtet. Im Mittelpunkt dieser Feiern, die in Schweden und Dänemark stattfanden, stand der Gott Frei. In Schweden genoß dieser Gott damals eine außerordentlich große Verehrung. Im Tempel von Uppsala, dem Hauptheiligtum der Schweden, stand sein Standbild neben dem Wodans und Donars, und zwar zum Entsetzen der christlichen Beobachter mit einem gewaltigen Phallus als Symbol der Fruchtbarkeit ausgestattet. Auch diese Feste dauerten viele Tage, waren mit Opferungen, mit Umzügen, auf denen der Gott in einem

Wagen durchs Land gefahren wurde, mit Tänzen und Gesängen verbunden. Über die Tänze und Gesänge teilen die christlichen Chronisten nur mit, daß sie so unsittlich gewesen seien, daß sich eine Beschreibung verbiete.

Nun liegt es im Wesen eines jeden Fruchtbarkeitskultes, daß die sexuelle Zeugungskraft und der Beischlaf verherrlicht, besungen, in Tänzen beschworen, symbolhaft dargestellt und auch tatsächlich verwirklicht werden. So wurde auch bei den Feiern zu Ehren Freis die heilige göttliche Hochzeit nachvollzogen. Unter anderem wird berichtet, daß die Priesterin, die bei einem Umzug den Wagen mit dem Gott Frei begleitete, nach Beendigung des Umzuges schwanger war. Die Atmosphäre dieser Feste war mit Sicherheit sexuell so stark aufgeladen, daß es zu sexuellen Ausschweifungen in großem Umfange kam. Diese waren im Sinne des Kultes aber durchaus gewollt und sind deshalb nicht als Ausartung anzusehen. Dies zeigt sich beispielhaft auch in dem germanischen Glauben, daß ein auf dem Acker vollzogener Beischlaf die Fruchtbarkeit des Ackers erhöhe.

Die Tiere, die Frei geopfert wurden, waren vor allem Schweine und Pferde. Der Eber Gullinborsti = Goldborste ist sein Attribut. Er dient ihm auch als Reittier und ist schneller als ein Pferd. Ein solches Opfer wird in der Sage von Hervör wie folgt beschrieben: »König Heidrek brachte Frei ein Opfer dar. Er wollte Frei den größten Eber anbieten, den man auftreiben konnte. Dieses Tier hielt man für so heilig, daß man in allen wichtigen Angelegenheiten auf seine Borsten schwören mußte. Dieser Eber sollte nun Frei geopfert werden. Am Julabend (21. Dezember) mußte er vor den König in den Saal geführt werden. Dort legten die Männer ihre Hände auf seine Borsten und sprachen heilige Gelübde.«

Aus Schweden sind Darstellungen bekannt, auf denen die Helme der Krieger mit Eberköpfen verziert sind. Diese Krieger stellten sich damit unter den Schutz des Gottes Frei. Zahlreiche Eberfibeln und Gefäße in Eberform, die man bei Ausgrabungen in

Nord- und Mitteldeutschland fand, zeugen davon, daß dieser Gott auch bei den Südgermanen große Verehrung genoß.

Die große Bedeutung der Schweine im Kult des Gottes Frei ist auch der Schlüssel zur Deutung einer der interessantesten heidnischen Figurendarstellungen an einer christlichen deutschen Kirche. Nahe Mössingen südlich von Tübingen befindet sich auf einem Hügel inmitten eines weiten Talkessels eine kleine Kirche, die schon von alters her als »Heidenkirchlein« bezeichnet wird. Über ihrem Portal prangt in der Mitte des Giebels eine stark verwitterte Figurengruppe, deren Mittelpunkt eine aufrecht stehende menschliche Gestalt ist. Da zu ihrer Rechten zwei Schweinsköpfe abgebildet sind, kann es sich bei dieser Gestalt nur um den Gott Frei handeln. Ein Stierkopf zu seiner Linken und zwei Widderköpfe zu seinen Häupten sind weitere Fruchtbarkeitssymbole. Wegen der ungewöhnlich weit auseinander stehenden Beine der Figur nimmt man an, daß diese ursprünglich mit einem Phallus dargestellt war, den man später, als Anstoß daran genommen wurde, entfernt hat. Über der ganzen Figurengruppe prangt ein mächtiges Christenkreuz, um – wie auch bei ähnlichen Darstellungen an anderen Orten – für alle sichtbar zu machen, daß der Christengott über die Heidengötter gesiegt und sie nun als Dämonen gebannt hat. Für uns heute ist dieser Giebelschmuck ein schöner Beweis dafür, daß sich hier einst ein germanisches Heiligtum befand, wo den Wanen geopfert und jedes Jahr ein rauschendes Frühlingsfest gefeiert wurde. (Abb. 28)

Die Frei geweihten Pferde wurden in eigens dafür errichteten Gestüten gehalten. Sie waren so heilig, daß sie nicht geritten werden durften. Wer dies dennoch tat, mußte den Frevel mit dem Leben büßen. Da auch Wodan vorzugsweise Pferde geopfert wurden, werden die Herden dieser Gestüte ganz allgemein als den Göttern vorbehaltene Tiere betrachtet worden sein. Vermutlich sind sie identisch mit den »Herden schneeweißer Rosse, die auf Stammeskosten in heiligen Hainen gehalten wurden«, über die Tacitus berichtet.

Ein weiteres Attribut des Frei ist das Wunderschiff Skidbladnir, das immer günstigen Fahrwind hatte und das er nach Belieben vergrößern und verkleinern, ja so klein zusammenfalten konnte, daß man es hätte in die Tasche stecken können. Dieses Schiff ist wie alle Bilder in der germanischen Religion als Symbol und Gleichnis gedacht. Es steht für Frei als den Spender der Fruchtbarkeit des Meeres, wodurch er zugleich Beschirmer der Fischer und ihrer Schiffe ist.

Die Namen Frei und Freia bedeuten nichts weiter als Herr, Fürst bzw. Herrin, Fürstin. Die Schreibweise bei den Nordgermanen war Freyr und Freyja. Bei den Südgermanen hießen sie Fol und Fulla. Mit diesen Namen werden beide auch im 2. Merseburger Zauberspruch erwähnt, der mit den Worten beginnt: »Fol und Wodan ritten zum Wald.« Weitere Namen für Frei sind Fro und Frodi. Ström vertritt die Ansicht, allerdings ohne nähere Begründung, daß auch Saxnot ein Deckname für Frei sei, was jedoch abwegig ist. Der älteste Name des Gottes Frei lautet Ing. Davon abgeleitet ist der Name Ingävonen, eine Bezeichnung römischer Schriftsteller für die meeresanwohnenden germanischen Stämme. Ing gilt auch als Stammvater des schwedischen Königshauses der Ynglinge. Um jedoch auch Wodan als Urahn für sich in Anspruch nehmen zu können, wie alle anderen germanischen Königsgeschlechter dies tun, ist nach der Ynglingasage Ing ein Nachkomme Wodans, was mit dem alten germanischen Glauben natürlich nicht übereinstimmt. Ja, bei den Schweden und Dänen vermischen sich auch sonst Religion und Geschichte. In der Überlieferung beider Stämme wird über einen König Frei berichtet, während dessen langer Regierungszeit völliger Friede geherrscht habe und reiche Ernten eingebracht worden seien. Hier werden also Friede und Fruchtbarkeit, die Kennzeichen des Gottes Frei, auf einen menschlichen König gleichen Namens übertragen.

Njörd und Frei tauchen auch in den Göttersagen auf, und zwar interessanterweise in ähnlichen Abenteuern. Beide nehmen nämlich außer ihrer Schwester noch eine Riesentochter zur Frau.

Auch dies zeigt auf, daß Frei/Freia nur die jüngere Entsprechung von Njörd/Jörd verkörpern.

Das Riesenweib des Njörd heißt Skadi. Die Asen hatten ihren Vater Tjazi getötet. Als Sühne gestatteten sie der Tochter, sich einen der Götter zum Gatten zu erwählen, allerdings dürfe sie bei der Wahl nur die Füße der Götter sehen. Die schönsten Füße gehörten jedoch nicht, wie Skadi hoffte, zu Balder, sondern zu Njörd. Ihre Ehe wurde denn auch nicht glücklich. Njörd wollte am Meer wohnen, während Skadi die Berge bevorzugte, wo sie auf Schneeschuhen auf Jagd zu gehen pflegte. Schließlich einigten sie sich, abwechselnd je neun Tage am Meer und in den Bergen zu leben. Doch auch dadurch stellte sich keine Harmonie ein, denn Njörd konnte das Heulen der Wölfe nicht ausstehen und Skadi nicht das Gekreisch der Möwen.

Ob die Ehe des Frei mit der Riesentochter Gerda harmonischer verlief, wissen wir nicht, weil nur die Werbung des Gottes um das schöne Mädchen, in das er sich verliebt hatte, überliefert ist. Da indessen sein Diener Skirnir, den er mit der Brautwerbung beauftragt hatte, das widerstrebende Mädchen nur durch massive Drohungen dazu bewegen konnte, dem Werben des Gottes nachzugeben, ist kaum anzunehmen, daß sich diese Verbindung sehr glücklich gestaltete.

Auch von Freia wird berichtet, daß sie außer ihrem Bruder Frei noch einen weiteren Gemahl hatte. Es war ein Gott namens Od, über den nur bekannt ist, daß er weite Reisen machte. Freia aber wanderte über die ganze Erde, um ihren verschwundenen Gemahl zu suchen. Dabei weinte sie goldene Tränen. Wahrscheinlich ist Od nur eine Verstümmelung von Odin = Wodan, weil auch berichtet wird, daß zwischen Wodan und Freia eine Liebesbeziehung bestand.

Freia besaß auch ein kostbares Geschmeide, Brisingamen genannt, bei dem es sich vermutlich um eine Halskette handelte.

Wie ihr Bruder ritt auch sie einen Eber, dessen Name Hildiswis »Kampfeber« bedeutet.

Die goldenen Tränen, die Freia auf der ganzen Erde vergießt, sind Symbol ihrer Fruchtbarkeit, Symbol für den kostbaren Regen, der reiche Ernten wachsen läßt. Als Göttin der Fruchtbarkeit ist sie genau wie ihr Bruder und Gatte Frei Sinnbild großer sexueller Kraft und Lust. Es wundert deshalb nicht, daß sie in christlicher Zeit als lüsterne Hexe galt und sogar mit einer Hündin und einer Sau verglichen wurde. Ebenso wird die vermutlich erst in christlicher Zeit entstandene Darstellung gedeutet, daß Freia zu Balders Trauerfeier mit einem Wagen gefahren sei, der von Katzen gezogen wurde. Das Katzengespann ist ein ganz ungermanisches Bild, aber die Katzen passen wegen ihrer besonders leidenschaftlichen Paarung zum Bild der lüsternen Hexe.

Für den Germanen, der noch fest im alten Glauben wurzelte, hatte die gewaltige sexuelle Potenz der Wanengötter nichts Anstößiges. Sie wurde im Gegenteil als Garant für das Fortbestehen der Schöpfung als notwendig und beglückend empfunden.

Die übrigen Götter

Außer den bisher beschriebenen Göttern ist noch eine große Anzahl von Namen weiterer Gottheiten bekannt, die aber im religiösen Leben der Germanen keine bedeutende Rolle gespielt haben. Sie tauchen als Randfiguren in Liedern und Sagen der Edda auf sowie auf Altären und Weihetafeln, die man vor allem im römisch besetzten Teil Germaniens gefunden hat. Von den meisten ist nicht mehr als der Name überliefert.

Einige dieser Gottheiten sind vermutlich nur Phantasiegestalten der Eddadichter, die zur gefälligeren Ausschmückung ihrer Lieder erfunden wurden. Andere sind vielleicht sehr alte Götter, die in der Spätzeit der germanischen Religion nicht mehr verehrt wurden und deren Bild deshalb schon damals nur noch in vagen Umrissen existierte. Wiederum andere hatten in der Götterfamilie nur untergeordnete Aufgaben zu erfüllen. Sie gehörten zwar der Vollständigkeit halber zum Bild einer starken und reichen germanischen Großfamilie, wie sie die Asen verkörpern, aber sie waren nicht Gegenstand der Verehrung seitens der gläubigen Menschen.

Dennoch sollen hier alle Götternamen aufgeführt und besprochen werden, die in der einschlägigen Literatur erwähnt werden und die einem Kenner der germanischen Religion daher geläufig sein sollten. Soweit sie bereits als enge Verwandte der bisher dargestellten Götter Erwähnung fanden, werden sie hier nicht erneut genannt.

Die Asen bilden eine große Familie. Sie sind alle miteinander verwandt, auch wenn in Einzelfällen die Verwandtschaftsbeziehung aus den Quellen nicht hervorgeht. Die zentrale Figur ist Wodan. Bei ihm laufen alle Fäden zusammen.

Nach der Überlieferung der Edda hatte Wodan noch zwei Brüder, Wili und We. Ihr Vater war Bor, der seinerseits von Buri abstammte. Näheres ist über diese Götter nicht bekannt. Interessant ist jedoch, daß der Aufbau dieser Stammlinie der gleiche ist, den Tacitus schildert, wenn auch mit ganz anderen Namen: »In alten Liedern, der einzigen Art ihrer geschichtlichen Überlieferung, preisen die Germanen Tuisto, einen erdgeborenen Gott. Ihm weisen sie einen Sohn Mannus als Ahnherrn und Stammvater ihres Volkes zu, und diesem wieder drei Söhne, nach denen sich, wie es heißt, die Stämme an der Meeresküste Ingävonen, die in der Mitte des Landes Herminonen und die übrigen Istävonen nennen.« Man nimmt an, daß dies keine zufällige Übereinstimmung ist, sondern auf einer Überlieferung beruht, die in Urzeiten zurückreicht. Für die Verschiedenheit der Namen gibt es allerdings keine befriedigende Erklärung.

Dreizahl und Stabreim, wie Wodan, Wili und We, sind beliebte Ausdrucksformen der Germanen. Die Dreizahl kehrt bei den Nornen und Matres wieder, sie begegnet uns beim Werfen der Runenstäbe, in der sächsischen Abschwörungsformel und bei den Götterstandbildern in Uppsala. Mitunter ist es auch eine

Mehrzahl von Drei: Heimdal hat neun Mütter, Hermod reitet neun Nächte zu Hel, Wodan hängt neun Nächte an der Weltesche. Ja, die Drei ist die Grundzahl des germanischen Zahlensystems, das sich in England in Maßen und Gewichten bis heute erhalten hat. Das Dezimalsystem haben wir von den Römern übernommen.

Wodan hatte sieben Söhne. Donar zeugte er, wie bereits erwähnt, mit der Erdgöttin Jörd. Balder ist dagegen ein Sohn Wodans und Frijas. Er ist schön von Gestalt, eine helle, leuchtende, unschuldige Erscheinung, Liebling seiner Mutter, vor allem bekannt durch die Sagen, die sich um seinen tragischen Tod ranken. Balders Gemahlin heißt Nanna, beider Sohn Forseti, der wie sein Vater als Gott des Friedens und der Versöhnung gilt. Forseti genoß offenbar auf Helgoland besondere Verehrung, denn in mehreren mittelalterlichen Schriften wird erwähnt, daß Helgoland = Heiligland noch im 8. Jahrhundert nach dem dort verehrten Gotte Fositesland genannt worden sei.

Heimdal, der auch unter dem Namen Rig auftritt, ist ein weiterer Sohn Wodans. Er bewacht den Eingang der Götterburg und bläst auf seinem Horn so laut, daß es in die entferntesten Welten schallt. Er wurde von neun Riesentöchtern am Rande der Erde geboren. Über die Bedeutung dieses Bildes gibt es viele Theorien. Am häufigsten wird die Ansicht vertreten, es handele sich hierbei um die neun Töchter des Meeresriesen Ägir. Heimdal, der auch »der Glänzendste der Asen« genannt wird, der goldene Zähne hat und dessen Pferd eine goldene Mähne besitzt, verkörpere die aus den Fluten aufsteigende goldene Morgensonne.

Der Gott Hermod taucht nur in der Baldersage auf. Dort reitet er im Auftrag der Asen in die Unterwelt zu Hel, um Balder zurückzuholen. Auch er ist ein Sohn Wodans.

Die Götter Widar und Wali, beide ebenfalls Söhne Wodans, sind lediglich die poetische Ausgestaltung des Rachegedankens. Widar rächt Wodans Tod beim Weltuntergang, indem er den Fenriswolf tötet. Wali rächt den Tod Balders an Hödur.

Bragi, ebenfalls ein Sohn Wodans, ist der Gott der Dichter und Sänger. Seine Gemahlin Idun verwaltet die Äpfel, deren Verzehr den Göttern ihre ewige Jugend erhält.

Vereinzelt wird behauptet, auch Hödur und Tiwaz seien Söhne Wodans, der somit neun (!) Söhne habe. Hierfür gibt es jedoch keinerlei Belege, im Gegenteil: Im Hymirlied der älteren Edda wird eindeutig Hymir als Vater des Tiwaz genannt.

Eine der schillerndsten Figuren ist Loki, der Gott des Bösen, der Geist, der stets verneint. Er ist schlau, aber falsch, voller List und Tücke. Seine in der Edda wiedergegebene Zankrede ist eine Sammlung widerlicher Verleumdungen. Es macht ihm Spaß, Unheil zu stiften. Insgesamt gesehen ist er eine teuflische Erscheinung. Dennoch ist er ein Ase. Andererseits ist er aber eng verwandt mit den Ungeheuern von Utgard. Mit der Riesin Angerboda zeugte er den Fenriswolf, die Midgardschlange und Hel, die Göttin der Unterwelt. So verwundert es nicht, daß er insgeheim auf der Seite der Kräfte steht, welche die Weltordnung bedrohen. Er wirkt wie ein Geheimagent von Utgard inmitten von Asgard.

Lokis Vater ist der Riese Farbauti. Für seine Mutter werden die Namen Laufey und Nadel genannt, seine Brüder heißen Helblindi und Byleist, seine Gemahlin ist Sigyn. Neben Fenriswolf, Midgardschlange und Hel werden als weitere Kinder die Söhne Wali und Nari oder Narfi genannt. Als Loki sich einmal in eine Stute verwandelt hatte, wurde er von einem Hengst gedeckt, und aus dieser Verbindung ging Wodans Hengst Sleipnir hervor. Folglich ist er auch die Mutter von Sleipnir.

Für Loki gibt es nicht die geringste Spur eines Kultes. Auch das macht deutlich, daß er den Menschen als Feind der Schöpfung und Weltordnung galt.

Hönir und Mimir haben wir bereits im Wanenkrieg kennengelernt. Beide gehen als Geiseln zu den Wanen. Hönir tritt außerdem zusammen mit einem Gott Lödur in der Schöpfungsgeschichte auf. Möglicherweise sind Hönir und Lödur nur andere Namen für Wodans Brüder Wili und We.

Tacitus erwähnt als weitere Götter die Alcis, ein Brüderpaar, Jünglingsgötter, die besonders von dem ostgermanischen Stamm der Naharvalanen verehrt worden seien.

Hingegen handelt es sich bei Tamfana nicht um den Namen einer Gottheit, wie vielfach behauptet wird, sondern um den Namen eines Heiligtums. Die irrige Annahme einer Göttin dieses Namens beruht auf einer unkorrekten Übersetzung der einzigen Stelle, an der bei den antiken Autoren dieser Name auftaucht, nämlich in den Annalen des Tacitus, Buch 1, Kapitel 51. Dort berichtet dieser, wie der römische Feldherr Germanicus im Herbst des Jahres 14 n. Chr. seine Legionen, ca. 30 000 Soldaten, die zuvor gemeutert hatten und nun ihre Schuld durch »ehrenvolle Wunden« sühnen wollten, gegen die Germanen führte. Kundschafter hatten Germanicus mitgeteilt, daß der Stamm der Marser mit Spielen und feierlichem Gelage ein großes Kultfest feierte. Auf Schleichwegen führte er sein Heer heimlich gegen die Ahnungslosen, die sich mitten im Frieden wähnten und daher nicht einmal Posten aufgestellt hatten. Die Römer fielen über die Schlafenden her und machten alle nieder. »Fünfzigtausend Schritt umher verwüstet er mit Schwert und Feuer. Nicht Geschlecht, nicht Alter flößten Erbarmen ein. Heiliges wurde ebenso wie Ungeweihtes dem Erdboden gleichgemacht, auch das bei jenen Stämmen hochberühmte Heiligtum, das sie Tamfanae nannten (celeberrimum illis gentibus templum, quod Tamfanae vocabant).«

Da es sich bei dem von Tacitus erwähnten Fest um ein großes Kultfest des ganzen Stammes der Marser handelte, das zudem im Herbst stattfand, kann es sich nur um das Erntedankfest gehandelt haben, in dessen Mittelpunkt die Hauptgötter Wodan, Donar und die Wanen standen. Was das Wort Tamfanae letztlich bedeutet – manche vermuten »Allheiligtum« – ist ungeklärt.

Sicher überliefert ist dagegen die Göttin Ostara, angelsächsisch Eostre. Sie ist eine Fruchtbarkeitsgöttin. Nach ihr ist unser Osterfest benannt worden. Ihr Lieblingstier ist der Hase als Symbol großer Fruchtbarkeit. Das Kaninchen, das im Volksmund vielfach dem Hasen gleichgesetzt wird, siehe der Ausdruck »Stallhase« für das Hauskaninchen, gilt noch heute als Symbol hemmungsloser Vermehrung, wie der volkstümliche Ausspruch »sie vermehren sich wie die Kaninchen« beweist. Auch das Ei als Ursprung werdenden Lebens ist ein Symbol der Fruchtbarkeit. So gehen unsere wichtigsten heutigen Osterbräuche, nämlich Osterhase und Ostereier, auf die Göttin Ostara zurück.

Außer diesen bei allen Germanen bekannten Göttern gab es eine große Anzahl von sog. Muttergottheiten, Spenderinnen, von denen man ganz allgemein Glück, Reichtum und Wohlergehen für Haus und Familie erhoffte und die meistens nur von örtlicher oder familiärer Bedeutung waren, also nur einen sehr begrenzten Wirkungskreis hatten. Da sind zunächst die Matres oder Matronae zu nennen, die in den ersten Jahrhunderten n. Chr. im römisch besetzten, also linksrheinischen Germanien verehrt wurden, wie aus zahlreichen dort gefundenen Weihesteinen mit Inschriften und Abbildungen hervorgeht. Die bildlichen Darstellungen zeigen immer drei sitzende Frauen mit Fruchtkörben auf dem Schoß. (Abb. 31)

Es gab aber auch Muttergottheiten, die einzeln auftraten. So hat man auf der im Rheindelta gelegenen Insel Walcheren 26 Altäre gefunden, die einer Göttin Nehalennia gewidmet waren. Die Namen anderer Göttinnen, sämtlich als Inschrift auf Weihesteinen entdeckt, lauten: Alateivia, Baduhenna, Burovina, Garmangabi, Haeva, Hariasa, Harimella, Hludana, Sandraudiga, Sunucsal, Vagdavercustis, Vihansa, Viradecdis.

Im freien Germanien, wo man römische Bräuche wie Weihetafeln und Altäre und auch die lateinische Schrift nicht verwendete, fehlen derartige Funde vollständig. Auch hier wurden aber lokale Muttergottheiten verehrt, die bei den Nordgermanen Disen und bei den Südgermanen Idisen hießen.

Man kann alle diese Muttergottheiten mit guten Hausgeistern oder Schutzheiligen vergleichen. Sie waren also Göttinnen minderen Ranges. Hinter dieser Erscheinung verbirgt sich offensichtlich der Wunsch vieler Menschen, eine Gottheit ganz für sich zu haben, Geborgenheit im Schutze einer höheren Macht zu finden, zu der man ein ganz persönliches, inniges Verhältnis hatte und bei der man Haus und Familie in guter Obhut wußte.

Andere Mächte

Die Götter verkörpern die positiven Mächte des Überirdischen. Sie sorgen für die Aufrechterhaltung der Weltordnung und den Fortbestand der Schöpfung. Sie vermögen die Sehnsucht des Menschen nach Sicherheit und Glück zu erfüllen. Sie gewähren Schutz und Sieg im Lebenskampf und Fruchtbarkeit, Wohlstand und Zufriedenheit für Familie, Haus und Hof.

Aber jeder erfahrene Mensch weiß, daß es daneben zerstörerische Kräfte gibt, überirdische Mächte, die nur darauf aus sind, Schaden und Unheil zu stiften, ja die ganze Weltordnung aus den Angeln zu heben und Götter und Menschen zu vernichten. Diese Mächte wohnen in Utgard, was soviel bedeutet wie »außerhalb der geordneten Welt«. Sie sind unsichtbar und geheimnisvoll, aber in vielerlei Ereignissen offenbaren sie ihre zerstörerische Kraft und erfüllen den Menschen mit Angst und Schaudern.

Zwischen beiden Mächten, den bewahrenden und den zerstörerischen, tobt ein ständiger Kampf. Unablässig sind die Götter bemüht, die Mächte aus Utgard in Schach zu halten, damit ihre zerstörerische Kraft nicht zur vollen Entfaltung gelangt.

Für jeden, der um sich schaut, ist der Ort, an dem er steht, die Mitte. So ist für die Germanen der Lebensraum der Menschen die Mitte der Welt. Dieser Raum heißt daher Midgard, Mid = Mitte, gard = Garten, umfriedetes Besitztum, Hof, Burg, Heim.

Der Wohnsitz der Götter heißt Asgard = Burg der Asen und befindet sich im Himmel, aber gleichwohl in der Nähe der Menschen. Er wird als prunkvoller Palast beschrieben, in Anlage und Ausstattung einem germanischen Fürstenhof ähnlich, nur unvergleichlich größer, weitläufiger und prachtvoller. Dort befindet sich auch Walhall, wo Wodan die gefallenen Krieger empfängt, die dort jahraus, jahrein ein fröhliches und heldisches Leben führen.

Der Aufenthaltsort der zerstörerischen Mächte ist Utgard, das von Menschen unbewohnte Land ringsum. Dort liegt auch Jötunheim, wo die Riesen hausen, die auch Jöten oder Trolle genannt werden. Es sind Gestalten von riesigem Wuchs und urgewaltiger Kraft. Sie haben einen falschen, niederträchtigen Charakter und ein widerliches Äußeres. Obwohl sie von langsamem Verstande sind, haben sie doch ein reiches Wissen, denn sie sind die Urbewohner dieser Welt. Sie haben daher Kenntnisse aus Urzeiten, als es noch keine Götter und Menschen gab. Die Götter sind nämlich Nachkommen der Riesen und die Menschen Geschöpfe der Götter.

In Utgard treibt sich außerdem ein riesiger, reißender Wolf herum, Fenriswolf genannt, der Inbegriff des Schrecklichen. Die Wölfe, die im alten Germanien noch in großer Zahl vorkamen, waren damals die ärgsten Feinde des Menschen. In Rudeln umstreiften sie die Einzelhöfe und Weiler, brachen in die Viehherden der Bauern ein, fielen auch über Kinder und einsame Wanderer her, und Nacht für Nacht erklang ihr schauerliches Geheul aus der Finsternis. Der Wolf hat daher die Phantasie der Menschen stark beschäftigt, was sich in zahlreichen Sagen und Märchen, u. a. im »Rotkäppchen«, niedergeschlagen hat.

Zu den Ungeheuern Utgards zählt auch die Midgardschlange. Ihr ist allerdings ein fester Standort zugewiesen. Sie hat ihren Körper um den Rand der Erde geschlungen, die sie auf diese Weise zusammenhält.

Utgard wird im Osten und Norden vermutet, weil in den Göttersagen wiederholt die Rede davon ist, daß Donar = Thor zur Kriegsfahrt gegen die Riesen nach Osten aufbreche, und weil in der Welt der Riesen meistens Winter und Kälte herrschen.

Doch obwohl es oft versucht worden ist und immer wieder versucht wird, ist es falsch, das Weltbild der Germanen geographisch ordnen und zu einem geschlossenen, logischen System formen zu wollen, denn ein solches System gab es nicht, weil die Bilder, die der Germane sich von den außerirdischen Kräften, von der Welt außerhalb Midgards machte, weitgehend nur Symbole und Gleichnisse sind, denen man einen festen geographischen Standort nicht zuzuweisen brauchte. Im übrigen gründete sich die Vorstellungs- und Gedankenwelt des Germanen nicht auf logisches, systematisches Denken. Seine Haupterkenntnisquelle war vielmehr die Erfahrung, die auf jahrhundertelanger perfekter Beobachtung der Natur beruhte.

So ergab sich die Abgrenzung zwischen Midgard und Utgard allein aus der völligen Wesensverschiedenheit beider Reiche. Midgard war geheuer, Utgard dagegen ungeheuer, Midgard also das bewohnte, überschaubare Land, Utgard die unbekannte Wildnis: Urwälder, Sümpfe, Einöden, unübersteigbare Gebirge in Eis und Schnee. Utgard konnte also schon wenige hundert Meter vom Hof entfernt beginnen, dort, wo der Wald in undurchdringlichen Urwald überging.

Und so wie uns das Unbekannte zunächst unheimlich ist, so übersteigerte die Phantasie unserer Vorväter aus Angstgefühlen heraus die Schrecken Utgards ins Riesenhafte. Die dort hausenden Wesen erschienen riesenhaft an Wuchs und Stärke, häßlich und hinterhältig, und natürlich trieben dort diejenigen Tiere ihr Unwesen, die man in der Wildnis besonders fürchtete, wie Wölfe, Drachen und Schlangen. Die Phantasie wurde zusätzlich durch Landschaften angeregt, die in der Tat den Eindruck vermitteln konnten, daß hier Riesen Berge aufgetürmt und wieder zerbrochen, sich mit gewaltigen Felsbrocken bekämpft oder sonstwie ihr Unwesen getrieben hatten. Riesen bewohnten auch das unbekannte Meer. Ägir heißt der Meerriese. Seine neun Töchter, Sinnbild der Meereswogen, brachten das Meer zum Tosen und versuchten, Schiffe zum Kentern zu bringen und die Männer zu ertränken. Ägirs Gemahlin Ran sammelte dann die Ertrunkenen in einem Netz.

Für die Götter waren die Riesen offensichtlich nicht solche Schreckgestalten, als die sie den Menschen erschienen, denn die Götter pflegten mitunter freundschaftlichen Umgang mit ihnen.

Ja, einige verliebten sich sogar in schöne Riesenmädchen, wie Njörd in Skadi und Frei in Gerda. Dies verwundert nicht, wenn man weiß, daß die Götter aus den Riesen hervorgegangen sind. Einige direkte Abstammungen sind überliefert. So ist Wodans Mutter die Riesin Bestla, Tiwaz' Vater der Riese Hymir, Lokis Vater der Riese Farbauti, und Heimdal wurde von neun Riesentöchtern geboren.

Diese Verwandtschaftsbeziehungen machen erneut deutlich, daß sich die germanischen Vorstellungen vom Jenseits nicht in feste, unveränderbare Formen pressen lassen. Die Bilder verwandeln sich vielmehr, sind fließend; mal sind die Riesen so groß, daß sie aus ihrer Schürze ganze Berge verlieren und ihre Tränen Überschwemmungen verursachen, mal haben sie normale menschliche Maße, so daß sie mit den Göttern Liebesspiele treiben und sogar Ehen eingehen können. Entscheidend sind für den Germanen Idee und Gedanke, welche die überirdischen Wesen verkörpern. Die Bilder sind dagegen nur Symbole und Gleichnisse und können je nach Bedarf verändert werden.

Als Gleichnis ist auch das reich ausgemalte Bild der Hel, der Welt der Toten, zu verstehen. Hel ist sowohl die Bezeichnung für das Totenreich als auch der Name der Göttin, die dieses Reich verwaltet. Seine Lage läßt sich ebenfalls geographisch nicht festlegen. Mal heißt es, das Totenreich liege unter der Erde – daher die Bezeichnung »Unterwelt« –, an anderer Stelle jedoch, es liege im Norden. Die erstere Vorstellung erklärt sich sehr einfach aus dem Brauch der Erdbestattung. Die letztere Annahme läßt sich vielleicht dadurch erklären, daß für die in Skandinavien wohnenden Germanen der Norden wegen des Eismeeres und der Polarnacht gleichbedeutend mit Kälte und ewiger Finsternis war. Im Totenreich herrschen nämlich ständig Kälte und Finsternis. Ein reißender Fluß mit schwarzem Wasser, Gjöll genannt, in dem Schwerter, Speere und Messer durcheinanderwirbeln, umrauscht Hel mit gräßlichem Lärm. Eine goldene Brücke führt über diesen Fluß, die von dem Höllenhund

Garm mit fletschenden Zähnen und bluttriefender Brust sowie der Magd Modgund bewacht wird. Hat man die Brücke überwunden, so gelangt man an ein hohes Tor. Sobald es sich öffnet, muß man es rasch durchschreiten, sonst fallen einem die Torflügel auf die Fersen. In dieser Unterwelt führen die Toten ein freudloses Schattendasein.

Die Germanen glaubten also an ein Leben nach dem Tode. Allerdings lag für sie der weitaus angenehmere Teil des Lebens im Diesseits. Nur dem Helden, dem im Kampf gefallenen Krieger und denjenigen, die durch die Wodanswunde von Gottvater auserwählt wurden, war es vergönnt, das sinnenfreudige Leben des Diesseits nach dem Tode in Walhall fortzusetzen. Insofern ist die germanische Religion ein Diesseitsglaube, also ein Glaube, der sich nicht mit dem Jenseits, dem Leben nach dem Tode, tröstet, sondern der die Erfüllung des Lebens im Diesseits sucht und durch einen würdigen Abschluß die Freuden des Diesseits zu verewigen trachtet.

Unabhängig davon gab es die Vorstellung, innerhalb der eigenen Familie, nämlich in den Kindern und Enkeln, weiterzuleben. Eine Vorstellung, die ja auch heute noch weit verbreitet ist. Bezeichnend dafür ist unser Wort Enkel, althochdeutsch eninchili, was nichts anderes heißt als »kleiner Ahn«. Blutsbande, Ehre und Heil der Sippe wurden sowohl durch die Sippe als Ganzes als auch durch das einzelne Sippenmitglied verkörpert, und solange die Sippe lebte, wurden auch die verstorbenen Sippenmitglieder noch im Diesseits repräsentiert.

Am längsten aber blieb im Bewußtsein des Diesseits verankert, wer ruhmvolle Taten vollbrachte. So kündet eine Eddaweisheit:

> Besitz stirbt, Sippen sterben,
> Du selbst stirbst wie sie,
> Doch eines weiß ich, das ewig lebt:
> Der Toten Tatenruhm.

Ein weiterer wichtiger Bestandteil des germanischen Weltbildes ist der immergrüne Weltbaum Ygdrasil, die Weltesche, die in der Mitte der Erde steht und mit ihrer Krone bis in den Himmel hinaufragt und gleichzeitig den Himmel trägt. Es ist der Baum, unter dem sich die Götter zur Beratung, zum Thing versammeln und an dem Wodan neun Nächte hing, bevor sich ihm das Geheimnis der Runen offenbarte. An der Wurzel des Weltbaumes befindet sich der Brunnen, in dem Wodan ein Auge einbüßte, um die Weisheit zu erlangen. Der Brunnen ist identisch mit der Quelle, die sich gleichfalls am Fuße der Weltesche befindet und an der die drei Nornen Urd = Vergangenheit, Werdandi = Gegenwart und Skuld = Zukunft wohnen. Es sind Schicksalsfrauen, die sich bei der Geburt eines jeden Menschen einfinden, um sein Schicksal zu bestimmen. Sie tun dies, indem sie Runen in Stäbe ritzen und dann das Los werfen, auf dieselbe Art wie Tacitus das in der Germania beschrieben hat. Damit wird die im Wesen eines jeden Menschen liegende innere Gesetzlichkeit festgelegt. Schicksal in diesem Sinne ist dasselbe, was wir heute in Kenntnis der modernen Biologie »die Macht der Gene« nennen. Man kann es einfacher mit der Volksweisheit ausdrücken: Kein Mensch kann aus seiner Haut. Jeder Mensch handelt so, weil er so ist, wie er ist. Seinem Schicksal kann sich daher keiner widersetzen. Das hat nichts mit Fatalismus im Sinne einer sklavischen Unterwürfigkeit unter den Spruch höherer Gewalten zu tun. Sondern Schicksal ist die Entfaltung und Erfüllung der in jedem Menschen von Geburt an enthaltenen Daseinsmöglichkeiten. Jeder Mensch lebt nach dem Gesetz, nach dem er bei seiner Geburt angetreten ist. Dieses ganz individuelle Sosein eines jeden Menschen ist sein von den Nornen bestimmtes Schicksal.

Im Geäst des Weltbaumes tummelt sich eine bunte Tierwelt, die möglicherweise nicht Bestandteil des alten Glaubens, sondern eine Ausschmückung der Eddadichter ist. Jedenfalls ist nicht erkennbar, welchen Sinn die Anwesenheit dieser Tiere haben soll. So nagen an den Wurzeln des Baumes viele Schlangen, vor allem der Drache Nidhögg, in der Krone sitzt ein Adler und zwischen dessen Augen der Habicht Wedrfölnir. Das Eichhörnchen Ratatösk läuft ständig den Stamm hinauf und herunter und stiftet Unfrieden zwischen dem Drachen und dem Adler. Außerdem nagen vier Hirsche an den Blättern des Baumes, von denen unablässig eine glänzende Flüssigkeit als lebensspendender Saft auf die Erde träufelt.

Abbilder der Weltesche sind wohl die bereits erwähnte Irminsul der Sachsen sowie ein riesiger Baum beim Tempel von Uppsala, über den Adam von Bremen berichtet: »Bei jenem Tempel steht ein riesiger Baum, der seine Äste weit ausbreitet. Er ist immer grün, sowohl im Sommer wie im Winter. Niemand weiß, was für eine Art von Baum es ist. (Man vermutet eine Eibe.) Es befindet sich dort auch eine Quelle, in der die Heiden ihre Opfer darbringen. Ein Mensch wird lebendig hineingeworfen; kommt er nicht wieder zum Vorschein, so ist der Wunsch des Volkes erhört.«

Zu den überirdischen Wesen zählten auch die Zwerge. Sie sind klein von Wuchs und hausen im Innern der Berge und unter Felsen, wo sie oft kostbare Schätze aus Gold und Edelsteinen hüten. Sie sind hervorragende Waffen- und Kunstschmiede. Die Schwerter berühmter Helden, ja sogar alle Kostbarkeiten der Götter: Wodans Speer Gungnir und sein Ring Draupnir, Donars Hammer, Freis Eber Goldborste und sein Schiff Skidbladnir und Sifs goldenes Haar wurden von Zwergen angefertigt. Ihr Feind ist das Licht, vor dem sie sich deshalb sorgsam hüten. Trifft sie dennoch ein Sonnenstrahl, so sind sie auf der Stelle in Stein verwandelt.

Zwerge sind weise. Sie können manch nützlichen Rat erteilen. Doch ihr Verhältnis zu den Menschen ist wechselhaft, mal sind sie sehr hilfsbereit, mal tückisch und verschlagen. Als Jungsiegfried im Kampf mit dem Riesen Wolfgrambär zu Boden geschlagen wird und in ärgste Bedrängnis gerät, rettet ihm der Zwerg Egwald mit Hilfe einer Tarnkappe das Leben. Der Zwerg Regin hingegen hilft Siegfried nur deshalb, den Drachen Fafnir zu töten und dessen Schatz zu rauben, weil er anschließend Siegfried das Leben nehmen und sich selbst in den Besitz des Schatzes bringen will. Und die hinterhältige Tat wäre ihm gelungen, hätten nicht die Meisen seine Absicht verraten.

Den Glauben an Zwerge konnte auch das Christentum nicht ausrotten. Im Volksglauben lebten sie in vielerlei Gestalt fort. Als Wichte, Kobolde, Elben, Hausgeister, Erdmännchen, Bergmännchen, Heinzelmännchen, Klabautermänner, Butzemänner, Elfen, Feen und Nixen begegnen sie uns bis in die Gegenwart in Sagen, Märchen und vielerlei Sitten und Gebräuchen. Ja, sogar Opfer wurden ihnen dargebracht: Täglich ein Schüsselchen Milch, Grütze oder Butter, zuweilen auch Brot und Kleider. Man sollte diese Gaben aber besser nicht als Opfer bezeichnen, weil die Zwerge nicht Gegenstand der Verehrung waren. Es waren schlicht und einfach Geschenke, die zur Pflege der freundschaftlichen Beziehungen und als Dank für Hilfeleistungen vor die Tür gestellt wurden, denn im späteren Volksglauben waren alle diese Wesen hilfsbereite Geister, die zwar gern zu Neckereien und Scherzen aufgelegt waren, die aber dem Menschen nichts Böses wollten.

Der Kult

Für jede Religion gilt: Ebenso bedeutungsvoll wie die Vorstellung des Menschen von den überirdischen Mächten ist seine Beziehung zu diesen Mächten, also das Verhältnis zwischen Mensch und Gott. Welches Bild sich die Germanen von ihren Göttern machten, haben wir gesehen. Aber wie traten sie zu ihnen in Beziehung? Wie erkannten sie den Willen ihrer Götter? Was taten sie, um das Wohlwollen der Götter zu erringen? Auf welche Art und Weise brachten sie ihre Verehrung zum Ausdruck? Wie sah dieser »Gottesdienst« im einzelnen aus?

Jeder gläubige Mensch ist bestrebt, sein Leben in Einklang mit dem Willen der göttlichen Allmacht zu bringen, damit es ein glückliches und erfülltes Leben werde. Das war vor 2000 Jahren nicht anders als heute. Für den Germanen war das Leben glücklich und erfüllt, wenn es ein Leben voller Heil war, Heil für sich, seine Familie und Sippe und auch für die ganze Volksgemeinschaft, mit deren Schicksal das seine unlöslich verbunden war. Heil aber konnte man nur erlangen, wenn man in Einklang mit dem Willen der Götter handelte und lebte, war man selbst auch noch so mächtig, denn das Heil spendeten die Götter. Deshalb waren die Germanen ständig bestrebt, den Willen ihrer Götter zu erforschen und sich entsprechend dem erkannten Willen zu verhalten, um die Gunst der Götter zu erringen und ihren Zorn zu vermeiden. Dazu bedurfte es einer intensiven geistigen Annäherung an die Welt des Göttlichen. Dies geschah auf vielerlei Weise.

Die Heiligtümer

Die Germanen suchten und fanden die Annäherung an das Göttliche dort, wo sich die Schöpfung in ihrer Reinheit, ruhevollen Kraft und unendlichen Weite am stärksten offenbarte. Dies waren in erster Linie die großen Wälder. Auf Lichtungen in heiligen Wäldern unter gewaltigen, tausendjährigen Baumriesen versammelten sie sich zu gemeinsamer Andacht. Jeder Stamm hatte solch geheiligte Haine und Wälder. Über den heiligen Wald der Semnonen, die zwischen Elbe und Oder im heutigen Land Brandenburg lebten, schreibt Tacitus: »Zu bestimmter Zeit treffen sich Abordnungen aller blutsverwandten Stämme in einem Wald, der durch Vorzeichen, die schon die Väter beobachtet haben, und durch uralte, fromme Scheu geheiligt ist. Dann wird von Staats wegen ein Menschenopfer dargebracht und auf schaurigste Weise ein rohes Kultfest begangen. Dem Wald erweist man seine Ehrfurcht auch noch auf andere Weise. Jedermann darf ihn nur in Fesseln betreten, um so seine Ohnmacht und die Macht der Gottheit offensichtlich zu bekunden. Strauchelt jemand zufällig, so darf er sich nicht aufheben lassen und nicht aufstehen; auf dem Boden muß er sich hinauswälzen.«

Dieser über Jahrhunderte, ja vielleicht Jahrtausende währende Glaube, daß sich in der Stille der Wälder im Angesicht uralter Baumriesen das Göttliche am ehesten offenbare, erklärt, daß wir Deutschen noch heute eine besondere innere Beziehung zu unserem Wald empfinden, die von manchen unserer Nachbarn nicht nachvollziehbar ist und daher gern bespöttelt wird. Dieses Gefühl der Ehrfurcht und Andacht im Angesicht des Waldes haben alle großen deutschen Dichter irgendwann in Worte gekleidet, und nicht von ungefähr ist der Begriff des Waldsterbens in Deutschland geprägt worden. Inzwischen gehört »Waldsterben« als Fremdwort auch zum Bestand anderer europäischer Sprachen.

Doch nicht allein in Wäldern suchten die Germanen die Annäherung an ihre Götter. Auch die Gipfel bestimmter Berge und Hügel, die einen Blick in die Weite des Landes gewährten und dadurch den Betrachter aufgeschlossen machten für das Wunder der Schöpfung, galten den Germanen als heilig. Sie waren meistens einem bestimmten Gott geweiht. So gibt es in Deutschland mehrere Wodansberge. Sie wurden nach der Christianisierung in Godesberge umbenannt, was für den Godesberg bei Bonn urkundlich belegt ist. Er hieß früher Wodenesberg. Auch gibt es zahlreiche Donnersberge, vom Donnersberg in der Pfalz bis zum Donnershauk im Thüringer Wald. Auf ihren Gipfeln befand sich also eine heilige Stätte, an der zu Ehren des Gottes Donar gebetet und geopfert wurde. Bekannt und berühmt als heidnischer Kultberg ist der Brocken im Harz, der seine mystisch-mythische Ausstrahlung bis in die Gegenwart behalten hat, wo Walpurgisnacht und Hexensabbat, von Goethe im Faust verewigt, noch heute gefeiert werden und wo die Namen Teufelskanzel und Hexenaltar für markante Felsen daran erinnern, daß hier eine heidnische Kultstätte nach der Christianisierung verteufelt wurde.

Wie bereits erwähnt, errichteten die christlichen Missionare an der Stelle vieler germanischer Heiligtümer christliche Kirchen. Wenn wir daher heute weit abseits menschlicher Siedlungen einsam auf einem Berggipfel eine Kirche erblicken, was gar nicht so selten vorkommt, so können wir mit ziemlicher Sicherheit davon ausgehen, daß sich dort in alter Zeit eine Kultstätte unserer Vorväter befunden hat. Auch auf dem Gipfel des Zobten, eines 718 m hohen Berges südlich von Breslau, wurde nach der Christianisierung eine Kapelle errichtet. Dort befand sich zuvor ein bedeutendes Heiligtum der Silingen, des Teilstammes der Wandalen, von dem sich der Name Schlesien ableitet.

Bezeichnend für das religiöse Empfinden der Germanen ist, daß sie mit Vorliebe Grabhügel berühmter Ahnen als Kultstätte wählten und daß dieser Grabhügel dann zugleich der Mittelpunkt des Thingplatzes war. Hier offenbart sich die Einheit von Sippen-

und Ahnenkult, Religion und Volksgemeinschaft. Unverzichtbarer Bestandteil aller großen Thingversammlungen war ein religiöses Opferfest, und dies erklärt auch die unbedingte Friedenspflicht auf Thingversammlungen und die Heiligkeit der Thingstätte.

Wir erfuhren bereits, daß das Heil herausragender Persönlichkeiten, seien es berühmte Könige, Fürsten oder andere tüchtige Männer gewesen, auf ihre Umgebung ausstrahlte, und zwar über den Tod hinaus. Deshalb suchte man das Grab der Ahnen, das Familiengrab, nicht nur aus Verbundenheit und Treue auf, um die unverbrüchliche Gemeinschaft zwischen Lebenden und Toten zu festigen, sondern auch, damit das Heil der Verstorbenen die Lebenden erfasse, die sich dort um das Grab versammelt hatten. Indem nun das Grab der Ahnen zugleich religiöse Andachts- und Opferstätte war, vereinigte sich das von den Göttern erbetene und gespendete Heil mit dem Ahnenheil zu einem einzigartigen Kraftquell für die Lebenden.

Es gibt zahlreiche Beispiele für die Einheit von Ahnengrab, Thingplatz und Opferstätte. Jeder Sylturlauber kennt den Denghoog in Wenningstedt. Es ist ein Grabhügel aus dem 3. Jahrtausend v. Chr. mit einem der schönsten Ganggräber der jüngeren Steinzeit. Der Hügel ist noch heute 3,50 m hoch und mißt 32 m im Durchmesser. Das friesische Wort Denghoog heißt aber nichts anderes als Thinghügel. Auf der Kuppe dieses Grabhügels stand also einstmals der Speer des Thinggottes Tiwaz, standen Priester, Gesetzessprecher und Fürst, wenn sie zu den bewaffneten Männern ringsum, ihren Stammesbrüdern, sprachen. Und da jede größere Thingversammlung mit einem religiösen Opferfest verbunden war, wurde hier auch den Göttern geopfert.

Das Beispiel des Denghoog zeigt zugleich, wie weit die Wurzeln der Tradition zurückreichten.

Neben Wäldern, Berggipfeln und Grabhügeln konnte aber auch jeder andere ruhige Platz in der Natur, der zur Andacht einlud, zu einer heiligen Stätte werden. So wird von heiligen Quellen, heiligen Steinen und heiligen Mooren berichtet. In norddeutschen und dänischen Mooren hat man riesige Mengen von Opfergaben, hauptsächlich Waffen, gefunden, die dort über einen Zeitraum von mehreren Jahrhunderten den Göttern geopfert worden waren. Auch in einigen Quellen und Brunnen hat man größere Mengen geopferter Gegenstände entdeckt. Ähnliche Lager von Opfergaben hat es mit Sicherheit auch an den anderen heiligen Stätten gegeben. Das wird u. a. durch das Beispiel der Irminsul bestätigt. Wie bereits erwähnt, fanden die Franken in jenem Heiligtum reiche Gold- und Silberschätze, die Karl der Große an seine Krieger verteilte. Die Schätze in Mooren, Quellen und Brunnen sind nur deshalb der Nachwelt erhalten geblieben, weil sie dort menschlichem Zugriff entzogen waren.

Auch an Bächen und Flüssen befanden sich heilige Stätten. So berichtet Tacitus, daß die Chatten und Hermunduren erbittert um den Besitz eines Flusses kämpften, weil sie glaubten, daß man an jener Stelle dem Himmel am nächsten sei und daß dort die Gebete der Menschen am gnädigsten erhört würden.

Wer sich mit offenen Sinnen der Natur nähert und in aller Stille der geheimnisvollen Sprache der Dinge lauscht, wird unsere Vorfahren verstehen. Das Wasser als lebensspendende Kraft, das geheimnisvolle Murmeln der Quellen und das lebendige, ständig wechselnde Spiel der Wasseroberfläche macht den gläubigen Menschen andächtig, läßt ihn das Wunder der Schöpfung und die Größe und Macht des Göttlichen ahnen. So hat sich denn auch der Glaube an die Heiligkeit bestimmter Quellen, an die reinigende, verjüngende und Schönheit spendende Kraft des Wassers bis in die Gegenwart erhalten, wie der Volksglaube an den Jungbrunnen beweist.

Nach der Christianisierung wurden oft über heiligen Brunnen und Quellen Wallfahrtskirchen errichtet. Auf diese Weise konnte man die Bindung der Menschen an den heiligen Ort und ihren Glauben an die Heilkraft des Wassers für die Kirche nutzbar machen. Die meisten unserer Kirchen mit Namen auf »brunn« oder »bründl« stehen über solchen heiligen heidnischen Quellen. In der Kirche von Altersberg in Kärnten befindet sich der heilige Brunnen, mit Bohlen abgedeckt, direkt vor dem Altar. An hohen Festtagen werden die Bohlen herausgenommen und wird mit einem Kübel das heilige Wasser emporgehoben, mit dem dann die Gläubigen ihre Hände und ihr Gesicht benetzen.

Steine als heilige Stätten gab es bereits in der Bronzezeit, denn jene waagerechten Felsplatten, in die man die bekannten Felszeichnungen ritzte, waren zugleich Versammlungs- und Andachtsort. Dies folgt nicht nur aus dem religiösen Inhalt der Zeichnungen, sondern auch daraus, daß man auf bereits gezeichneten Felsen später weitere Zeichnungen angebracht, ja die früheren Ritzungen teilweise überzeichnet hat, was auf eine Benutzung der Felsen über einen längeren Zeitraum schließen läßt. Auch hat man in der Nähe einiger dieser Felsen Spuren von Asche gefunden, was auf Opferfeuer hindeutet, und schließlich weisen auch die schalenförmigen Aushöhlungen, die sich bei fast allen Felszeichnungen finden, auf eine rituelle Benutzung hin. Möglicherweise dienten diese Schalensteine zugleich als Opferaltar. Derartige Schalensteine (Abb. 35) finden sich noch heute in großer Zahl in ganz Norddeutschland, zum überwiegenden Teil allerdings ohne figürliche Ritzungen. Bei einigen dieser Steine sind außer Brandresten auch eisenzeitliche Tonscherben gefunden worden, woraus folgt, daß hier über die Bronzezeit hinaus, also viele Jahrhunderte hindurch, Kultfeste stattgefunden haben.

In jüngster Zeit wurden in Thüringen bei Oberdorla nahe Mühlhausen umfangreiche Moor-, See- und Quellheiligtümer ausgegraben. Dort hatte sich im 1. Jahrhundert v. Chr. infolge von Salzauslaugungen plötzlich die Erde gesenkt mit der Folge, daß ein großer See entstand. Man vermutet, daß die dort wohnenden Germanen in dem plötzlichen Versinken des Landes das Wirken ihrer Götter sahen. Jedenfalls errichteten sie dort im Lau-

Abb. 1 Helm von Vendel/Schweden, 7. Jahrh. (Staatlich Historisches Museum Stockholm)

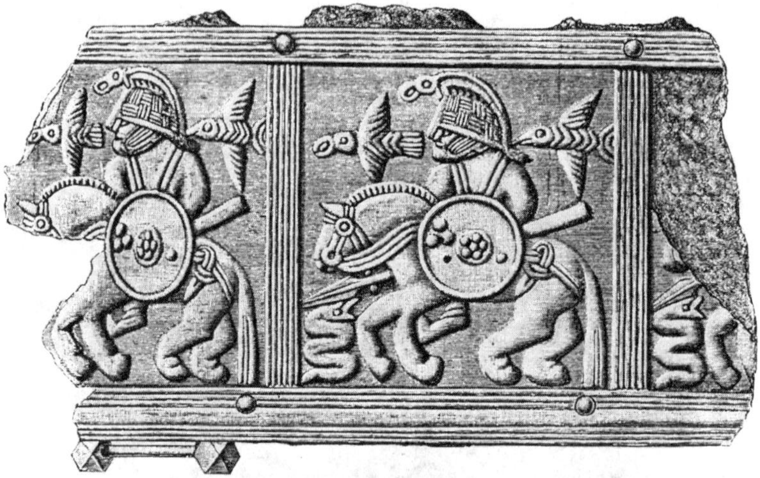

Abb. 2 Rekonstruktion des Zierplättchens auf dem Helm von Vendel, Wodan darstellend

Abb. 3 Bildstein Austers I, Siegfried im Kampf mit dem Drachen (Gotlands Fornsal, Visby)

Abb. 4 Dolche und Rasiermesser aus Bronze, Nachbildungen (Landesmuseum Schleswig)

Abb. 5 Helm und Schwert aus einem alemannischen Fürstengrab, 5. Jahrh. (Planig bei Kreuznach).

Abb. 6 Gotische Adlerfibeln, 5. Jahrh.
(Germanisches Nationalmuseum Nürnberg)
Abb. 7 Thüringische Prunkfibel, 4. Jahrh. (Museum Weimar)

Abb. 8 Schwerbewaffneter Krieger mit Helm, Kettenhemd, Stabpanzer und Schild (Museum Uppsala)

Abb. 9 Kopf der männlichen Moorleiche von Tollund/Jütland, ca. 2200 Jahre alt (Museum Silkeborg/Dänemark)

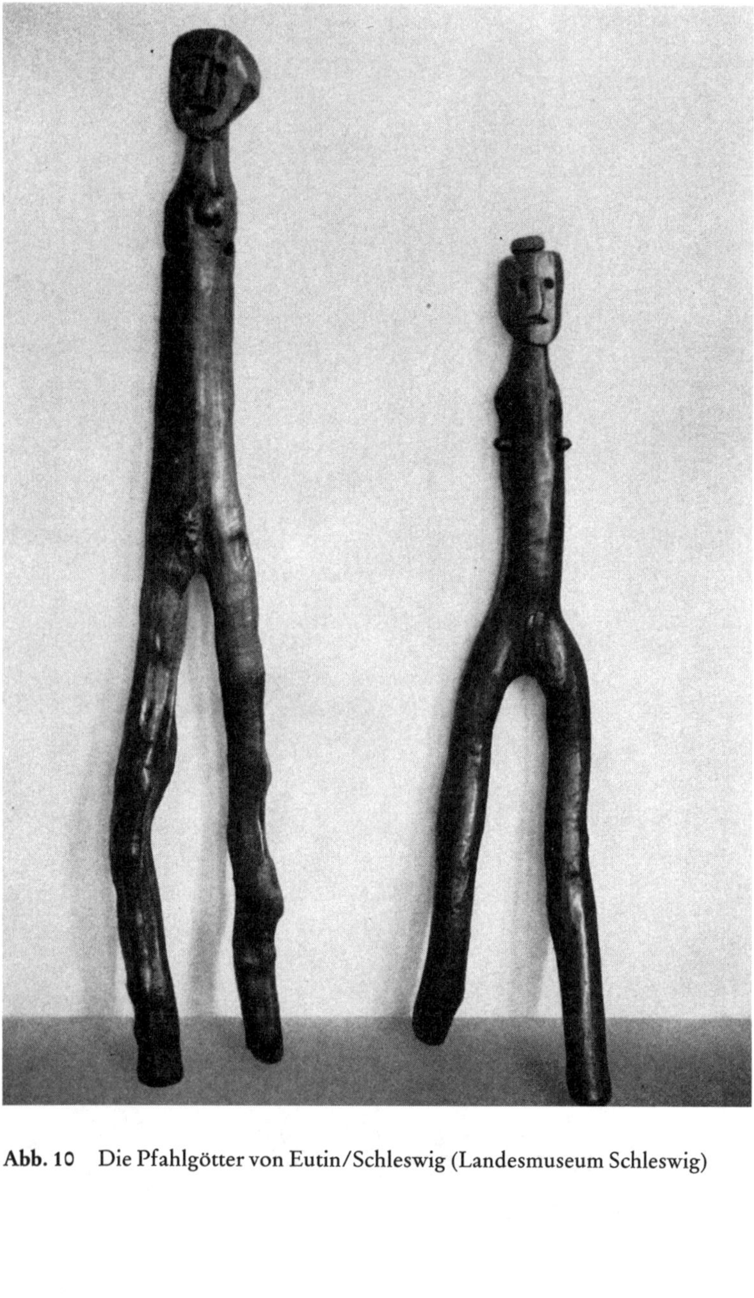

Abb. 10 Die Pfahlgötter von Eutin/Schleswig (Landesmuseum Schleswig)

Abb. 11 Gotländischer Bildstein Lillbjärs III, Einzug eines Kriegers in Walhall, eine Walküre empfängt ihn mit einem Trinkhorn, hinter dem Kopf des Reiters ein Hrungnirherz, siehe Hrungnirsage. (Staatlich Historisches Museum Stockholm)

Abb. 12 Gotländischer Bildstein Tjängvide I, oben Wodan auf dem achtbeinigen Sleipnir (Staatlich Historisches Museum Stockholm)

Abb. 13 Der Heiligenberg bei Heidelberg. Auf ihm befand sich einst ein Wodansheiligtum

Abb. 14 Der Figurenfries am Eulenturm in Hirsau/Schwarzwald. Ansicht Südseite

Abb. 15 u. 16 Der Figurenfries am Eulenturm in Hirsau/Schwarzwald. Oben Westseite, unten Nordseite

Abb. 17 Silberner Donar-Hammer mit Kettchen (Nationalmuseum Kopenhagen)

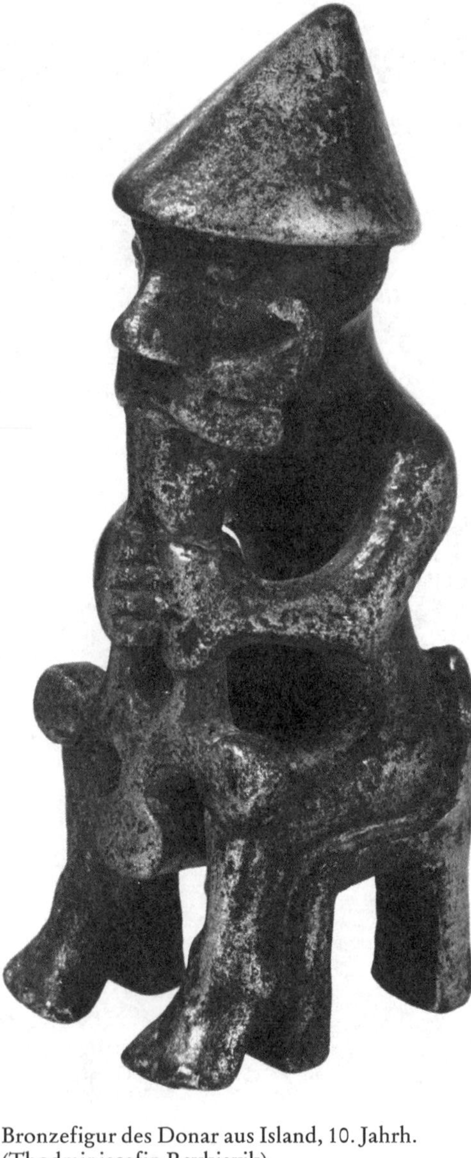

Abb. 18 Bronzefigur des Donar aus Island, 10. Jahrh.
(Thodminjasafin Reykjavik)

Abb. 19 Der alte Stein im Turm der Martinskirche in Dunningen, offensichtlich Wodan mit den Wölfen Geri und Freki darstellend

Abb. 20 Der Seeland-Brakteat Nr. 57 mit der dreifachen ↑-Rune (Nationalmuseum Kopenhagen)

Abb. 21 Der Sonnenwagen von Trundholm, Rekonstruktion (Nationalmuseum Kopenhagen)

Abb. 22 Berg Velmerstot im Teutoburger Wald. Hier befand sich wahrscheinlich das sächsische Heiligtum Irminsul

Abb. 23 Verden an der Aller, überragt vom Dom mit dem weithin leuchtenden, grünen Kupferdach

Abb 24 Die Stiftskirche zu Enger

Abb. 25 Die Grabplatte Widukinds in der Stiftskirche zu Enger

Abb. 26 Der Sachsenhain bei Verden

Abb. 27 Der Wagen von Dejbjerg im Nationalmuseum Kopenhagen

Abb. 28 Die Figurengruppe am Giebel des Heidenkirchleins bei Mössingen

Abb. 29 Bronzefigürchen des Gottes Frei, Schweden, 11. Jahrh. (Staatlich Historisches Museum Stockholm)

Abb. 30 Darstellung der Göttin Freia, Anhänger aus Schweden aus der Wikingerzeit (Staatlich Historisches Museum Stockholm)

Abb. 31 Matronenrelief aus Bonn
(Römisch-Germanisches Zentral-Museum Mainz)

Abb. 32 Betender Germane (Nationalbibliothek Paris)

Abb. 33 Der Bildstein von Lärbro Hammars I mit der Opferszene in der drittobersten Bildreihe (Museum von Bunge/Gotland)

Abb. 34 Ausschnitt aus der Opferszene

Abb. 35 Schalensteine. Hier die »Altarsteine« von Dransfeld in Südniedersachsen

Abb. 36 Pfahlgötter aus dem Heiligtum Oberdorla in Thüringen (Museum Weimar)

Abb. 37 Pfahlgott aus Possendorf in Thüringen (Museum Weimar)

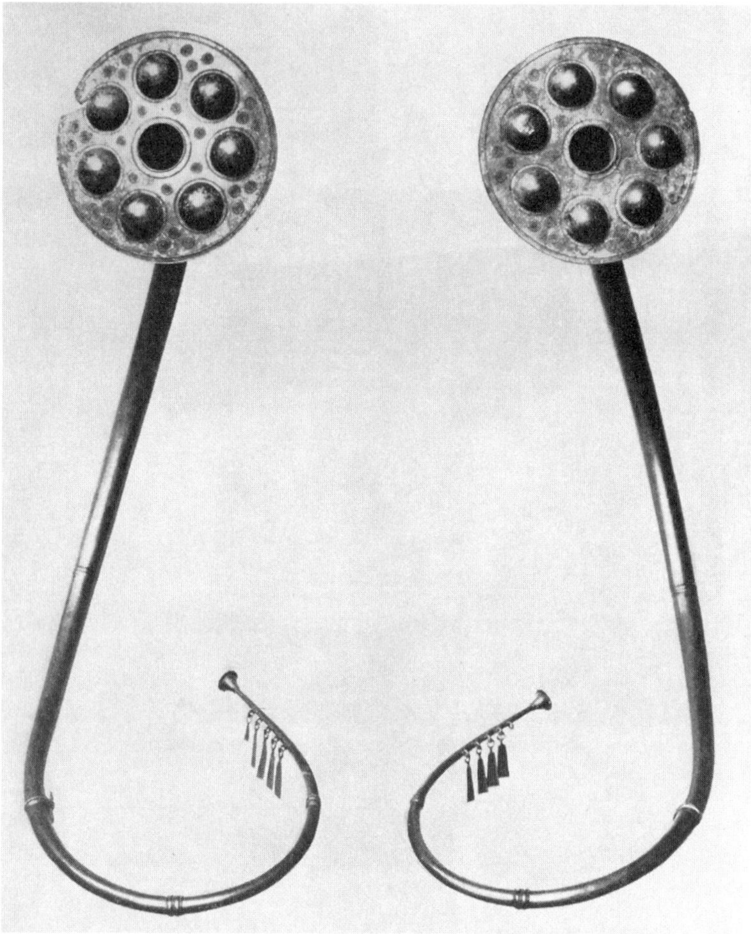

Abb. 38 Bronzene Luren von Tellerup/Dänemark
(Nationalmuseum Kopenhagen)

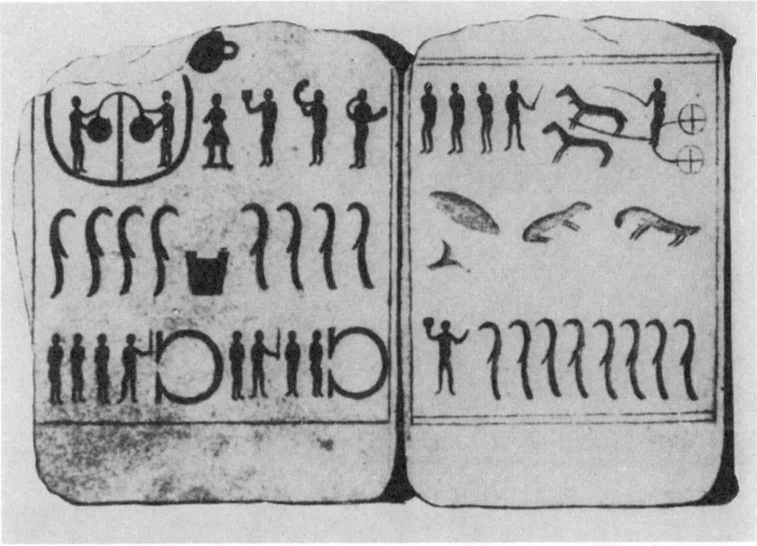

Abb. 39 Die Platten 7 und 8 der Grabkammern von Kivik
Abb. 40 Pferdekampf auf dem Bildstein von Häggeby, Uppland/Schweden, 5. Jahrh. (Gotlands Fornsal, Visby)

Abb. 41 Der Silberkessel von Gundestrup (Nationalmuseum Kopenhagen)
Abb. 42 Ausschnitt vom Kessel von Gundestrup

Abb. 43 Runenstein. Hier der Skarthe-Stein (Landesmuseum Schleswig)

Abb. 44 Das Runenhorn von Gallehus (Nationalmuseum Kopenhagen)

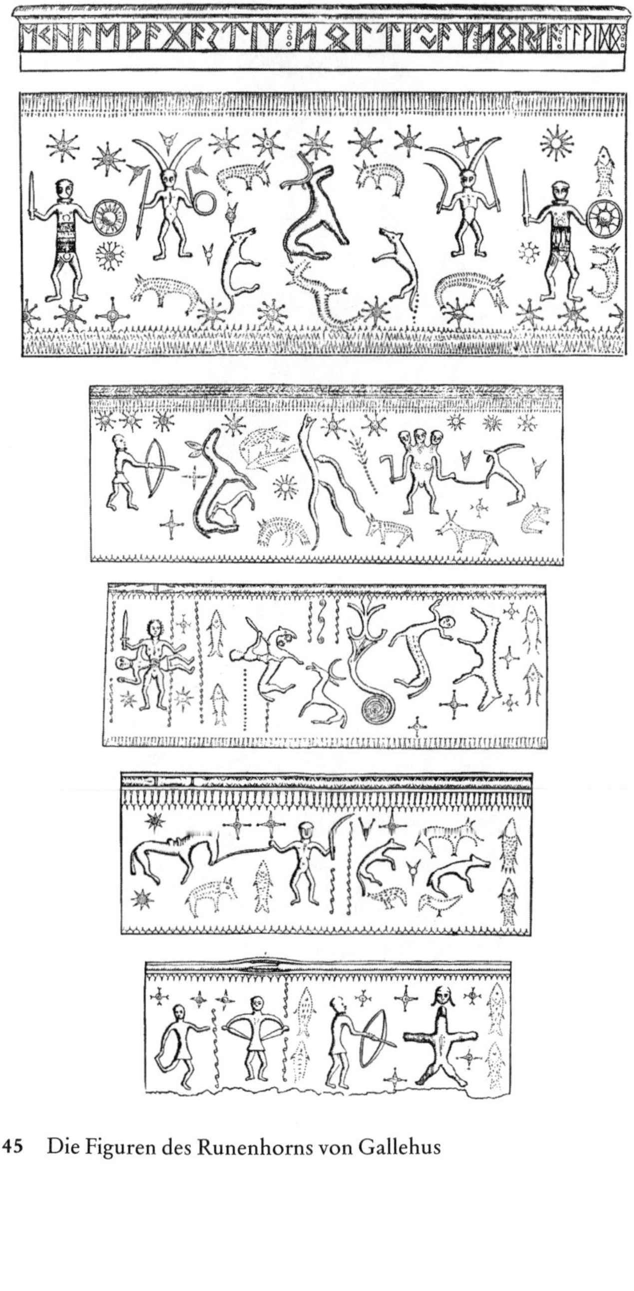

Abb. 45 Die Figuren des Runenhorns von Gallehus

Abb. 46 Die Runenfibel von Nordendorf/Schwaben (Maximiliansmuseum Augsburg)

Abb. 47 Rückseite der Fibel. Runentext: »Die Heirat ersiege Wodan, weihe Donar. Awa hat die Spange dem Leubwini geschenkt.«

Abb. 48 Der Brakteat von Trollhättan
(Staatlich Historisches Museum Stockholm)

Abb. 49 Die Opferschale von Pietroasa
(Nationalmuseum für Altertümer in Bukarest)

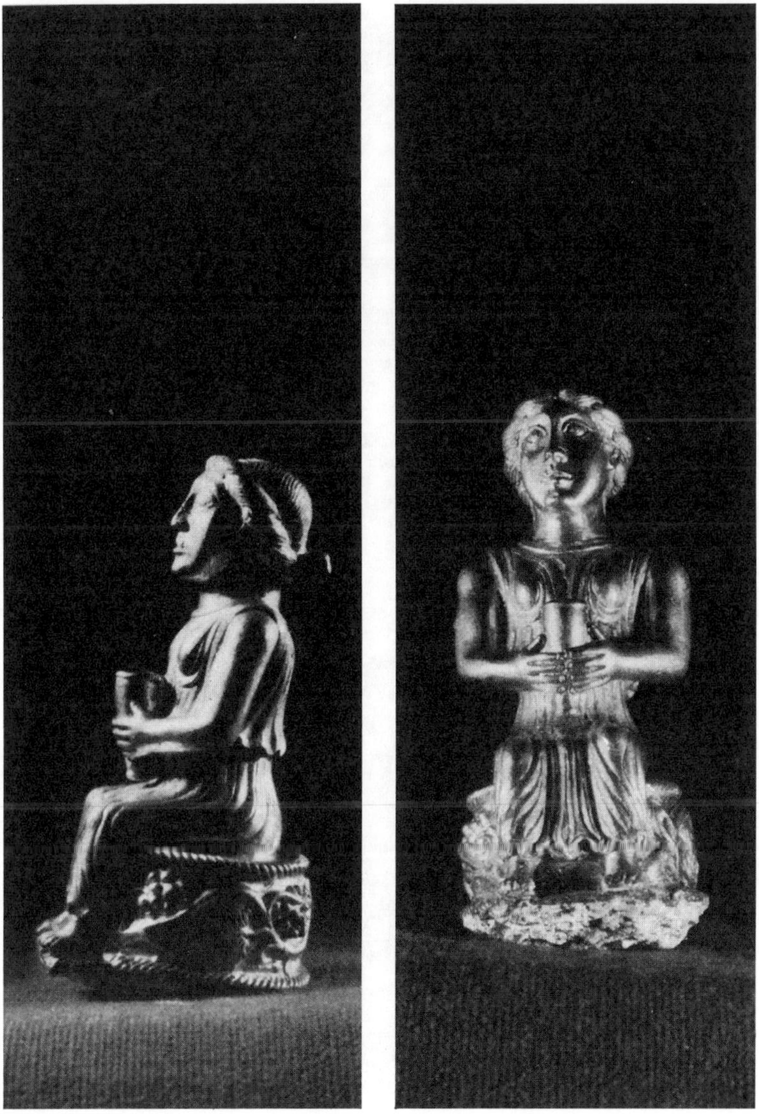

Abb. 50 Die Frauenfigur in der Mitte der Opferschale in Vorder- und Seitenansicht

Abb. 51 Der Bildstein Lärbro Hammars III (Museum von Bunge/Gotland)

Abb. 52 Ausschnitt aus dem Bildstein Lärbro Hammars III. Deutlich ist die Menschengestalt unter dem Adlergewand zu erkennen

Abb. 53 Ausschnitt aus dem Bildstein Lärbro Tängel garda I mit heilbringenden Symbolen: Hrungnirherzen unter dem Pferd, Ringe in den Händen der Männer

Abb. 54 Der Bildstein von Lärbro Tängelgarda I
(Staatlich Historisches Museum Stockholm)

Abb. 55 Säule im Kreuzgang der Stiftskirche zu Berchtesgaden

Abb. 56 Tiwaz auf der Säule in Berchtesgaden

Abb. 57 Fenriswolf und Egdir auf der Säule in Berchtesgaden

Abb. 58 Die sog. Bestiensäule in der Krypta des Doms zu Freising mit Wodan, Fenriswolf und Widar

Abb. 59 Die sog. Bestiensäule in der Krypta des Doms zu Freising mit mehrfacher Wiederholung des Verschlingungsmotivs

Abb. 60 Der Bildstein Ardre VIII
(Staatlich Historisches Museum Stockholm)

fe mehrerer Jahrhunderte immer wieder Heiligtümer, in denen sie Wodan, Donar, Tiwaz und die Wanen verehrten und ihnen opferten. Bei den Grabungen fand man kreisförmige Einhegungen aus Haselstangen, wie sie auch andernorts für Heiligtümer und Thingplätze überliefert sind. Innerhalb der Umhegungen befanden sich Altäre, Kultstangen und hölzerne Göttergestalten, die den Pfahlgöttern von Eutin sehr ähnlich sind und die offenbar bewußt sehr abstrakt gehalten waren, weil sie nur als Symbol dienten. (Abb. 36) Ferner fanden sich zahlreiche Knochen geopferter Menschen, Pferde, Rinder, Schafe und Ziegen, außerdem Waffen, ein Kultboot sowie eine Vielzahl von landwirtschaftlichen und handwerklichen Geräten und Gebrauchsgegenständen aus Holz und anderen Materialien. Da die Fundgegenstände sich mit den verschiedensten germanischen Stämmen zwischen Rhein und Oder in Verbindung bringen lassen, handelt es sich vermutlich um ein Heiligtum von überregionaler Bedeutung, um eines der ganz großen Heiligtümer im freien Germanien.

Das Heiligtum von Oberdorla wurde erst im 8. Jahrhundert durch fränkische Missionare zerstört. Doch noch lange blieb an dieser Stätte der alte Glaube lebendig. Gefäße aus dem 10. und 11. Jahrhundert belegen, daß hier noch zu jener Zeit Opfer dargebracht wurden. Erst als im 12. Jahrhundert das Archidiakonat Oberdorla eingerichtet wurde, um die Bekehrung zum Christentum in Nordthüringen abzuschließen, erloschen alle nichtchristlichen Kulthandlungen. Seit 1992 existiert am Südufer des Sees ein kleines Museum, in dem eine Anzahl Funde ausgestellt und mehrere Heiligtümer im Kleinformat nachgebildet sind.

Die Bedeutung der einzelnen heiligen Stätten war selbstverständlich unterschiedlich. Sie hing davon ab, ob sie der Andachtsort einer einzelnen Familie, einer größeren Gruppe, des ganzen Stammes oder – wie offenbar im Falle von Oberdorla – eines großen Teiles des germanischen Volkes waren. Das führt uns zu der Frage, welche Kultgemeinschaften es bei den Germanen gab.

Kultgemeinschaften und Kultfeste

Da bei den Germanen Religion und Volksgemeinschaft eine Einheit bildeten, also fast jede gesellschaftliche und politische Zusammenkunft mit einer religiösen Feier verbunden war, folgt daraus, daß die Kultgemeinschaften im wesentlichen mit den politischen Gemeinschaften identisch waren. Die Gliederung lautete also: Familie, Sippe, Gau, Stamm, Volk. Doch bildeten die Gefolgschaftsbünde, die in ihrer Größe zwischen der Sippengemeinschaft und der Gauversammlung einzuordnen sind, eine eigene Kultgemeinschaft. Vermutlich hat es in dieser Größenordnung noch weitere Kultgemeinschaften gegeben, so etwa, wenn eine Dorfgemeinschaft aus mehreren Sippen bestand.

Selbstverständlich konnte man auch allein die Zwiesprache mit den Göttern suchen. Die isländischen Sagas enthalten zahlreiche Beispiele dafür. Doch durfte der einzelne die Stammesheiligtümer nicht allein betreten. Er suchte deshalb in der Nähe seines Hofes eine Stelle auf, an der schon sein Vater und sein Großvater Andacht gehalten hatten. Das konnte ein großer, alter Baum, eine Quelle, ein Felsen oder auch das Familiengrab sein.

Die religiösen Feiern der Familie und Sippe waren in aller Regel mit besonderen Anlässen verbunden, wie Geburt, Heirat und Tod. Damit das Leben des neugeborenen Kindes und die Ehe des jungvermählten Paares voller Heil waren und der Verstorbene sicher nach Walhall geleitet wurde und zugleich der Sippe treu verbunden blieb, war es notwendig, die Götter anzurufen, zu ihnen zu beten und ihnen zu opfern.

Die größeren Kultgemeinschaften feierten jährlich drei Hauptfeste: Mitwinterfest, Frühlingsfest und Erntedankfest. Keines dieser Feste lag datumsmäßig fest, weil der Beginn immer mit einem Vollmond zusammenfallen mußte, denn die Zeit des Vollmondes galt als besonders heilbringend.

Das Mitwinterfest, in Schweden auch Julfest genannt, wurde zwischen Mitte Dezember und Mitte Januar gefeiert. Im Mittelpunkt dieses Festes stand der Gott Wodan, denn es war die Zeit, in der das »Wütende Heer«, der Gott inmitten seiner toten Helden, durch die Lüfte brauste, in der die Toten den Lebenden besonders nahe waren. Deshalb nahm auch die Ahnenverehrung beim Mitwinterfest einen breiten Raum ein. Die Treue zu den Vorvätern und zu den Werten, die sie vorgelebt und verteidigt hatten, und ihre ständige lebendige Gegenwart im Kreise der Sippe wurden beschworen. Zugleich war dieses Fest der Abschied von der dunkelsten Zeit des Jahres. Die steigende Sonne kündete von einem neuen Beginn, war ein Symbol der Hoffnung. Nach der Verehrung der Toten wandte man sich mit neuer Kraft dem Leben zu, blickte voller Zuversicht in die Zukunft in dem Bewußtsein des ewigen Kreislaufs des Lebens, daß nach jedem Sterben neues Leben aufkeimte, nach jedem Winter ein Frühling kam und nach der Dunkelheit das Licht. Symbolhaft wurden daher zu Beginn des Mitwinterfestes die Herdfeuer gelöscht und am Ende des Festes neu entfacht. An die Stelle des Mitwinterfestes trat nach der Christianisierung das Weihnachtsfest.

Es spricht viel dafür, daß unser Weihnachtsbaum seinen Ursprung in Gebräuchen des germanischen Mitwinterfestes hat. Zwar liegen schriftliche Nachrichten über das Aufstellen geschmückter Weihnachtsbäume erst seit dem 16. Jahrhundert vor, indessen ist erwiesen, daß es schon lange vorher Brauch war, zum Weihnachtsfest Haus und Stube mit frischem Tannengrün zu schmücken. Sehr aufschlußreich ist, daß die ältesten schriftlichen Nachrichten über weihnachtliches Tannengrün und Weihnachtsbäume Äußerungen christlicher Würdenträger sind, die diese Sitte als heidnisches Brauchtum verurteilen. Das deutet darauf hin, daß der Ursprung dieses Brauches in vorchristlicher Zeit liegt. Das frische Grün der Tanne und der Lichterschmuck des Baumes, über den auch bereits vor 350 Jahren berichtet wurde, würden als

Symbole für die steigende Sonne und das neu aufkeimende Leben sehr gut zum Sinn des Mitwinterfestes passen. Von Deutschland aus wanderte der Brauch des Weihnachtsbaumes um die ganze Welt.

Das Frühlingsfest war das Fest der Fruchtbarkeitsgötter. Es war ein rauschendes, fröhliches Fest voller Sinnenfreude, das zwischen Mitte März und Mitte April gefeiert wurde. Hier wurden die Wanen, Donar und Ostara angerufen und um ein fruchtbares Jahr für Menschen, Tiere, Äcker, Wiesen und alle Fruchtpflanzen gebeten. Es war mit Umzügen, Tänzen und Liedern verbunden. Im Mittelpunkt stand allerdings wie bei jedem Kultfest das Opfer an die Götter und das anschließende gemeinsame Opfermahl.

Von keinem germanischen Kultfest hat so vieles die Christianisierung überdauert wie vom Frühlingsfest. Schon der Name Ostern, der von der Göttin Ostara kommt, und die Tatsache, daß auch Ostern kalendermäßig nicht festliegt, sondern sich nach dem Vollmond richtet, nämlich immer auf den 1. Sonntag nach dem Frühlingsvollmond fällt, sind erstaunliche Ähnlichkeiten. Hinzu kommen Volksbräuche wie Osterhase und Ostereier, die an die Göttin Ostara erinnern, der Maibaum als Symbol des immergrünen Weltenbaumes, also eine Art Irminsul, der Tanz in den Mai sowie Maibraut und Maibräutigam, die vermutlich auf die heilige göttliche Hochzeit zurückgehen, den rituellen Beischlaf, der Bestandteil jedes Frühlingsfestes war. Auch die in Norddeutschland üblichen Bräuche des Osterfeuers und des Feuerradrollens, wobei ein mit Stroh umflochtenes Wagenrad angezündet und vom Berg ins Tal hinabgerollt wird, gehen auf das germanische Frühlingsfest zurück. Beide Bräuche sind Sinnbild für das Erstarken der Sonne und das Erwachen der Natur. Und die damit verbundenen Fröhlichkeiten, wie Tanzen, Singen und allerlei Spiele, spiegeln die Freude der Menschen darüber wider. An das Menschenopfer erinnert der Brauch, einen Strohmann, den »Butz«, ins Feuer zu werfen. Und wenn gegen Ende des Festes die jungen Paare Hand in Hand über das heruntergebrannte Osterfeuer springen, um Segen für eine glückliche gemeinsame Zukunft zu erbitten, so ist auch dies ein Überbleibsel aus uralter Zeit, als noch das Frühlingsfest ein Fest der Fruchtbarkeitsgötter war.

Auch das germanische Erntedankfest, das zwischen Mitte September und Mitte Oktober stattfand, wurde nach der Christianisierung von der Kirche vereinnahmt. Während es in der katholischen Kirche wie einst bei den Germanen an keinen festen Termin gebunden ist, fällt es in der evangelischen Kirche auf den 1. Sonntag im Oktober. Obwohl von den ursprünglichen germanischen Bräuchen dieses Festes nichts zuverlässig überliefert ist, dürften viele der heutigen Bräuche uralt sein. Das gilt mit Sicherheit für den festlichen Umzug durchs ganze Dorf mit geschmücktem Erntewagen, Erntekranz und Erntekrone, für den reichhaltigen gemeinsamen Festschmaus, für Erntebier und Erntetanz und für die Aufstellung aller geernteten Früchte, die früher vermutlich den Göttern geopfert wurden. Eindeutig heidnischen Ursprungs sind auch verschiedene Erntebräuche, in denen Wodan angerufen wird und die vor hundert Jahren in manchen Gegenden Norddeutschlands noch gang und gäbe waren: In Niedersachsen ließen die Schnitter bei der Roggenernte ein Bündel Halme stehen, steckten einen geschmückten Stock hinein und banden die Ähren daran fest. Dann riefen sie dreimal »Wode! Wode! Wode!«, tanzten um den Busch herum und warfen ihre Mützen in die Luft. In Mecklenburg träufelten danach die Männer einen Teil ihrer Getränke – Bier, Korn oder Milch – auf den Acker, und die Frauen streuten Brotkrumen aus. Offensichtlich handelt es sich hierbei um Reste eines Wodanopfers, denn Wode ist die alte mundartlich-niedersächsische Bezeichnung für Wodan, wie der Originaltext der aus der Sachsenbekehrung bekannten Abschwörungsformel beweist. In Mecklenburg hieß das Erntebier auch Wodelbier, und in Niedersachsen war es in einigen Gegenden noch bis zum Einsatz des Mähdreschers üblich, die letzte Garbe für des »Helljägers« Pferd, also Wodans Pferd, stehen zu lassen.

Mittelpunkt des germanischen Erntedankfestes war selbstverständlich das Dankopfer an die Götter.

Neben diesen drei Hauptfesten wurde jährlich zusammen mit dem Allthing des Stammes das Landesfest gefeiert, das bei den Sachsen in ihrem Stammesheiligtum bei Markloh an der Weser stattfand. Von den skandinavischen Stämmen ist überliefert, daß sie ihr Landesfest immer zur Tag- und Nachtgleiche im März begingen bzw. zu dem Vollmond, welcher der Tag- und Nachtgleiche am nächsten kam. Es ist deshalb zu vermuten, daß dies bei den anderen germanischen Stämmen ebenso der Fall war. Dies bedeutete eine dichte Aufeinanderfolge von Festen von Herbst bis Frühling, was sicherlich auch damit zusammenhing, daß die Männer, die ja alle Bauern waren, in der Zeit von der Feldbestellung bis zur Ernte ihren Hof nur mit erheblichen Nachteilen für mehrere Tage oder gar Wochen, wenn die Reise weit war, verlassen konnten. Die Teilnahme an den Kultfesten war aber Pflicht. Denn wenn sich einzelne ausschlossen, konnte dies die Gottheit erzürnen mit der Folge, daß der Gemeinschaft nicht das Heil zuteil wurde, das sie sich erhoffte und um das sie betete und opferte. Dies führte in der Zeit der beginnenden Christianisierung zu harten Auseinandersetzungen mit Stammesbrüdern, die sich bereits hatten christlich taufen lassen. Sie wurden gezwungen, an den Opferfesten teilzunehmen. Später gestattete man ihnen, sich freizukaufen, und versuchte, die Götter dadurch zu versöhnen, daß man das Kaufgeld für das Kultfest und das Opfer verwendete.

Das Mitsommerfest, das noch heute in Schweden zur Sonnenwende am 21. Juni gefeiert wird, war eine schwedische Besonderheit. Die anderen germanischen Stämme feierten dieses Kultfest nicht.

Neben den jährlich wiederkehrenden Hauptfesten gab es aus besonderen Anlässen, etwa zur Vorbereitung auf einen Entscheidungskampf oder als Siegesfeier nach gewonnener Schlacht, auch außerplanmäßige Kultfeste. So werden die Cherusker und ihre Verbündeten, als Arminius sie vor einer Schlacht gegen die Römer in einem heiligen Wald versammelte, dort mit Sicherheit ein großes Opferfest begangen haben, damit die Götter ihnen das Siegesheil spendeten.

Doch wie sah nun der Ablauf eines solchen Kultfestes eigentlich im einzelnen aus? Diese Frage läßt sich zwar nicht mit der wünschenswerten Genauigkeit und Vollständigkeit beantworten, doch aufgrund verschiedener zeitgenössischer Berichte, bildlicher Darstellungen, Hinweisen in der nordischen Literatur und nicht zuletzt aufgrund der Ausgrabungen verschiedener großer Heiligtümer, insbesondere Oberdorla, können wir uns ein ungefähres Bild vom Ablauf machen und erfahren wir eine Reihe interessanter Einzelheiten.

Das Opfer

Kernstück eines jeden Kultfestes waren das Opfer und die anschließende gemeinsame Opfermahlzeit. Durch seine Opfergabe erhoffte und erwartete der Mensch, das ersehnte göttliche Heil zu erlangen. Doch das Opfer wurde nicht als Tauschhandel oder Vertrag verstanden in dem Sinne, daß der Gott nun verpflichtet war, die Bitte des Opfernden zu erfüllen. Das Opfer wurde vielmehr mit Demut dargebracht. Der Mensch war sich jederzeit bewußt, daß die Götter völlig frei in ihren Entscheidungen waren und daß er diese Entscheidungen hinzunehmen hatte, und waren sie auch noch so bitter für ihn. Im Opfer des Menschen lag gerade eine Anerkennung dieser göttlichen Allmacht. Er erwies damit den Göttern seine Verehrung und hoffte, sich ihnen geistig nähern zu können, um sein Leben mit ihrem Willen in Einklang zu bringen. Freilich erwartete der Mensch, der in tiefer Gläubigkeit reichlich geopfert hatte, daß die Götter sich nun erkenntlich zeigten, und seine Enttäuschung war gewiß groß, wenn der ersehnte Erfolg nicht eintrat.

Als Opfer kamen Menschen, Tiere und alle Gegenstände, die den Menschen lieb und teuer waren, deren Hingabe also ein echtes Opfer für den Spendenden bedeutete, wie Waffen, Schmuck und wertvolle Gebrauchsgegenstände, in Betracht, darüber hinaus Gegenstände, die man im voraus, also vor ihrer Erlangung, den Göttern versprochen, ihnen geweiht hatte, wie etwa die gesamte Beute nach siegreicher Schlacht.

Interessant ist, daß man bei manchen Heiligtümern nur bestimmte Arten von Opfergaben gefunden hat, was Rückschlüsse darauf zuläßt, welche Götter in dem jeweiligen Heiligtum verehrt wurden. So wird man Waffen in der Regel nur den kriegerischen Göttern geopfert haben, also Wodan, Tiwaz und eventuell auch Donar, Gegenstände aus bäuerlicher Tätigkeit dagegen den Fruchtbarkeitsgöttern, also in erster Linie den Wanen. In den meisten großen Heiligtümern wurde jedoch allen Göttern geopfert, so auch in Oberdorla.

Menschenopfer wurden nur Wodan dargebracht. Dabei handelte es sich meistens um Kriegsgefangene, Unfreie oder Verbrecher. In Zeiten großer Not opferte man aber auch Angehörige der edelsten Familien, um den vermeintlichen Zorn Wodans zu besänftigen. Ja, es gibt Beispiele aus Skandinavien, wo nach vieljährigen Mißernten sogar der König geopfert wurde.

Eine genaue Schilderung eines Menschenopfers gibt der Grieche Strabo in seinem Bericht über die Kimbern: »Die Frauen, die mit den Männern in den Kampf zogen, wurden von Priesterinnen angeführt, welche die Zukunft vorhersagen konnten. Diese Priesterinnen waren grauhaarige, in weiße Gewänder gehüllte Frauen. Sie trugen ein Oberkleid aus Leinen, das mit einer Spange auf der Schulter befestigt war. Sie trugen ferner einen Bronzegürtel und gingen barfuß. Mit dem Schwert in der Hand schritten sie den Kriegsgefangenen durch das Heerlager entgegen, bekränzten sie und führten sie zu einem Bronzekessel, der etwa 20 Eimer fassen konnte. Bei diesem Kessel stand eine Leiter. Sie stiegen hinauf und schnitten jedem Kriegsgefangenen, der zu ihnen emporgehoben wurde, die Kehle durch. Aus der Weise, in der das Blut in den Kessel strömte, prophezeiten sie die Zukunft. Andere schnitten die Körper der Kriegsgefangenen auf, und nach Prüfung der Lage der Eingeweide verkündeten sie mit lauter Stimme, daß die Ihrigen den Sieg erringen würden.«

Daß die Kimbern dann nach der siegreichen Schlacht das gesamte feindliche Heer Wodan opferten und dabei die Kriegsgefangenen mit Stricken um den Hals an den Bäumen aufhängten, wurde bereits im Kapitel über Wodan berichtet. Als die Kimbern dann in der Schlacht von Vercellae im Jahre 101 v. Chr. schließlich selbst vernichtend geschlagen wurden, opferten sich die Überlebenden selbst, indem sie sich an Bäumen und, wo keine Bäume vorhanden waren, an Wagendeichseln und den Hörnern oder Beinen der Rinder erhängten. Dies geschah nicht nur aus Verzweiflung. Die Tatsache, daß sie den Tod durch Erhängen suchten, zeigt, daß ihr Tod ein Opfer sein sollte, und zwar ein Opfer für Wodan, damit sie Aufnahme in Walhall finden würden.

Auch nach der Schlacht im Teutoburger Walde im Jahre 9 n. Chr., die nach neuesten Erkenntnissen bei Kalkriese nördlich von Osnabrück stattgefunden hat, wurden die römischen Kriegsgefangenen an Bäumen aufgehängt und die hohen Offiziere auf den Altären geopfert, wie Tacitus berichtet. Als sechs Jahre nach der Schlacht der römische Feldherr Germanicus mit seinen Legionen das Schlachtfeld aufsuchte, um die Gebeine der Gefallenen zu bestatten, fanden die Römer in den benachbarten Hainen die Altäre der Germanen, auf denen die römischen Tribunen und Centurionen geschlachtet worden waren. Die Römer packte das Grauen beim Anblick der vielen Toten, der zertrümmerten Waffen und der an die Bäume genagelten Schädel der geopferten Pferde.

Die häufigsten Tieropfer waren Pferde, Rinder, Ziegen, Schafe und Schweine, aber auch Vögel, wie der Bildstein von Hammars beweist. Dieser um 700 auf der schwedischen Ostseeinsel Gotland errichtete Prunkstein enthält neben anderen Bildergeschichten die einzige bildliche Darstellung einer germanischen Opferhandlung, die erhalten geblieben ist. (Abb. 33 u. 34) Sie zeigt in der Mitte zwei Priester, die gerade ein Menschenopfer vorbereiten. Während der links abgebildete Priester die Hände auf den Kultstein legt, möglicherweise ein Gebet spricht, ist der rechts abgebildete Priester im Begriff, einen auf dem Altar liegenden Menschen mit dem Speer, der Wodanswaffe, zu töten. Am linken Bildrand wird ein weiteres Menschenopfer vollzogen. Dort hängt ein Krieger, wohl ein Gefangener, in voller Rüstung – Schild und Schwert sind deutlich zu erkennen – an einem Baum, dessen Krone niedergebogen ist. Die Opferung wird offenbar dadurch vollzogen, daß die Krone des Baumes losgelassen wird. Rechts im Bild ist die Opfergemeinde dargestellt, symbolisiert durch vier Männer, von denen der Anführer einen mächtigen Raubvogel den Priestern entgegenstreckt, während die drei anderen schildgeschützt und mit erhobenen Schwertern in Andacht verharren. Über Kultstein und Altar sind heilbringende Symbole abgebildet, nämlich Adler oder Rabe und das sog. Hrungnirherz, drei knotenartig gebündelte Dreiecke, so wie es in der Hrungnirsage der Edda beschrieben ist.

Nach Hauck, dem wohl besten Kenner und Interpreten der germanischen Bildzeugnisse, handelt es sich eindeutig um ein Wodansopfer, denn alle drei dargestellten Opferarten deuten auf ihn, den höchsten Gott: Die Tötung durch Erhängen, die Tötung durch den Speer und das Opfer des Raubvogels, des Tieres, in das sich Wodan selbst gern zu verwandeln pflegt.

Es wurden in der Regel nur männliche Tiere geopfert. Jeder Gottheit wurden vorzugsweise die Tiere dargebracht, die ihnen besonders nahestanden, also Pferde für Wodan und Frei, Ziegen für Donar und Schweine für Frei und Freia. Die Sammelbezeichnung für die Opfertiere hieß zobar = Geziefer. Tiere, die sich nicht als Opfer eigneten, waren also das Ungeziefer.

Das richtige Schlachten des Opfertieres war eine Kunst, weil es nach festen althergebrachten Regeln erfolgte, die unbedingt eingehalten werden mußten, damit der mit dem Opfer erstrebte Zweck nicht gefährdet wurde. Offensichtlich wurde das Tier zunächst erdrosselt, bevor ihm über dem Opferkessel die Kehle durchschnitten wurde. Aus dem Rinnen des Blutes versuchte der Priester den Willen der Götter zu erforschen, den er dann laut verkündete. Das gleiche wiederholte sich, wie wir bereits beim Menschenopfer gesehen haben, wenn nach dem Ausbluten das Tier aufgeschnitten und die Lage der Eingeweide geprüft wurde. Danach wurde das Tier zerteilt, wobei die Knochen nicht zerbrochen werden durften, damit das Tier im Jenseits wiederauferstehen konnte. Nachdem das Fleisch sorgfältig von den Knochen gelöst war, wurden diese vollzählig zu einem Haufen gesammelt und vor der Gottheit, die meist durch einen Pfahlgott (Abb. 10, 36 u. 37) symbolisiert wurde, niedergelegt. Der Kopf wurde an einen Baum genagelt oder, wo keine Bäume vorhanden waren, auf einem Kultpfahl befestigt. Mitunter wurden auch sämtliche Knochen eines Tieres mit einem Seil fest zusammengeschnürt und am Kultpfahl aufgehängt. Eine weitere Möglichkeit war, das Fell, das nur noch den Schädel und die vier Beine enthielt, über den Kultpfahl zu hängen, nachdem man zuvor den ganzen übrigen Tierkörper herausgelöst und das Fleisch für das Opfermahl verwendet hatte. Von einigen Tieren wurden jedoch die Knochen zertrümmert, um das für die Zubereitung der Opferbrühe benötigte Knochenmark freizulegen. Aber auch diese Knochen wurden danach eingesammelt und dem Pfahlgott zu Füßen gelegt. Alle diese Vorgänge konnten durch die Ausgrabung des großen Heiligtums von Oberdorla in Thüringen belegt werden, wobei ein Vergleich mit den skandinavischen Opferplätzen ergab, daß die Opferbräuche aller Germanen im wesentlichen gleich waren.

Während auch die nicht eßbaren Teile des Tieres den Göttern geopfert wurden, indem man sie auf dem Altar verbrannte, wurden die eßbaren Teile in Kesseln, die über offenen Feuern hingen, für das anschließende gemeinsame Mahl gekocht. Doch zuvor tauchten die Priester Sprengwedel in den Opferkessel und besprengten alle Teilnehmer und alle Gegenstände des Heiligtums mit dem Opferblut. Als in der Zeit des aufkommenden Christentums die Germanen in ihren Heiligtümern Tempel errichteten und Götterstandbilder aufstellten, um den christlichen Kirchen und dem Kruzifix zu trotzen, und sie sich für ihre Opferfeste in ihren Tempeln versammelten, besprengten sie auch die Götterbilder und die Wände der Tempel von innen und außen mit Blut. Man kann verstehen, daß fremdländische, zumal christliche Beobachter eines solchen Festes von rohen und barbarischen Bräuchen sprachen. Aber für die Germanen hatte diese Handlung einen tiefen Sinn. Das Opferblut war das heilige Mittel, durch das zwischen den Menschen und ihrem Gott eine heilige Gemeinschaft geschaffen wurde. Demselben Ziel diente das anschließende gemeinschaftliche Mahl, das den Höhepunkt des Kultfestes bildete. Es war ein feierliches Gemeinschaftserlebnis sowohl für die Teilnehmer miteinander als auch mit ihrem Gott in dem Bewußtsein, daß ihnen hierdurch eine größtmögliche Annäherung an die Gottheit gelinge und das göttliche Heil der Opfergemeinde zuteil werde. Diese innere Ergriffenheit war das Wesentliche des Festes. Alle äußeren Handlungen dienten allein diesem Zweck.

Das Mahl begann mit dem Ausschenken der Brühe, die man aus den Kesseln, in denen das Fleisch gekocht wurde, abschöpfte. Dann wurde das Fleisch ausgeteilt, und dazu machte das full, das Trinkhorn, die Runde. Es wurde Met und Bier getrunken. Das erste Trinkhorn war mit Met gefüllt, denn Met war der Trank der Götter und wurde deshalb bei allen festlichen Anlässen gereicht, auch bei der Hochzeit und beim Totenmahl.

Doch bevor das erste Horn die Runde machte, wurde zunächst der Trank vom Priester geweiht. Er tat dies mit feststehenden, traditionellen Formeln, einem feierlichen Trinkspruch ähnlich, wobei auch auf den Zweck des Opfers hingewiesen wurde, auf das, wofür man das göttliche Heil erbat: Den Sieg, den Frieden, die reiche Ernte usw. Dann wurde das Horn in Richtung des Sonnenlaufs, also von Ost nach West, von Hand zu Hand gereicht. Die Richtung war außerordentlich wichtig, denn sollte Heil in einem Unternehmen sein, so mußte es mit der Sonne ausgeführt werden, von Osten nach Westen. Das wurde auch bei anderen Dingen stets beachtet. Wurde ein neuer Hof geweiht, so wurde das Feuer für den Herd mit der Sonne um das Haus getragen. Gegen die Richtung der Sonne zu gehen, brachte Unheil.

Speisen und Trank mußten im Überfluß vorhanden sein. Waren zu wenig Vorräte herangeschafft worden, so war dies nicht nur eine Schande für den Fürsten – die Germanen verachteten geizige Menschen –, sondern auch eine Beleidigung der Gottheit. Das ganze Opferfest konnte dadurch zu einem Fehlschlag werden. Außerdem war Überfluß ein Symbol für Fruchtbarkeit. Andererseits durfte aber auch nichts übrigbleiben. Es stellte auch eine Beleidigung der Gottheit dar, wenn Speisen und Getränke, die dem Gott geweiht waren, später wieder vom Altar fortgeschafft wurden. Zahlreiche archäologische Funde bei Opferstätten deuten darauf hin, daß man am Ende des Festes die Reste der Speisen und die abgenagten Knochen in Gefäßen aus Keramik gesammelt und diese im Moor, See oder Fluß versenkt oder – wenn kein Gewässer zum Heiligtum gehörte – in Gruben niedergelegt hat. Damit diese den Göttern geweihten Gaben hinterher nicht zweckentfremdet und damit geschändet werden konnten, wurden die im Wasser versenkten Gefäße vorher durchlöchert und mit Steinen beschwert, die in Gruben niedergelegten wurden zerschlagen. Die Gruben selbst wurden hinterher mit Holzbohlen, größeren Ästen, Reisig oder einer Steinlage abgedeckt.

Durch den Überfluß an Speisen und Getränken entwickelten sich die Opfermahlzeiten immer zu ausgedehnten Gelagen. Es wäre jedoch falsch, daraus den Schluß zu ziehen, daß sie in laute, vulgäre Fröhlichkeit ausgeartet wären. Davor bewahrte schon die Heiligkeit des Ortes. Vielmehr erleichterte es der steigende Alkoholgenuß, einen Zustand der Entrücktheit zu erreichen, der eine geistige Vereinigung mit der Gottheit ermöglichte.

Diesem Ziel dienten noch weitere Kulthandlungen, die das Fest begleiteten. Es wurde gebetet, gesungen und getanzt, Musik ertönte, und vermutlich wurde auch ein rituelles Drama aufgeführt.

Das Gebet

Obwohl uns nur ein einziger Text eines germanischen Gebetes überliefert ist, unterliegt es keinem Zweifel, daß das Gebet ein wichtiger Bestandteil des germanischen Kultes war. Es wurde sowohl einzeln als auch in Gemeinschaft gebetet, und zwar bei vielen Gelegenheiten, bei der Entzündung des Herdfeuers, bei der Weihung eines neuen Hofes, zu Beginn des Things, vor einem Zweikampf, vor der Schlacht usw., immer dann, wenn das göttliche Heil für das Gelingen des Vorhabens notwendig war. Tacitus erwähnt ausdrücklich, daß vor dem Loswerfen zu den Göttern gebetet wurde, und zwar mit zum Himmel gerichtetem Blick. Bei den Kultfesten wurde vor dem Opfer, bei Eröffnung des Opfermahles, vor dem Antrinken des ersten Trinkhornes und vermutlich noch vor weiteren wichtigen Handlungen gebetet. Das Gebet sprach der Priester, während die Versammelten in Andacht verharrten. Dabei hob er die Hände in bittender Gebärde und richtete auch den Blick gen Himmel, genau so, wie die Römer auf der Markussäule in Rom einen betenden Germanen abgebildet haben. Dieselbe Haltung zeigt auch das hier abgebildete kleine Bronzefigürchen, ebenfalls eine römische Arbeit. Hier kommt die Ergriffenheit des auf ein Knie gesunkenen Mannes besonders gut zum Ausdruck. (Abb. 32)

Das uns überlieferte Gebet befindet sich in einem der Heldenlieder der Edda. Als die von Siegfried erweckte Walküre die Augen aufschlägt und ins helle Tageslicht blickt, spricht sie:

Heil Tag! Heil Tags Söhne!
Heil Nacht mit Gesippen!
Mit Augen ohne Zorn schaut her auf uns
Und schenkt uns Sitzenden Sieg!

Heil Asen! Heil Asinnen!
Heil der fruchtschweren Flur!
Rede und Rat schenkt uns ruhmreichen Zwei
Und Hände voll Heil unser Leben lang!

Dieses Gebet ist zugleich ein weiterer Beleg dafür, daß die Germanen sich meistens nicht an einen einzelnen Gott wandten, sondern in erster Linie die Gesamtheit der göttlichen Mächte verehrten.

Lieder, Tänze und Musik

Auch Lieder zum Preise der Götter wurden bei den Kultfesten gemeinsam gesungen. Und ähnlich wie bei den Gesängen, die vor der Schlacht angestimmt wurden, wird man auch hier auf die volltönende Kraft und die Rauheit des Tones Wert gelegt haben, um damit ein machtvolles Bekenntnis zur Gottheit abzulegen.

Auch Tänze waren ein wichtiger Bestandteil jedes größeren Kultfestes, wie aus zeitgenössischen Berichten hervorgeht. Die Tänze waren vermutlich von rhythmischen Gesängen begleitet. Dies zeigt nicht nur ein Vergleich mit den kultischen Bräuchen verwandter Völker, sondern kann auch aus einer Bemerkung Papst Gregor des Großen, der im 6. Jahrhundert lebte, geschlossen werden. Er berichtet über die Langobarden, sie hätten dem »Teufel« einen Ziegenbock geopfert und dazu, im Kreise laufend, ein ruchloses Gedicht aufgesagt. Aus der Art des Opfers folgt, daß dieser »Teufel« der Gott Donar war. Und was ein mittelalterlicher Papst als »ruchlos« bezeichnet, darüber mag sich jeder seine eigenen Gedanken machen. Das gleiche gilt, wenn der Bischof Adam von Bremen in seinem Bericht über das große Kultfest im schwedischen Uppsala mit Abscheu über die dort aufgeführten Tänze spricht, die »von weibischen Körperbewegungen, Schauspielen und Glockengeklingel« begleitet gewesen seien. Es versteht sich von selbst, daß in einem Fruchtbarkeitskult Zeugung und Beischlaf eine wichtige Rolle spielten und daß diese in den Tänzen, Gesängen und Schauspielen mit der Unbefangenheit natürlich empfindender Menschen dargestellt und besungen wurden. Einem christlichen Kirchenfürsten, für den alle Körperlichkeit, Sexualität und Sinnlichkeit vom Teufel waren, mußte dies freilich ruchlos erscheinen.

Es wird allgemein angenommen, daß auch der von Tacitus beschriebene Schwerttanz zum Kultfest gehörte, auch wenn sein Bericht den Anschein erweckt, als sei dieser Tanz nur ein sportliches Vergnügen gewesen. Tacitus schreibt: »Von Schaustellungen kennen die Germanen nur eine einzige Art, und bei jeder festlichen Zusammenkunft ist es die gleiche. Nackte Jünglinge, für die das eine Freude und Kurzweil ist, tanzen zwischen gezückten Schwertern und drohend aufgerichteten Speeren. Die Übung hierin hat zu Kunstfertigkeit und die Kunstfertigkeit zu Anmut geführt. Doch üben sie ihre Kunst nicht als Gewerbe oder um Geld aus. Der einzige Lohn ihres Spieles, so kühn und verwegen es auch ist, besteht im Vergnügen der Zuschauer.«

Dieser Schwerttanz hat sich bis auf den heutigen Tag in allen germanischen Ländern erhalten, und zwar, wie wissenschaftliche Untersuchungen ergeben haben, in ununterbrochener, nie ganz abgerissener Überlieferung von der Urzeit bis in die Gegenwart. Dieser Tanz war in Deutschland immer, soweit man das zurückverfolgen kann, mit einer dramatischen Darstellung verbunden. Aus diesem Grunde, aber auch noch aus weiteren Indizien, nimmt man an, daß zum festen Bestand jedes größeren Kultfestes auch ein rituelles Drama gehörte.

Auch Bläserklang begleitete das germanische Kultfest, und

zwar wurde in der Bronzezeit auf Luren geblasen, jenen anmutig geschwungenen, kunstvoll gearbeiteten Blasinstrumenten aus Bronze, deren Rohr bis zu 3 m lang war. (Abb. 38) Es gehörte immer ein aufeinander abgestimmtes Paar zusammen, die eine Lure links gewunden, die andere rechts gewunden. So sind sie in der Grabkammer von Kivik abgebildet, und so sind sie auch in Mooren in Deutschland und Skandinavien gefunden worden, insgesamt etwa 30 Paare, die aus der Zeit von 1200 bis 500 v. Chr. stammen. Manche von ihnen sind so gut erhalten, daß man noch heute – nach Einsetzen eines Mundstückes – auf ihnen spielen kann. Sie haben eine beschränkte, aber reine Tonskala. Die damit vorgetragene Musik muß von beeindruckender Würde und Feierlichkeit gewesen sein. Die Tatsache, daß diese Luren paarweise in Mooren niedergelegt wurden, belegt, daß auch diese wertvollen Gegenstände der Gottheit geopfert wurden, deren Lob und Preis sie zuvor verkündet hatten und vermutlich künftig in Asgard verkünden sollten.

Das Grabmal von Kivik ist eines der bedeutendsten germanischen Gräber der Bronzezeit und der größte Grabhügel Schwedens. Er war ursprünglich 10 m hoch und maß 75 m im Durchmesser. Das Interessanteste an diesem Grab ist die 3 m × 1 m große Grabkammer inmitten des Hügels, weil ihre Einfassung aus senkrecht aufgestellten Kalksteinplatten besteht, von denen 8 mit eingemeißelten Bildern geschmückt sind. Während auf 6 Platten Waffen, Schiffe, Pferde und radförmige Symbole abgebildet sind, ist auf den Platten 7 und 8 offensichtlich ein Kultfest dargestellt. (Abb. 39) Leider sind die Meinungen über die richtige Deutung der Darstellungen sehr gegensätzlich. Dennoch bestätigen die Bilder unsere Kenntnisse über das germanische Kultfest in einigen interessanten Punkten.

Sicher ist, daß auf der 8. Platte oben rechts zwei Lurenbläser dargestellt sind. Daneben befinden sich eine männliche und eine weibliche Person, deren Bedeutung unbekannt ist. Links außen schlagen offenbar zwei Personen einen Gong. Andere deuten dies als das Bohren des sakralen Feuers. Vielleicht besteht aber die gesamte obere Reihe aus Musikanten, wobei die Person neben den Lurenbläsern eine Rassel schwingen könnte. In der mittleren Reihe steht in der Mitte der Opferkessel, auf den sich von beiden Seiten je vier Figuren zubewegen, die auf den ersten Blick wie aufgerichtete Seehunde aussehen. Sie werden jedoch allgemein als Priesterinnen in ihren knöchellangen weißen Gewändern gedeutet, die hier stark stilisiert sind. In der unteren Reihe sehen wir zwei gleichartige Gruppen, wo jeweils ein Mann mit erhobenem Schwert drei andere Männer bewacht, die offenbar in eine hufeisenförmige Umhegung geführt werden sollen. Mit dieser Umhegung könnte der Kultplatz gemeint sein, denn dieser war, wie wir wissen, mit Haselstangen eingehegt, die in den Boden getrieben und untereinander mit einer Schnur verbunden waren, ebenso wie der Thingplatz. Innerhalb dieser Umhegung galt die unbedingte Friedenspflicht.

Die 7. Platte zeigt in der oberen Reihe wieder drei Gefangene und einen Bewacher sowie einen Kampfwagen, der von zwei Pferden gezogen wird. In der mittleren Reihe sind zwei Pferde, die einander zugewandt sind, und ein großer Fisch abgebildet. Man schließt daraus, daß auch Reiterspiele und ein Pferdekampf zum Ritual gehörten, denn beides ist auch noch aus späterer Zeit mehrfach überliefert. So wissen wir, daß es bei der Bestattung hochgestellter Persönlichkeiten Brauch war, daß der Grabhügel von einer Reitergruppe mehrfach umritten wurde.

Für rituelle Pferdekämpfe gibt es sowohl schriftliche als auch bildliche Belege, u. a. auf einem Bildstein aus Schweden aus dem 5. Jahrhundert. (Abb. 40) Bei diesen Pferdekämpfen wurden zwei Hengste gegeneinander getrieben, damit sie sich beißen und schlagen. Man vermutet, daß dadurch das stärkere und damit würdigere Opfertier ermittelt werden sollte.

Welche Bedeutung dem abgebildeten Fisch zukommt, ist völlig unklar.

In der unteren Reihe der 7. Platte sind wieder acht Priesterinnen dargestellt, die von einem Mann mit erhobenem rechten Arm angeführt werden.

Im Kivik-Grab wurde bereits 1748 nach einem Schatz gesucht. Doch schon damals fand man es ausgeraubt. So wissen wir nicht, wer in diesem großartigen Grabmal seine letzte Ruhe fand und was seine Getreuen ihm mitgaben auf die Reise nach Walhall. Wir können nur ahnen, daß es ein sehr bedeutender Herrscher gewesen ist.

Für den Ablauf der großen Kultfeste können wir aus den Bildern des Kivik-Grabes die Erkenntnis ziehen, daß auch Reiterspiele, ein Pferdekampf und Instrumentalmusik zum Ritual gehörten. Ob die Luren nur in der Bronzezeit oder auch später verwendet wurden, wissen wir nicht. Aber es ist sicher überliefert, daß Hornblasen bis in die letzte Zeit des germanischen Glaubens Bestandteil der Kultfeste war.

Es gibt weitere berühmte Funde mit umfangreichen Abbildungen religiösen Inhalts, die in der religionswissenschaftlichen Literatur eine bedeutende Rolle spielen, deren Deutung aber noch schwieriger ist. Das gilt für den Silberkessel von Gundestrup, die Goldhörner von Gallehus und auch für den Schatz von Pietroasa.

Der im Moor bei Gundestrup in Jütland gefundene Silberkessel mit einem Durchmesser von fast 70 cm und einem Gewicht von nahezu 9 kg ist innen und außen mit Silberplatten geschmückt. Die meisten dieser Platten zeigen Brustbilder von männlichen oder weiblichen Personen, umgeben von kleinen Figuren und verschiedenen Tieren, deren Deutung bis heute ungelöst ist. Man vermutet, daß es sich um eine keltische Arbeit handelt und deshalb auch die Abbildungen weitgehend fremden Glaubensvorstellungen entstammen. Mit Sicherheit aber hatten die Bilder einen religiösen Inhalt. Das ergibt sich schon aus einer Opferszene, die im Innern des Kessels abgebildet ist. Dort wird ein Mensch über einem Kessel geopfert, genau so, wie Strabo das über die Kimbern berichtet hat. Sehr wahrscheinlich war dieser

Kessel selbst ein heiliger Opferkessel der Germanen. Dafür spricht auch die Tatsache, daß er in einem Moor versenkt und vorher zerschlagen worden war. Vermutlich hat der Kessel, den die Kimbern Kaiser Augustus verehrten, sehr ähnlich ausgesehen. Als nämlich der römische Feldherr Tiberius im Jahre 5 n. Chr. mit einer Flotte die Nordseeküste erkundete, führte er auch Verhandlungen mit den Kimbern, die damals im heutigen Schleswig siedelten. Die Kimbern schickten daraufhin eine Gesandtschaft nach Rom, die mit dem Kaiser über den Abschluß eines Friedensvertrages verhandeln sollte und ihm als Geschenk »den heiligsten Kessel« überbrachte, den die Kimbern besaßen. Der Kessel von Gundestrup stammt etwa aus derselben Zeit. Er befindet sich heute im Nationalmuseum in Kopenhagen. (Abb. 41 u. 42)

Die beiden kostbaren, mit reichem Bildwerk geschmückten Goldhörner von Gallehus, zusammen mehr als 6 kg schwer, wurden nacheinander in den Jahren 1639 und 1734 bei Gallehus in der Nähe von Tondern/Nordschleswig gefunden, aber 1802 aus dem königlichen Kunstkabinett in Kopenhagen gestohlen und eingeschmolzen. Glücklicherweise sind vor dem Verlust sehr genaue Zeichnungen angefertigt worden, die es möglich machten, Kopien der wertvollen Hörner herzustellen, die als das »größte religiöse Dokument zwischen der Edda und den Felszeichnungen der Bronzezeit« bezeichnet worden sind. Die Hörner stammen aus der Zeit um 400 n. Chr. und sind eindeutig eine germanische Arbeit, denn eines trägt die Runeninschrift »Ich Hlewagast, Sohn des Holt, machte dieses Horn«. (Abb. 44 u. 45)

Über den reichen Bildschmuck der Hörner, der aus vielen Menschen- und Tierfiguren und symbolischen Zeichen besteht, sind in zahlreichen wissenschaftlichen Arbeiten die unterschiedlichsten Theorien entwickelt worden, aber eine überzeugende Deutung ist bis heute nicht gelungen.

Einer der reichsten Funde aus germanischer Zeit ist der Schatz von Pietroasa in der Walachei/Rumänien. Dort entdeckten im Jahre 1837 zwei Bauern am Hang des Berges Istritza unter einer dünnen Erdschicht 22 prachtvolle Gegenstände aus purem Gold mit einem Gesamtgewicht von mehr als einem halben Zentner, über und über besetzt mit Edelsteinen. Es war der Königs- und Kultschatz der Westgoten, den ihr König Athanerich auf seiner Flucht vor den Hunnen zwischen 376 und 380 n. Chr. hier versteckt hatte. Die Geschichte dieses Schatzes, der aus kostbarsten Schalen, Platten, Kannen, Fibeln, Hals- und Armringen bestand, ist abenteuerlicher und aufregender als der spannendste Kriminalroman. Aus purer Habgier wurden die Gegenstände mehrfach unterschlagen, verschachert, geraubt, zerdrückt, ja brutal mit der Axt zerstückelt, wobei die meisten Edelsteine verlorengingen, und schließlich zum größten Teil eingeschmolzen. Heute sind nur noch wenige beschädigte Teile vorhanden, die im Nationalmuseum in Bukarest aufbewahrt werden. Darunter befindet sich der Rest eines Halsringes mit der Runeninschrift »Der Goten Erbgut, heilig und geweiht«. Das für die germanische Religionswissenschaft interessanteste Stück ist eine Opferschale von fast 26 cm Durchmesser, die als einzige mit wenigen Beschädigungen davongekommen ist. (Abb. 49) In der Mitte der Schale thront eine Frauenfigur in der charakteristischen germanischen Bethaltung, also den Blick gen Himmel gerichtet und die Hände in bittender Gebärde vorgestreckt, wobei sie in den Händen einen Krug mit dem geweihten Trank hält. (Abb. 50) Ganz offensichtlich handelt es sich bei dieser Figur um eine Göttin oder Priesterin. Das Rund der Schale ist geschmückt mit sechzehn in Relief gearbeiteten menschlichen Figuren, zehn männlichen und sechs weiblichen, bei denen es sich nach Kleidung, Haar- und Barttracht eindeutig um Germanen handelt. Diese sechzehn Figuren werden nun in der Fachliteratur überwiegend als germanische Gottheiten gedeutet, wobei die Interpreten sich allerdings völlig uneins sind, welche Figur welchen Gott darstellen soll. Da eindeutige Attribute, die eine klare Zuordnung ermöglichen könnten, wie Einäugigkeit, Speer, Schwert, Wölfe und Raben für Wodan und Hammer und Ziegenböcke für

Donar, fehlen, wird jede Deutung willkürlich bleiben. Wegen dieser fehlenden Attribute ist es auch möglich, daß die Figuren gar keine Gottheiten, sondern eine Kultgemeinde darstellen sollen, die – worauf die vielen Früchte und Füllhörner hindeuten – vielleicht das Erntedankfest begeht. Doch dies wird wohl für immer ein Geheimnis bleiben.

So schön, kostbar und künstlerisch wertvoll diese geschilderten Funde auch sind, unser Wissen über den Kult unserer Ahnen konnten sie bisher leider nicht erweitern.

Umzüge

Indessen wissen wir aus anderen Quellen, daß zu jedem großen Kultfest auch Umzüge gehörten. Für die großen Feste zu Ehren der Fruchtbarkeitsgötter haben dies Tacitus und Adam von Bremen ausführlich beschrieben. Aber auch bei den anderen Kultfesten war ein feierlicher Umzug fester Bestandteil des Festprogramms. Als es in der Spätzeit des germanischen Glaubens in Skandinavien Tempel gab, führte dieser Umzug mehrfach um den Tempel herum, und zwar von Ost nach West, also mit dem Lauf der Sonne, damit diese Handlung heilbringend war. Es ist deshalb sehr wahrscheinlich, daß dies ein alter Brauch war und man daher in alten Zeiten einen Umzug um den zentralen Teil des Heiligtums veranstaltet hat, also um den Grabhügel, den Altar oder den uralten Baumriesen, je nachdem, was den Mittelpunkt des Heiligtums bildete.

Diese von der Bronzezeit bis zum Ende der germanischen Religion geübten Kultbräuche der Umzüge, Reiterspiele, Pferdekämpfe und des Hornblasens sind ein eindrucksvolles Beispiel einer ungebrochenen Tradition durch zwei Jahrtausende.

Da diese Bräuche tief im Volk verwurzelt waren, gelang es den christlichen Missionaren auch unter Anwendung von Verboten und Strafen nicht, sie gänzlich zu unterdrücken. So wurde schließlich ein Teil dieser Bräuche ins christliche Brauchtum übernommen. Bei der christlichen Missionierung der Germanen wurde nämlich je nach Lage der Gegebenheiten eine von zwei gegensätzlichen Methoden angewandt, die sehr einprägsam in zwei zeitgenössischen Dokumenten zum Ausdruck kommen. Die eine Methode, die der kompromißlosen Ausrottung der alten Religion, spricht eindrucksvoll aus den Worten des Bischofs Remigius von Reims, die er anläßlich der Taufe des Frankenkönigs Chlodwig am Weihnachtstag des Jahres 496 an den Täufling richtet: »Beuge dein Haupt in Demut, stolzer Sugambrer, und verehre von jetzt an, was du bisher verbranntest, und verbrenne, was du bisher verehrtest.« Die zweite Methode, die der behutsamen Gewöhnung an die neue Religion durch geschickte Integrierung heidnischer Bräuche in den christlichen Gottesdienst, ist in dem bereits erwähnten Brief Papst Gregors aus dem Jahre 601 ungeschminkt formuliert. Darin fordert der Papst nicht nur zum Erhalt der alten Heiligtümer und zur Errichtung von Kirchen an gleicher Stelle auf, sondern auch zur Übernahme heidnischer Bräuche: »Und weil die Heiden bei ihren Götzenopfern viele Tiere zu schlachten pflegen, muß auch diese Sitte in irgendeine christliche Feierlichkeit für sie umgewandelt werden. Sie sollen sich also am Tage der Kirchweih oder am Gedächtnistage der heiligen Märtyrer, deren Reliquien bei ihren Kirchen niedergelegt werden, aus Baumzweigen Hütten um die ehemalige Götzenkirche bauen und sollen so den Festtag bei kirchlichem Mahle feiern. Sie sollen also dem Teufel keine Tieropfer mehr bringen, sondern sollen die Tiere zum Lobe Gottes zum Essen schlachten und dem Geber aller guten Gaben für ihre Sättigung danken; denn wenn ihnen einige äußerliche Freuden bleiben, werden sie um so aufgeschlossener für die inneren Freuden der Bekehrung sein. Den rohen Geistern auf einmal alles abzuschneiden, ist ohne Zweifel unmöglich, weil auch der, der auf die höchste Stufe steigen will, nur Schritt für Schritt, aber nicht durch Sprünge in die Höhe kommt.«

Auf diese Weise blieben viele Bräuche der germanischen Religion bis heute lebendig. Dies gilt vor allem für die Umzüge. So ähneln die Fronleichnamsprozessionen in manchen ländlichen Gegenden den Umzügen des germanischen Frühlingsfestes zu Ehren der Fruchtbarkeitsgötter bis in viele Einzelheiten. Heute wie damals bewegt sich ein feierlicher Zug durch die Feldmark, religiöse Lieder werden gesungen, Heiligenbilder (früher Götterbilder), ein Ochsengespann und festlich geschmückte Rinder werden mitgeführt. Dasselbe gilt für die Rosenmontagsumzüge, für die Umzüge zum Erntefest und für das dreimalige Umreiten der Kirche in vielen bayrischen Orten zu Ostern, Himmelfahrt, Pfingsten und Kirchweih. Selbst in unserer Sprache ist dieses Brauchtum noch erkennbar, denn noch heute ist »begehen« die übliche Bezeichnung für das Feiern eines Festes, und »begehen« besagt nichts anderes als »einen feierlichen Umzug halten«.

Auch von den anderen alten Kultbräuchen, Gelagen und Gesängen, Tänzen und Vermummungen, Spielen und Wettkämpfen hat sich manches bis heute in unseren kirchlichen und weltlichen Traditionsfesten erhalten.

Heilige Symbole

Es wurde bereits darauf hingewiesen, daß die Germanen in früherer Zeit keine Tempel hatten und auch Tempel für ihre Gottesverehrung ablehnten und daß nur die skandinavischen Stämme später als Abwehrreaktion gegen das immer stärker werdende Christentum Tempel errichteten. Diese Tempel hatten einen quadratischen Grundriß und sollen äußerlich den späteren Stabkirchen sehr ähnlich gewesen sein. Daneben entwickelte sich noch eine weitere Tempelform, Hof genannt, bei der an ein kleines quadratisches Heiligtum, in dem der Altar und die Götterstatuen standen, ein länglicher Versammlungsraum angebaut war, der etwa 100 Personen faßte.

Einen sehr konkreten und nachhaltigen Eindruck eines derartigen Tempels vermittelt die Stabkirche von Borgund in Norwegen, denn diese Kirche ist praktisch ein heidnischer Tempel. Der Altar ist ein heidnischer Opferstein mit Schale und Blutrinne, die hohen Holzsäulen, die das Kirchendach tragen, sind als Pfahlgötter gestaltet und zeigen am oberen Ende je eine Göttermaske, an den Wänden befinden sich Sonnenräder, an der Wand im Chor Tierritzungen. Der zweite und dritte Dachreiter zeigen Symbole des Weltenbaumes, Kreise mit Blattornamenten. Das Westportal ist reich verziert mit Darstellungen der Midgardschlange, sowohl als Schnitzornament als auch in den Türbeschlägen. Dort befinden sich auch Runeninschriften aus dem 12. Jahrhundert. Die ganze Kirche umgibt ein Umlauf für feierliche Umzüge. Zur Nordseite befand sich ursprünglich keinerlei Öffnung, weil von dort Gefahr durch die Riesen drohte. Die Drachenköpfe an den Giebeln dienten zur Abwehr dieser Riesen und anderer Ungeheuer aus Utgard. Das einzig Christliche an dieser Kirche ist ihre Ost-West-Ausrichtung.

Zur Zeit der Tempel gab es auch Götterstandbilder. Im Tempel von Uppsala standen die aus Holz geschnitzten Statuen der Götter Wodan, Donar und Frei. Jeder Gott trug einen breiten goldenen Ring am Arm. Auch auf dem Altar lag ein goldener Ring, der etwa 500 g schwer und nicht ganz geschlossen war. Ihn trug der Priester während der Opferhandlung am Arm. Auch dieser Ring wurde ebenso wie die Götterstatuen während des Kultfestes mit Opferblut bespritzt und damit geweiht.

Der heilige Armreif, auf den auch die Eide geschworen wurden, wie bereits bei der Besprechung des Gottes Tiwaz geschildert, galt bei allen Germanen als göttliches Symbol, mit dem sich die Vorstellung von göttlichem Heil, göttlichem Auftrag und von Gott abgeleiteter Herrschaft verband. Und mit dieser Bedeutung blieb er auch noch in christlicher Zeit in Gebrauch. So trugen noch christliche gotische Priester bei ihren Amtshandlungen solche goldenen Armringe, was allerdings der Bischof Ambrosius

× auch König Charles III von Großbritannien bekam als Teil seiner Insignien zwei Armreifen zur Krönung am 6. 5. 2023.

von Mailand in einem Brief aus dem Jahre 381 als heidnische Sitte verdammte. Aber auch germanische Könige trugen sie als Zeichen ihrer von den Göttern abgeleiteten Herkunft und Herrschaft. Und als solche wurden sie auch Bestandteil der deutschen Reichsinsignien. Als im Jahre 919 Eberhard von Franken dem Sachsenherzog Heinrich, dem späteren deutschen König Heinrich I., entsprechend dem letzten Willen des verstorbenen ostfränkischen Königs Konrad I. die Reichsinsignien überbringt, gehört neben Krone, Zepter und Schwert auch der Königsmantel mit den goldenen Armspangen dazu. Goldene Ringe fand man auch bei Ausgrabungen von Heiligtümern, und Ringe zieren auch viele Bildsteine und Brakteaten. (Abb. 53) ×

Weitere heilige Symbole sind Verknotungen und Verschlingungen, wie wir sie häufig auf gotländischen Bildsteinen abgebildet sehen. Hierzu zählen auch die Hrungnirherzen, die aus zwei oder drei ineinander verschlungenen Dreiecken bestehen (Abb. 34 u. 53). Auch die Verschlingungen, die sich auf dem Bildstein Tjängvide I (Abb. 12) unter Sleipnir, dem achtbeinigen Pferd Wodans, befinden, gehören dazu. Verknotungen und Verschlingungen spielten auch im späteren Aberglauben eine bedeutende Rolle. Man glaubte, damit das Böse bannen und Unheil abwehren zu können.

Priester und Priesterinnen

Die germanischen Priester und Priesterinnen genossen großes Ansehen und unbedingten Respekt. Da es im germanischen Leben und Denken eine scharfe Trennung zwischen religiösen und weltlichen Angelegenheiten nicht gab, fielen den Priestern auch wichtige Aufgaben im allgemeinen öffentlichen Leben zu. Sie geboten auf den Thingversammlungen Schweigen, sie waren die Gesetzessprecher, und nur sie hatten das Recht, freie Männer zu fesseln, zu schlagen oder zu töten, nicht der König, Fürst oder

Heerführer. Sie waren ganz allgemein die Hüter der Tradition. Sie kannten die Geschichte ihres Stammes bis in die graue Vorzeit, sie kannten die ungeschriebenen, jahrhundertealten Gesetze ihres Volkes, und sie wußten alles über die Götter und die Weltordnung. Diese Kenntnisse gaben sie auf den Thingversammlungen und den Kultfesten an die Teilnehmer weiter.

Auf den Kultfesten lag die gesamte Organisation in den Händen der Priester und Priesterinnen. Sie eröffneten das Fest, sprachen die Gebete, führten das gesamte Opferritual durch, verkündeten ihre Weissagungen, gaben die Anweisungen für die Lieder, die Tänze, die Musiker, die Schauspieler, sie besprengten die Versammelten mit dem Opferblut und weihten den heiligen Ring, die Schale mit den Runen zum Loswerfen, die Waffen der Krieger und nicht zuletzt die heiligen Heeresstandarten, die in den Schlachten vorangetragen wurden.

Wenn wir christlich erzogenen Menschen an Priester und Priesterinnen denken, verbinden wir damit unbewußt die Vorstellung, daß diese Menschen allen irdischen Genüssen und weltlichem Streben entsagt hätten, denken an das Keuschheitsgebot und ähnliches. Das alles müssen wir vergessen, wenn wir uns ein zutreffendes Bild von den germanischen Priestern und Priesterinnen machen wollen. Sie waren kraftvolle Persönlichkeiten und entstammten den besten Adelsfamilien des Landes. Sie waren in der Regel verheiratet und hatten Kinder und nahmen am germanischen Alltag teil wie jeder andere, in Freud und Leid, in Krieg und Frieden. So jedenfalls treten sie uns in historischer Zeit in Skandinavien und auf Island entgegen. Etwas von ihrer Art erkennen wir auch noch in den christlichen deutschen Bischöfen unter den sächsischen Kaisern im 10. Jahrhundert. Sie waren durchweg hervorragende Heerführer und mutige Krieger.

Die Runeninschrift auf dem dänischen Grabstein von Glavendrup auf Fünen mag dieses Bild vom germanischen Priester schlaglichtartig belegen. Sie lautet: »Ragnhild setzte diesen Stein nach Alle dem Bleichen, dem Priester der Heiligtümer, des fürstlichen Gefolges hochgeehrten Degen. Alles Söhne machten dieses Denkmal nach ihrem Vater und seine Frau nach ihrem Manne, aber Sote ritzte diese Runen nach seinem Herrn. Thor weihe diese Runen!«

Wir wissen nicht, wie der Germane zum Priester wurde, ob er von der Thingversammlung gewählt wurde, ob das Amt erblich war oder ob die Priester selbst geeignete Nachfolger aussuchten und ausbildeten. Jedenfalls hat es keine eigene Priesterkaste gegeben. Offenbar hatte jeder Zugang zu diesem Amt. In Angelegenheiten seines Hauses und seiner Familie konnte der Hausherr selbst die priesterlichen Funktionen ausüben.

Die Priester und Priesterinnen waren in weiße Gewänder gehüllt, denn Weiß war die Farbe des Heiligen. Weiß waren die Pferde, die in den heiligen Hainen gehalten wurden und aus deren Schnauben und Wiehern die Priester weissagten, und weiß war auch das Laken, auf dem beim Losorakel die Runenstäbchen hingeworfen wurden.

Weissagungen und Runen

Die Weissagungen spielten ebenfalls eine wichtige Rolle im Kult der Germanen, denn es galt ja, den Willen der Götter zu erforschen, um entsprechend dem göttlichen Willen zu handeln, damit das geplante Vorhaben von Heil begleitet sei. Es gab viele Zeichen und Vorgänge, aus denen geweissagt wurde. Einige haben wir bereits kennengelernt: Beim Opfer aus der Art, wie das Blut aus der Kehle in den Opferkessel strömte und wie die Eingeweide lagen, bei den heiligen Pferden aus ihrem Schnauben und Wiehern, wenn sie vor den heiligen Wagen gespannt waren und von Priester und König begleitet wurden, aus dem Flug und dem Krächzen der Raben, aus den Wirbeln und dem Gekräusel des Wassers heiliger Quellen, Bach- und Flußläufe und aus dem Klang der Schlachtgesänge. Auch aus Träumen wurde geweissagt.

Ein Orakel besonderer Art war der Zweikampf, auch Holmgang genannt, denn er war nicht nur Vorzeichen, sondern in den meisten Fällen die Entscheidung selbst. Das galt in jedem Falle dann, wenn durch den Zweikampf private Händel oder Rechtsstreitigkeiten entschieden werden sollten. Dann ließ der Sieg der einen Partei nicht nur den Willen der Götter erkennen, daß die Sache dieser Partei den Sieg davontragen solle, sondern mit dem Sieg war die Sache bereits endgültig entschieden. Es war ein echtes Gottesurteil. Dasselbe galt aber auch dann, wenn kriegführende Parteien vereinbarten, durch einen Zweikampf zwischen ihren Anführern oder ihrer jeweils besten Krieger zu erforschen, wem die Götter den Sieg spenden wollten. Dann trat der Zweikampf an die Stelle der Schlacht zwischen den Heeren. Mit dem Ende des Zweikampfs war zugleich der Krieg beendet. Dafür gibt es in der Geschichte der germanischen Völker mehrere Beispiele. Tacitus berichtet allerdings auch von Fällen, in denen der Zweikampf nicht aufgrund einer Verabredung zwischen den kriegführenden Parteien stattfand, sondern aufgrund eines einseitigen Entschlusses der einen Partei durchgeführt wurde, um den Ausgang eines schweren Krieges zu erkunden. »Auf irgendeine Weise greifen sie einen Angehörigen des Volkes, mit dem sie im Kriege liegen, auf und lassen ihn mit einem zu diesem Zwecke ausgewählten Krieger des eigenen Stammes kämpfen, jeden in den Waffen seines Landes. Den Sieg des einen oder des anderen betrachten sie als Vorentscheidung.«

Für den Fall, daß der eigene Mann den Sieg davontrug, werden sie den Krieg fortgesetzt haben. Für den Fall aber, daß der eigene Mann unterlag, werden sie aufgrund ihrer tiefen Gläubigkeit und im Bewußtsein der menschlichen Ohnmacht gegenüber dem Willen der Götter den Kampf beendet und einen ehrenvollen Friedensschluß angestrebt haben.

Eine häufig ausgeübte Art der Weissagung war das Loswerfen. Das dabei angewandte Verfahren, von Tacitus genau beschrieben, haben wir bereits im Kapitel über Wodan kennengelernt. Allerdings ist nicht unumstritten, ob es sich bei den von Tacitus erwähnten Zeichen bereits um Runen handelte. Vieles spricht jedoch dafür. Die Runen waren den Germanen heilig, sie waren göttlichen Ursprungs, Wodan selbst hatte sie einst entdeckt und entschlüsselt, als er an der Weltesche hing. Sie wurden deshalb ursprünglich nur für religiöse Zwecke verwendet. Da jede Rune neben ihrem Lautwert noch einen bestimmten Sinngehalt hatte, eigneten sie sich auch besonders gut zur Weissagung. Schließlich spricht auch die Form der Runen dafür, denn sie bestehen nur aus senkrechten und schrägen Strichen, weil nur diese ohne Schwierigkeiten in frisches Holz geschnitten werden konnten. Waagerechte Striche wären in den Fasern des Holzes verlaufen mit der Folge, daß sie ausgefasert wären oder gar den dünnen Zweig gespalten hätten. Runde Striche zu schnitzen, war dagegen noch schwieriger.

Im übrigen ist überliefert, daß bei den Kultfesten auch eine Schale mit Runenstäben auf dem Altar stand. Auch sie wurde mit Opferblut besprengt, »gefärbt«, wie es in den Berichten heißt, und dadurch mit göttlicher Kraft erfüllt, ehe dann später die Lose geworfen wurden.

Die Herkunft der Runen ist nach wie vor ungeklärt. Vermutlich haben südländische Alphabete als Vorbild gedient. Da sich die größten Ähnlichkeiten mit norditalienisch-etruskischen Alphabeten ergeben, überwiegt heute die Ansicht, daß von diesen der geistige Anstoß für die Erfindung der germanischen Runenreihe ausgegangen ist.

Die ältesten Runenfunde datieren in die 2. Hälfte des 2. Jahrhunderts n. Chr. Die Runen sind jedoch mit Sicherheit älter, weil sie zu dieser Zeit bereits voll ausgebildet sind und in gleichbleibender Form in einem großen Gebiet auftreten. Auch aus sprachwissenschaftlichen Gründen – es gab zwei verschiedene Zeichen für i – müssen sie spätestens zu Beginn der Zeitrechnung entstanden sein.

Es gibt die These, daß die Kimbern und Teutonen, die auf ihrem Zug durch die Alpenregionen und nach Italien in direkten Kontakt mit den Nordetruskern kamen, das germanische Runenalphabet entwickelt und mit zurück in ihre Heimat nach Jütland genommen haben. Denn diese Stämme wurden nach ihren militärischen Niederlagen von Aquae Sextiae und Vercellae in den Jahren 102 und 101 v. Chr. ja keineswegs vollständig ausgerottet. Vielmehr kann man davon ausgehen, daß größere Gruppen der Überlebenden in ihre jütländische Heimat zurückgekehrt sind. Zwar wird dies noch nicht dadurch bewiesen, daß noch 100 Jahre später Kimbern in Jütland ansässig waren – eine römische Flotte nahm dort im Jahr 5 n. Chr. Kontakt zu ihnen auf –, denn das könnten ja auch Nachfahren von Stammesangehörigen sein, die sich von Anfang an der großen Wanderung nicht angeschlossen hatten. Aber aus der Völkerwanderungszeit werden ähnliche Vorgänge berichtet, daß die Überlebenden germanischer Stämme, die in Not geraten, den langen Marsch in ihre ursprüngliche Heimat antreten. So zogen im 6. Jahrhundert die Heruler, nachdem sie in vielen Kriegen mit Langobarden, Gepiden und Römern fast aufgerieben worden waren, vom Karpatenbecken, ihrem damaligen Siedlungsraum, in ihre skandinavische Heimat zurück. Ebenso sollen die letzten Ostgoten von Italien nach Skandinavien zurückgekehrt sein, nachdem der römische Feldherr Narses ihnen nach ihrer heldenhaften Gegenwehr in der Schlacht am Vesuv im Jahre 552 freien Abzug gewährt hatte. Auch 10 000 Sachsen, die im Jahre 568 mit den Langobarden nach Italien gezogen waren, kehrten in ihre norddeutsche Heimat zurück, als man ihnen nicht gestatten wollte, nach eigenem Stammesrecht zu leben.

Eine Verbreitung der Runen durch heimgekehrte Kimbern und Teutonen würde auch gut erklären, warum die ältesten Runendenkmäler in Skandinavien gefunden wurden. Offenbar kannte man dort die Runen zuerst, und dann verbreitete sich ihre Kenntnis von dort ausgehend über ganz Germanien. Letztlich ist jedoch die Herkunft und Entstehung der Runen weiterhin ungeklärt.

Tacitus berichtet über das Loswerfen im 1. Jahrhundert n. Chr. Sollte dieser Brauch älter sein als die Runen, was niemand weiß, so müßten zumindest in ältester Zeit andere Zeichen in die Losstäbchen geschnitzt worden sein. Aber das ist reine Spekulation.

Das Runen-Alphabet, nach den ersten sechs Lauten auch Futhark-Alphabet genannt, besteht aus 24 Schriftzeichen, die folgendermaßen aussehen und für folgende Laute stehen:

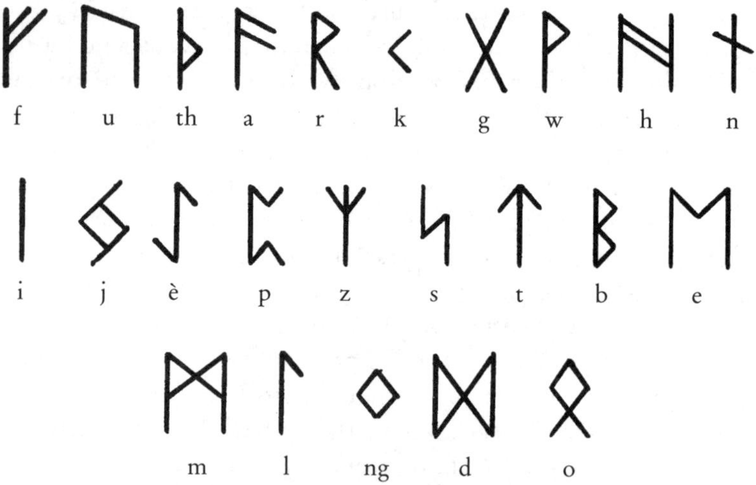

Dieses Alphabet war bei allen germanischen Stämmen gebräuchlich. Als später die Südgermanen bereits christianisiert waren und das Christentum auch Skandinavien zu erfassen drohte, schufen sich die skandinavischen Stämme verkürzte Runen-Alphabete mit nur 16 Zeichen, die wesentlich schwerer zu handhaben und zu entziffern waren. Möglicherweise war dies eine Abwehrmaßnahme gegen das Christentum, das sich damals für die Runenschrift zu interessieren begann. Die verkürzten, schwer lesbaren Alphabete könnten als Geheimschrift gedacht gewesen sein.

Hier soll nur auf das gemeingermanische Runen-Alphabet, das unsere Vorväter benutzten, näher eingegangen werden. Jede

Rune hatte einen Namen, der beim Aufheben des Runenstäbchens ausgerufen wurde. So wußten alle Teilnehmer am Loswerfen, welche drei Runen gedeutet werden mußten. Es war nun die Kunst des Priesters, den Sinngehalt dieser drei Runen so miteinander zu verbinden, daß der Wille der Götter erkennbar wurde. Laut verkündete er dann die Weissagung.

Nicht von allen Runen ist der Sinngehalt einwandfrei überliefert. Unsere Kenntnisse stützen sich auf eine ganze Anzahl germanischer Schriftquellen – angelsächsische, fränkische, friesische, gotische und altnordische –, vornehmlich Runengedichte aus dem 8. bis 14. Jahrhundert. Da es sich um Abschriften handelt, dürften die Originale noch wesentlich älter sein. Soweit die Quellen den Sinngehalt nicht eindeutig wiedergeben, hat man versucht, ihn aus dem Namen und anderen Zusammenhängen zu deuten, wobei man, wie nicht anders zu erwarten, zu unterschiedlichen Ergebnissen kam. Nachstehend werden Namen und Sinngehalt der Runen so wiedergegeben, wie sie überwiegend für richtig gehalten werden.

f	feh-Rune	Vieh, Besitz, Reichtum
u	ur-Rune	Kraft, Stärke, Mut
th	thurs-Rune	Unglück, schadenbringende Macht
a	as-Rune	Ase, Gott, Heil
r	rad-Rune	Ritt, Fortbewegung
k	kaun-Rune	Geschwür, Krankheit
g	gifu-Rune	Gabe, Gnade, Reichtum
w	wenne-Rune	Wonne, Freude
h	hagal-Rune	Hagel, jähes Verderben
n	naut-Rune	Not, Katastrophe, Zwang, Unfreiheit
i	is-Rune	Eis, tückisches Verderben
j	jar-Rune	Gutes Jahr, reiche Ernte
è	eoh-Rune	Eibe, Bogen
p	peord-Rune	Tanz, Spiel
z	algiz-Rune	Schutz, Abwehr

s	sig-Rune	Sonne, Licht, Wärme
t	tyr-Rune	Sieg, Treue, Ehre, Ruhm
b	bar-Rune	Birkenreis, Fruchtbarkeit
e	ehu-Rune	Pferd
m	man-Rune	Mensch, Mann
l	lagu-Rune	Wasser, Gedeihen
ng	ing-Rune	Fruchtbarkeit
d	dag-Rune	Heller Tag
o	odal-Rune	Erbbesitz, Heimat

Runen spielten aber nicht nur beim Loswerfen eine Rolle. Sie wurden bei vielen Gelegenheiten verwendet, um durch die überirdische Kraft, die ihnen innewohnte, göttlichen Beistand für die Durchführung des Vorhabens zu erlangen. Um den Sieg zu erringen, um der Gebärenden zu einer glücklichen Geburt zu verhelfen, um das Schiff sicher durch die Brandungswogen zu führen, um Krankheiten zu heilen, Redekunst und klares Denken zu erlernen und vieles andere mehr, ritzte man Runen. Allerdings war das richtige Ritzen der Runen eine Kunst, die nicht viele beherrschten. Falsch angebrachte Runen blieben nämlich wirkungslos. Es gab Männer mit großer Erfahrung im Umgang mit Runen, die sich Runenmeister nannten. Sie genossen hohes Ansehen und wurden in schwierigen Fällen zur Rate gezogen. Es wird berichtet, daß ein Runenmeister falsch geritzte und daher wirkungslos gebliebene Runen abhobelte und sodann die richtige Ritzung vornahm mit dem Ergebnis, daß sich der gewünschte Erfolg bald einstellte.

In späterer Zeit wurden Runen für ganze Inschriften auf Waffen (Schwertern, Speeren, Pfeilschäften), Schmuck (Fibeln, Ringen, Brakteaten), Gebrauchsgegenständen (Kämmen, Messern, Trinkhörnern, Hobeln, Wetzsteinen, Spinnwirteln, Webschwertern) und Grabsteinen verwendet. (Abb. 43, 46 u. 47) Auch in diesen Fällen dienten die Runen nicht in erster Linie zur Mitteilung von Informationen, auch wenn gelegentlich der Name des

Runenmeisters oder auf den Grabsteinen der Name des Verstorbenen erscheint. Hauptanliegen der Runeninschrift war es, göttliches Heil zu erbitten. Auf den Grabsteinen sollten die Runen zugleich Grabschänder abschrecken, denen in der Inschrift mitunter ausdrücklich Unheil und Verderben angedroht wurde.

Die Sprache der etwa 50 bekannten südgermanischen Runeninschriften, die zwischen Nord- und Ostsee und den Alpen gefunden wurden und aus der Zeit von 400–700 n. Chr. stammen, steht dem literarischen Althochdeutschen schon sehr nahe. Es ist jene Sprache, die ab dem 7. Jahrhundert als »deutsch« bezeichnet wurde und die später dem Volk der Südgermanen die Bezeichnung »Deutsche« brachte.

In Skandinavien wurden Runen auch noch in christlicher Zeit verwendet, ja auf Gotland und in einem Teil Mittelschwedens sogar bis in die Neuzeit hinein, nun allerdings überwiegend zu anderen als religiösen Zwecken.

Das Wort Rune ist verwandt mit unserem Wort raunen und bedeutet soviel wie Geheimnis. Und geheimnisvoll war und ist in der Tat alles an den Runen: Die Herkunft, die Bedeutung, die Verwendung und die Wirkung.

Die Weissagungen wurden vornehmlich von Priesterinnen vorgenommen, weil die Germanen glaubten, daß die Frauen eine seherische Gabe hätten, wie Tacitus berichtet. Deshalb waren Priesterinnen für dieses Amt besser geeignet als Priester. Es gab germanische Seherinnen, die weltberühmt wurden. So die Seherin, die sich im Jahre 9 v. Chr. dem römischen Feldherrn Drusus an der Elbe entgegenstellte und ihm seinen baldigen Tod voraussagte, was ihn zur Umkehr veranlaßt haben soll. Auf dem Rückmarsch stürzte er dann vom Pferd und starb drei Tage später. Oder die Veleda vom Stamm der Brukterer, die beim Bataveraufstand im Jahre 69 n. Chr. den Germanen richtig voraussagte, daß der Aufstand gelingen werde und die römischen Legionen vernichtet würden. Die Seherin Ganna vom Stamm der Semnonen wurde sogar vom römischen Kaiser Domitian ehrenvoll empfangen.

Der Festablauf

So können wir uns aufgrund der vielen bekannten Einzelheiten doch ein ungefähres Bild vom Verlauf eines großen Kultfestes machen. Freilich müssen wir dazu in starkem Maße unsere Phantasie bemühen. Wir müssen uns nicht nur in die Mentalität unserer Vorväter hineindenken und -fühlen, sondern uns auch ständig der Lebendigkeit und Kraft dieser Religion bewußt sein, die das Leben unserer Ahnen von Anfang bis Ende bestimmte. Dann sehen wir vor uns große Waldlichtungen, Berggipfel und Ufer heiliger Flüsse, wo Hunderte von Männern versammelt sind, alle mit Schwertern, Schilden und Speeren bewaffnet. Wir sehen steinerne Altäre unter tausendjährigen Eichen, an deren Stämmen kahle Schädel von geopferten Pferden, Schweinen und Ziegen prangen. Wir sehen Priester und Priesterinnen in langen weißen Gewändern, die Opfertieren die Kehle durchschneiden und das Blut in den heiligen Kessel rinnen lassen, die mit lauter Stimme ihre Weissagungen verkünden, die mit erhobenen Händen und zum Himmel gerichtetem Blick Gebete sprechen, die mit blutgetränkten Wedeln um den Altar und durch die Reihen der Männer gehen und alles mit Opferblut besprengen: Den Altar, die Heeresstandarten, die heiligen Trinkhörner, die Schale mit den Runenstäben und schließlich die Männer selbst, einen nach dem anderen. Und wir spüren, wie die Männer ein Schauer der Ergriffenheit erfaßt, wie ihnen zur Gewißheit wird: »Jetzt bin ich eins mit den Göttern. Ich fühle ihre Nähe, ihre unendliche Kraft, ihr Heil durchströmt mich, genau wie meine Brüder, meinen Vater, meine Oheime, Vettern und Neffen, die ganze Sippe, den ganzen Stamm. Wir sind Wodans Gefolge! Und Donar beschützt uns! Und Frei gibt Frieden und Fruchtbarkeit!«

Wir sehen zahllose Feuer mit Kesseln darüber, in denen Opferfleisch kocht, umringt von vielen Männern. Wir sehen mit Met gefüllte, goldene Trinkhörner kreisen, immer von Ost nach West mit dem Lauf der Sonne. Wir sehen wilde, gefährliche Pferdekämpfe, steigende Schimmelhengste, die einander mit den Vorderhufen bearbeiten und den Gegner in Hals oder Brust zu beißen versuchen. Wir hören Hörnerklang, die Schreie der Opfertiere und immer wieder Gebete und Weissagungen der Priester. Wir riechen Blut und Rauch. Und hoch über allem sehen wir einen klaren, majestätischen Vollmond, der die Szene gespenstisch beleuchtet.

Dann hören wir rauhen Männergesang aufbranden. Immer lauter und kräftiger ertönen uralte Lieder. Die Männer halten sich die Schilde vor den Mund, so daß der dumpf dröhnende Widerhall zu wuchtiger Fülle anschwillt. Dann hören wir Kommandos, Hörnerklang und dumpfen Trommelwirbel. Die Männer sind aufgesprungen, und während sie rhythmisch zu tanzen beginnen, formieren sie sich allmählich zu einem Zug, der sich langsam von Ost nach West in Bewegung setzt und in weitem Kreis um das Zentrum des Heiligtums, um Altar und Eiche, bewegt. Laut dröhnen die Trommeln, doch noch lauter brandet der rauhe Gesang der Männer, aufgepeitscht vom Rhythmus des Tanzes. Das Fest hat nun seinen Höhepunkt erreicht, und Met und Bier zeigen ihre Wirkung. Alle fühlen sich als Brüder, als glückliche, verschworene Gemeinde, verschworen untereinander und verschworen mit den Göttern, deren Gegenwart sie spüren, deren Heil alle erfaßt hat und sie begleiten wird das ganze Jahr hindurch. Dessen sind sich alle gewiß.

Noch viele Stunden wogt in dieser Nacht das Fest, hallen die Hörner, dröhnen die Trommeln und brandet der rauhe Gesang der berauschten Männer. Erst spät am nächsten Tag werden sich alle zum Thing wieder zusammensetzen und in Ruhe und mit Bedacht die Angelegenheiten des Stammes beraten.

Auf diese oder ähnliche Weise wurden damals viele Kultfeste von unseren Vorvätern begangen, auf den Kuppen heiliger Berge, an den Ufern heiliger Flüsse, an heiligen Quellen oder auf dem Grabhügel der Ahnen, Jahrhunderte hindurch, jahraus, jahrein, bis das Christentum den Glauben erschütterte, allmählich aufweichte und schließlich verdrängte.

Doch der Kampf des Christentums gegen den Glauben der Ahnen war langwierig und zäh und zog sich über viele Generationen hin. Unter der dünnen Oberfläche einer nur äußerlichen Christianisierung lebte der alte Kult noch lange fort. Um das Jahr 800 erschien ein Verzeichnis heidnischer und abergläubischer Gebräuche, der »Indiculus superstitionum et paganiarum«, in dem sehr sorgfältig in 30 Punkten alles aufgelistet ist, was aus christlicher Sicht unbedingt unterbunden werden sollte. Offenbar handelte es sich um eine Anweisung an alle kirchlichen und weltlichen Amtspersonen, die mit der Bekehrung der Sachsen und Friesen in irgendeiner Form zu tun hatten. In diesem Verzeichnis begegnet uns all das wieder, was wir von den Kultfesten unserer Ahnen bereits wissen: Opfer mit Schmaus, Gelagen, Gesängen, Spielen und Tänzen, Verehrung von Ahnengräbern, Bäumen, Steinen und Quellen, an denen Fackeln und Lichter aufgestellt und Gelübde gesprochen werden, Weissagungen aus dem Schnauben und Wiehern der Pferde, Umzüge und Götterbilder, die durch die Fluren getragen werden. Bis ins 11. Jahrhundert hinein wird in formelhaften Erlassen immer wieder gegen diese Bräuche gewettert.

Das germanische Wort für Kultversammlung hieß gild. Und auch diese Gilden wurden nach der Christianisierung wiederholt durch Staat und Kirche verboten und mit Strafe bedroht. Doch die Erinnerung daran ließ sich nicht auslöschen. Der Ausdruck Gilden für verschworene Gemeinschaften blieb lebendig. Im Mittelalter wurde es die Bezeichnung für die berufsmäßigen Organisationen von Handwerkern und Kaufleuten, in denen diese sich zu gegenseitiger Unterstützung verpflichteten. Diese Gilden führten aber auch ein reges gesellschaftliches Leben, in dem rituelle Festschmäuse und Trinkgelage eine wichtige Rolle spielten.

Doch mit der Ausrottung des germanischen Glaubens verloren die alten Kultbräuche ihre ursprüngliche Bedeutung. Soweit sie nicht durch Verbote und strenge Strafen gänzlich unterdrückt werden konnten, wurden sie in das christliche Brauchtum übernommen und leben in verändertem äußerem Gewand noch heute, wie die Osterfeuer, die Maibäume, die Fronleichnamsprozessionen und viele andere bereits an früherer Stelle erwähnte Bräuche, oder sie wurden in den Untergrund abgedrängt, wo sie zum Aberglauben verkamen. So verwandelten sich die Weissagungen in Zauberei. Sie hatten nichts mehr mit der Erforschung des Willens der Götter zu tun, sondern waren schlichte Wahrsagerei. Auf diese Weise breitete sich der Aberglaube in den ersten Jahrhunderten nach der Christianisierung im einfachen Volke enorm aus. Fast in jedem Dorf gab es eine weise, alte Frau, der Verbindung zu übernatürlichen Kräften nachgesagt wurde. Sie konnte heilen, aber auch verwünschen und Unglück bringen. Der Hexenglaube des späten Mittelalters hat hier seine Wurzel. Ja, Aberglaube ist noch heute weit verbreitet und wird wohl nie gänzlich aussterben. Einem Freitag, dem 13., sehen noch heute viele Menschen mit gemischten Gefühlen entgegen. Manch einer läßt sich aus der Hand lesen, und andere machen kehrt, wenn ihnen eine schwarze Katze über den Weg läuft. Doch mit dem Glauben unserer Ahnen hat all dies nichts mehr zu tun.

Die Göttersagen

Die Kenntnis der germanischen Göttersagen verdanken wir der Edda. Man unterscheidet zwischen der älteren und der jüngeren Edda. Beides sind sehr ungewöhnliche Bücher. Sie wurden von isländischen Dichtern und Liedermachern, Skalden genannt, zu Beginn des 13. Jahrhunderts, also vor etwa 770 Jahren verfaßt. Die ältere Edda hat man so benannt, weil man annimmt, daß die von dem Skalden Snorri Sturluson (1178–1241) verfaßte sog. jüngere Edda die Kenntnis der anderen Edda voraussetzt. Das ist aber keineswegs sicher. Beide Bücher enthalten Götter- und Heldensagen, die zum überwiegenden Teil viele Jahrhunderte alt sind und bis dahin nur mündlich weitergegeben wurden, wobei beide auch Sagen enthalten, die in der jeweils anderen Edda nicht erwähnt sind. Aus sprachlichen Gründen datiert man die ältesten Eddalieder auf das 6. Jahrhundert. Da jedoch schon auf Brakteaten aus dem 5. Jahrhundert Episoden aus den Göttermythen dargestellt sind, wie Hauck in jüngster Zeit nachgewiesen hat, sind zumindest einige der Lieder noch bedeutend älter. Ja, einige der Heldenlieder knüpfen an Ereignisse an, die bereits um die Zeitenwende stattgefunden haben.

Die ältere Edda enthält neben Götter- und Heldensagen, die alle in kunstvollen Versen vorgetragen werden, zahlreiche belehrende Gedichte: Lebensweisheiten, Sittenregeln, Runen- und Zauberlieder. Der Verfasser dieser Edda ist unbekannt. Die jüngere Edda, nach ihrem Verfasser auch Snorri-Edda genannt, ist dagegen ein Lehr- und Anleitungsbuch für Dichter. In ihrem ersten Teil werden die Sagen nur deshalb erzählt, weil sie der Stoff der Dichter sind und ihre Kenntnis daher notwendige Voraussetzung ist, um überhaupt dichten zu können. Darauf folgt eine ausführliche Unterweisung in der Dichtersprache. In der Dichtung der Skalden wurden nämlich alle Personennamen und wichtigen Begriffe umschrieben. Diese Umschreibungen, Kenninge genannt, konnte nur derjenige verstehen, der den gesamten Sagenstoff beherrschte. Das zeigt, daß diese Sagen auch dem Publikum, dem die Skalden ihre Lieder an den Fürsten- und Königshöfen vortrugen, voll vertraut gewesen sein müssen. Sie waren also allgemeines Gedankengut. Nach der Unterweisung in der Dichtersprache folgt eine ausführliche Darstellung aller möglichen Versmaße und Strophenformen und schließlich eine Abhandlung über die Grammatik.

Da die Göttersagen zwar heidnischen Ursprungs sind, aber erst in christlicher Zeit niedergeschrieben wurden, ist es durchaus möglich, daß auch christliche Gedanken und Vorstellungen in sie eingeflossen sind. In welchem Umfange dies geschehen ist, läßt sich nicht sicher feststellen und ist daher eine beliebte wissenschaftliche Streitfrage ohne Ende. Ebensowenig läßt sich genau sagen, wie weit die Skalden die Sagen ausgeschmückt und verändert haben. Sie werden hier so wiedergegeben, wie sie uns durch die Edda überliefert sind. Um den Leser nicht zu verwirren, werden die Götter allerdings nicht mit ihren skandinavischen Namen genannt, sondern mit denen, die sie bei den Festlandsgermanen, also unseren Vorvätern, führten und unter denen sie in diesem Buch auch besprochen sind, also Wodan, Donar und Tiwaz statt Odin, Thor und Tyr. Darin liegt noch nicht einmal eine Verfremdung, weil die Sagen der Edda gemeingermanisches Gedankengut waren, also bei den südgermanischen Stämmen, den Ahnen der Deutschen, genauso erzählt wurden wie bei den nordgermanischen Stämmen in Skandinavien und auf Island. Das folgt nicht allein daraus, daß die Mehrzahl der Heldensagen der Edda sich um südgermanische Helden und Stämme ranken, nämlich Goten, Franken, Burgunder und Sachsen, und daß die wichtigsten dieser Sagen, nämlich die Siegfriedsage, das Nibelungenlied und das Hildebrandslied auch in mittelhochdeutscher Sprache gedichtet und überliefert sind. Es wird auch dadurch belegt, daß Brakteaten aus dem 5. und 6. Jahrhundert mit bildlichen Darstellungen der Göttermythen sowohl auf deutschem Boden als auch in Skandinavien gefunden wurden. Mit dem Wessobrunner Gebet ist auch ein Teilstück der wichtigsten Göttersage der Edda, der Seherin Weissagung, in deutsch überliefert. Ebenso werden die anderen Göttersagen mündlich in deutsch weitergegeben worden sein, nur ist leider kein schriftlicher deutscher Text auf uns gekommen. Vermutlich waren diese Göttersagen in der Sammlung alter germanischer Lieder enthalten, die Karl der Große anlegen ließ, die aber leider später vernichtet wurde.

Die Göttersagen sind nicht eigentlich Bestandteil der Religion. Ihre große Mehrzahl diente vorrangig der Unterhaltung. In einer Zeit, in der es weder Fernsehen noch Bücher gab, bestand die geistige Unterhaltung im wesentlichen in den Geschichten, die man sich abends am Herdfeuer erzählte, und in den Liedern, welche die Skalden an den Fürsten- und Königshöfen vortrugen. Sie alle handelten von den Großen dieser Welt, den Helden und Königen aus Vergangenheit und Gegenwart, und eben von den Göttern und ihren Taten. So wie auf Erden alles ständig in Bewegung und im Wandel war, so auch in der Welt der überirdischen Mächte. Götter und Riesen waren ebenso aktiv wie die Menschen, bestanden Kämpfe und Abenteuer, feierten rauschende Feste, liebten und litten.

Soweit die Sagen das Weltbild der Germanen wiedergeben oder vervollständigen, wie die Mythen von der Entstehung der Welt, der Fesselung des Fenriswolfes, dem Wanenkrieg und der Erringung des Dichtermetes, sind sie sicherlich altes kulturelles Traditionsgut unserer Ahnen, das von den Priestern gehütet und mündlich von Generation zu Generation weitergegeben wurde. Einige Sagen sind jedoch schon vom Inhalt her so witzig gestaltet, daß offensichtlich ist, daß ihr vorrangiger Zweck darin bestand, den Zuhörern Vergnügen zu bereiten. Wo gar die Götter selbst zum Gegenstand des Spottes gemacht werden, wie in den Abenteuern mit Utgard-Loki, dürfen wir vermuten, daß sie für

Zuhörer bestimmt waren, die schon nicht mehr unerschütterlich an ihre alten Götter glaubten, möglicherweise schon Christen waren. Diese Sagen dürften daher die jüngsten sein.

Indessen sind in allen Sagen die typischen Charakterzüge der einzelnen Götter gut herausgearbeitet. Schon deshalb sollte jeder, der sich ein umfassendes Bild von der Religion unserer Ahnen machen möchte, auch die germanischen Göttersagen kennen.

Die Schöpfung der Welt

Es gab eine Zeit, da nichts war, weder Land noch Wasser, noch die Salzwogen der Meere, nicht die Erde unten noch der Himmel oben. Es herrschte eine gähnende, grundlose, finstere Tiefe. Es war Urzeit.

Doch allmählich brauten sich im kalten Norden Nebel zusammen und waberte im heißen Süden eine Gluthitze. Als beide miteinander in Berührung kamen, sich die Feuerfunken aus dem Süden mit den Nebeltropfen aus dem Norden mischten, entstand eine brodelnde Gärung, aus der das erste Lebewesen entsprang: Der Urriese Ymir. Und bald darauf entstand aus derselben Gärung ein weiteres Lebewesen: Die Kuh Audhumbla. Sie hatte ein kräftiges Euter, aus dem sich der Riese Ymir ernährte. So wurde er groß und stark. Eines Nachts fing er an zu schwitzen, und da wuchsen unter seinem linken Arm ein Mann und eine Frau. Diese beiden zeugten das Geschlecht der Riesen.

Als nun die Kuh Audhumbla an den salzigen Eisblöcken leckte, die von Norden in den Abgrund hineinragten, kamen plötzlich Haare zum Vorschein, danach ein Kopf und schließlich ein ganzer Mensch. Es war Buri. Er war schön, groß und stark und bekam einen Sohn namens Bor. Dieser nahm die Riesentochter Bestla zur Frau, und beide bekamen drei Söhne: Wodan, Wili und We. Wodan wurde der Herrscher im Himmel und auf Erden, und von ihm stammen alle anderen Götter ab.

Bors Söhne erschlugen den Riesen Ymir und schufen aus seinem Leichnam die Welt. Aus dem Fleisch schufen sie das Land, aus dem Blut die Seen und das Weltmeer, das sie ringförmig um das Land legten. Aus den Knochen machten sie die Gebirge, aus den Zähnen das Geröll und aus der Hirnschale den Himmel. Aus dem Gehirn schufen sie die Wolken, und aus den Augenbrauen errichteten sie einen Zaun, der Midgard, das für die Menschen bestimmte Land, vor den Riesen schützte. Dann wiesen sie allen Gestirnen ihre Stätte am Himmel zu und bestimmten ihre Bahnen. Auch gaben sie Tag und Nacht, Vollmond und Neumond ihren Namen und bestimmten Morgen, Mittag, Zwielicht und Abend, um die Zeit zu messen.

Als Bors Söhne eines Tages am Meeresstrande entlanggingen, fanden sie zwei Baumstämme, nahmen sie auf und machten zwei Menschen daraus, einen Mann und eine Frau. Wodan gab ihnen Atem und Leben, Wili Verstand und Bewegung und We die menschliche Gestalt und die fünf Sinne. Den Mann nannten sie Ask und die Frau Embla, und von diesen beiden stammt das ganze Menschengeschlecht. Die Götter wiesen ihnen Midgard, das sie grünen und blühen ließen, als Heimstatt zu.

Die Zwerge aber schufen sie aus Blut und Gliedern anderer erschlagener Riesen und verbannten sie hinter Felsen und unter die Erde, wo kein Sonnenstrahl sie erreichte. Dann gingen sie daran und erbauten mitten in der Welt eine mächtige Burg als ihren Wohnsitz. Sie heißt Asgard, und jeder Gott hat darin prachtvolle Säle. Den größten Hochsitz aber errichteten sie für Wodan, der von dort die ganze Welt überblicken kann. Sie bauten auch eine Brücke von Asgard nach Midgard, über die sie hinüberreiten und so jederzeit auf der Erde nach dem Rechten sehen können. Es ist der Regenbogen, den sie Bifröst nennen. Die rote Farbe darin ist ein Feuer, das verhindert, daß Menschen diese Brücke benutzen. Inmitten von Asgard liegt das Idafeld, auf dem sich die Götter regelmäßig zur Beratung treffen. Dort steht auch ihr Heiligtum, die Weltesche Ygdrasil. Diese Esche ist der schönste und größte aller

Bäume. Ihre Zweige breiten sich über die ganze Welt aus und ragen bis in den Himmel hinauf. Von ihren Blättern fällt ein köstlicher Tau in die Täler. Er gibt der Erde Fruchtbarkeit. An ihrer Wurzel befindet sich der Brunnen der Weisheit. Wodan durfte erst aus ihm trinken, nachdem er eines seiner Augen geopfert hatte. An diesem Brunnen ließen sich eines Tages drei Riesentöchter nieder, die Nornen Urd, Werdandi und Skuld. Sie werfen Lose und bestimmen die Schicksale der Menschen.

So hat ein jedes Ding seinen Platz und seine Bestimmung auf der Welt.

Anmerkung:
In der älteren Edda erschaffen nicht Wodan, Wili und We die ersten Menschen, sondern Wodan, Hönir und Lödur.

Wie Wodan den Göttertrank gewann

Als die Asen und Wanen nach dem heftigen Krieg, den sie gegeneinander geführt hatten und den keine Partei hatte gewinnen können, Frieden schlossen, tauschten sie zur Bekräftigung ihrer friedlichen Absichten Geiseln aus. Die Asen erhielten Njörd mit seinen Kindern Frei und Freia und übergaben den Wanen Hönir und Mimir. Darüber hinaus wollten beide Parteien noch auf eine besonders intime und einander verpflichtende Art und Weise ihren aufrichtigen Friedenswillen beweisen. Sie traten alle an eine Schüssel heran und spuckten hinein, so daß sich der Speichel aller vermischte. Dies bedeutete eine ähnliche Bindung wie eine Blutsbrüderschaft. Damit nun aber dieses Friedensdenkmal nicht verlorenginge, schufen sie daraus einen Menschen, den sie Kwasir nannten. Er war so klug, daß er alle nur denkbaren Fragen beantworten konnte, und er wanderte durch die Welt, um den anderen Menschen sein Wissen mitzuteilen.

Eines Tages weilte Kwasir zu Besuch bei den Zwergen Fjalar und Galar. Diese erschlugen ihn hinterrücks, ließen sein Blut in einen Kessel und zwei Schüsseln rinnen und vermischten es mit Honig. So entstand der berühmte Dichtermet. Jeder, der davon trinkt, wird ein Dichter und Sänger. Den Asen erzählten die Zwerge, Kwasir sei in der Fülle seiner Weisheit ertrunken.

Doch nicht lange konnten sich die Zwerge des Dichtermets erfreuen. Bald darauf erhielten sie Besuch von dem Riesen Gilling und seiner Frau. Aus lauter Bosheit töteten die Zwerge beide durch eine List. Davon erfuhr Gillings Sohn, der mächtige Riese Suttung. Er griff sich die Zwerge, fuhr mit ihnen aufs Meer hinaus und setzte sie auf einem Felsen aus, der nur bei Ebbe aus dem Wasser ragte. Da bettelten die Zwerge um ihr Leben und versprachen Suttung den Dichtermet, falls er sie aus ihrer bedrohlichen Lage befreie. Suttung ging darauf ein, nahm den Met, brachte ihn in eine tiefe Felsenkammer im Heitberge und ließ ihn dort von seiner schönen Tochter Gunlöd bewachen.

Hiervon erfuhr Wodan und beschloß, den Met für die Götter zu gewinnen. Er machte sich auf nach Riesenheim und traf dort auf neun Knechte, die mit ihren Sensen eine Wiese mähten. Er fragte sie, ob es ihnen recht wäre, wenn er ihre Sensen wetze, und die Knechte willigten ein. Da nahm er seinen Wetzstein vom Gürtel und schärfte die Sensen. Als diese darauf weit besser schnitten als vorher, wollten die Knechte unbedingt den Wetzstein kaufen. Wodan erklärte sich einverstanden, warf den Wetzstein in die Luft und rief, der Käufer solle das Gebührende zahlen. Da jeder der Knechte den Wetzstein für sich haben wollte, begannen sie zu raufen und erschlugen schließlich einander gegenseitig mit den Sensen.

Zur Nacht kehrte Wodan bei einem Riesen namens Baugi ein. Er war ein Bruder des Suttung. Dieser klagte, er sei in einer mißlichen Lage, weil seine neun Knechte einander totgeschlagen hätten, nun wisse er nicht, woher er neue Arbeiter nehmen solle. Wodan, der sich bei ihm Bölwerk nannte, bot ihm an, die Arbeit von neun Männern zu leisten, wenn er dafür einen Trunk vom Met des Suttung bekommen könne. Baugi schaute ihn ungläubig an. Dann meinte er: »Nun gut, Bölwerk, versuch's. Aber über den Met meines Bruders Suttung kann ich nicht bestimmen, doch ich werde mit dir gehen und sehen, was sich machen läßt.«

Zum Erstaunen des Baugi leistete Bölwerk ohne übermäßige Anstrengung die Arbeit von neun Männern. Und als der Winter kam, forderte Bölwerk seinen Lohn. Beide begaben sich zu Suttung, und Baugi berichtete seinem Bruder, was er mit Bölwerk vereinbart hatte. Aber Suttung war nicht bereit, Bölwerk auch nur einen einzigen Tropfen vom Met kosten zu lassen. Da nahm Bölwerk Baugi beiseite und flüsterte ihm zu: »Wir werden es mit einer List versuchen.« Baugi war einverstanden.

Beide begaben sich zum Heitberg, wo Bölwerk einen Bohrer hervorholte und dem Baugi befahl, den Felsen zu durchbohren. Baugi tat nach Geheiß und erklärte nach kurzer Zeit, nun sei der Felsen durchbohrt. Aber als Bölwerk in das Loch blies, flogen ihm die Späne ins Gesicht und er fuhr den Riesen verärgert an: »Versuche nicht, mich zu täuschen! Bohre weiter, aber diesmal bis zum Durchstoß!« Baugi tat es, und als Bölwerk erneut in das Bohrloch blies, stoben die Späne bergeinwärts. Da wußte er, daß die Felskammer erreicht war. Schnell verwandelte er sich in eine Schlange und schlüpfte in Windeseile durch das Bohrloch. Baugi stieß mit dem Bohrer nach, traf Bölwerk aber nicht mehr.

In der Felsenkammer verwandelte sich Bölwerk wieder in Menschengestalt und trat auf die schöne Gunlöd zu, die in einem goldenen Sessel saß. Er umschmeichelte das Mädchen mit schönen Reden, und so gestattete sie ihm schließlich, mit ihr zu schlafen. Bölwerk blieb drei Nächte bei Gunlöd, und das Mädchen war so betört von dem starken Mann, daß sie ihm danach erlaubte, drei Züge von dem Met zu nehmen. Bölwerk trank mit dem ersten Zug den Kessel leer und mit dem zweiten und dritten Zug die beiden Schüsseln, so daß nichts vom Dichtermet zurückblieb. Dann geleitete Gunlöd ihn heimlich aus dem Berg heraus. Kaum hatte Wodan das Tageslicht erblickt, nahm er Adlergestalt an und flog eilig davon in Richtung Asgard. Als Suttung den Adler davonfliegen sah, ahnte er, was geschehen war. Sofort griff auch er zu seinem Adlergewand und nahm die Verfolgung auf. Doch er konnte Wodan nicht mehr einholen.

Als Wodan in Asgard eintraf, spie er den kostbaren Dichtermet in Schüsseln, die seitdem von den Göttern gut verwahrt werden. Die Götter kosten hin und wieder davon und gewähren auch solchen Menschen einen Trunk, die für die Dichtkunst begabt sind.

Anmerkung:
Der Kern dieser Sage ist auf einem der gotländischen Bildsteine dargestellt, nämlich im zweitobersten Feld des Steins von Lärbro Hammars III (Abb. 51 u. 52). Dort sieht man links Wodan im Adlergewand. Vor ihm steht Gunlöd mit einem Trinkgefäß und dahinter ihr Vater Suttung mit drohend erhobenem Schwert. Da dieser Bildstein um das Jahr 700 entstanden ist, diese Sage aber erstmals Anfang des 13. Jahrhunderts niedergeschrieben wurde, haben wir hier einen weiteren Beweis für eine getreue mündliche Überlieferung über ein halbes Jahrtausend hinweg.

Die gotländischen Bildsteine, von denen bisher etwa 400 wissenschaftlich erfaßt sind, waren Prunk-Grabsteine. Sie waren ursprünglich bunt ausgemalt, wie Ölgemälde auf steinerner Grundlage, und müssen prachtvoll ausgesehen haben. Heute ist die Farbe längst verschwunden. Um die Bilder wieder sichtbar zu machen, wurden für die hier abgebildeten Fotos die leeren Bildflächen mit wasserlöslicher schwarzer Farbe belegt.

Das mittlere Feld des Steines Hammars III zeigt die Ankunft des berittenen Verstorbenen in Walhall, wo er von einer Walküre begrüßt wird, die ihm ein Trinkhorn anbietet. Unter dem Pferd ist ein sog. Hrungnirherz abgebildet, vgl. dazu die Hrungnirsage.

Das Bild im unteren Feld soll vermutlich ein Totenschiff darstellen.

Die Fesselung des Fenriswolfes

In Riesenheim lebte eine Riesin Angerboda, mit der Loki drei Kinder zeugte: den Fenriswolf, die Midgardschlange und Hel. Als die Götter hörten, welch schreckliche Geschwister in Riesenheim heranwuchsen, kam ihnen der Gedanke, daß diese ihnen eines Tages gefährlich werden könnten. Wodan ließ daher die Kinder greifen und zu sich bringen. Die Schlange schleuderte er ins Meer und verbannte sie an den äußersten Rand der Welt, die sie seitdem wie ein Ring umschlungen hält. Hel verbannte er unter die Erde, wo er ihr die Macht über die Toten gab, die an Krankheit oder Altersschwäche sterben. Den Fenriswolf aber zogen die Götter bei sich in Asgard auf.

Doch dieser Wolf war schon als Kind so stark und furchterregend, daß nur Tiwaz die Kühnheit aufbrachte, ihn zu füttern. Als er dann zu immer gewaltigerer Größe heranwuchs und seine Kraft und sein Sinn unberechenbar wurden, beschlossen die Götter, ihn zu fesseln, damit er kein Unheil anrichten könne. Sie schmiedeten aus Eisen eine sehr starke Fessel und forderten den Wolf auf, seine Kraft daran zu probieren. Doch der Wolf brauchte sich nur ein einziges Mal dagegen zu stemmen, schon zersprang die Kette. Danach fertigten die Götter eine doppelt so starke Fessel an und sagten zum Wolf, seine Kraft könne hochberühmt werden, wenn ein solches Meisterstück von Fessel ihn nicht halten könne. Der Wolf überlegte eine Weile. Einerseits schien ihm die Fessel wirklich sehr stark zu sein. Andererseits war er sich seiner ungeheuren Kraft voll bewußt. So entschloß er sich, das Wagnis einzugehen, um den großen Ruhm zu ernten. Da fesselten ihn die Götter erneut.

Der Wolf riß und zerrte an der Kette, stemmte sich dann mit aller Kraft dagegen, und schon krachte sie auseinander, daß die Stücke weit durch die Gegend flogen.

Ratlos schauten die Götter einander an. Da sprach Wodan zu Skirnir, dem Diener des Frei: »Reite zu den Zwergen, die schon so großartige Kunstwerke geschmiedet haben, und sage ihnen, sie sollen eine Fessel arbeiten, die völlig unzerreißbar ist.« Die Zwerge taten, was ihnen aufgetragen war. Aus geheimnisvollen Zutaten fertigten sie eine Fessel, die glatt und weich wie ein Seidenband, aber gleichwohl so stark war, daß ihr auch die größte Kraft nichts würde anhaben können. Alle Götter erprobten ihre Kraft an der Fessel, aber keinem gelang es, sie zu zerreißen.

Daraufhin luden sie den Wolf ein, mit ihnen auf einen See hinauszufahren und zu einer Insel zu rudern. Dort zeigten sie ihm das Seidenband und Wodan sprach: »Nun, Fenris, wenn dein Ruhm unsterblich werden soll, wenn du für alle Zeit als das stärkste Wesen in Asgard, Midgard und Utgard gelten willst, dann zerreiß auch noch diese Fessel. Sie ist zwar noch etwas fester als die letzte, die du gesprengt hast, aber da sie erheblich dünner ist, wird auch diese Fessel deiner Kraft nicht standhalten können.« Doch der Wolf erwiderte: »Ein solch dünnes Band zu zerreißen, bringt keinen Ruhm. Falls es aber mit List und Tücke gemacht ist, kommt diese Fessel niemals an meine Beine.« Wodan erwiderte: »Nachdem du zuvor solch große Eisenfesseln gesprengt hast, wird dieses dünne Seidenband dir keine Schwierigkeiten bereiten. Solltest du es aber nicht zerreißen können, so brauchen wir uns auch nicht vor dir zu fürchten. Dann binden wir dich wieder los.« Doch der Wolf blieb mißtrauisch. »Es widerstrebt mir, mich mit diesem Band binden zu lassen«, sprach er. »Ich tue es nur, damit ihr mich nicht feige nennt. Aber zum Beweis, daß ihr es ehrlich mit mir meint, muß einer von euch als Pfand seine Hand in meinen Rachen legen.«

Da schauten die Götter schweigend einander an. Schließlich trat Tiwaz hervor, legte seine rechte Hand in den Rachen des Wolfes und sprach: »Laß das Jammern, Fenris. Hier hast du das Pfand.« Daraufhin fesselten die Götter den Wolf zum dritten Mal. Als nun der Wolf sich stemmte und zerrte, zog sich das Band nur fester, und je mehr er sich plagte, um so tiefer schnitt es in seine Glieder. Da lachten alle Götter bis auf Tiwaz. Denn im selben Augenblick biß der Wolf kräftig zu. So büßte Tiwaz seine Schwurhand ein.

Nun zogen die Götter das Ende der Fessel durch einen Felsen und versenkten diesen tief in der Erde. Währenddessen schnappte der Wolf heftig nach ihnen, warf den Kopf hin und her und versuchte, sie zu beißen. Daraufhin stießen sie ihm ein Schwert in den Rachen, daß die Spitze im Gaumen steckte, der Griff aber gegen den Boden des Maules gepreßt war, so daß ihm der Rachen für Dauer aufgesperrt war. Da heulte der Wolf fürchterlich, und es rann ihm so viel Speichel aus dem Rachen, daß daraus ein Fluß entstand.

So liegt der Fenriswolf gefesselt bis zum letzten Tag.

Anmerkung:
Auch diese Sage ist uralt. Es gibt nämlich mehrere Brakteaten aus der Zeit um 500, auf denen Tiwaz dargestellt ist, wie er eine Hand in den Rachen des Fenriswolfes legt. Da die Edda erst um 1220 entstanden ist, haben wir hier den Beweis einer mündlichen Überlieferung über mehr als sieben Jahrhunderte.

Aber auch in christlicher Zeit war die Sage weiterhin lebendig. So befindet sich im Kreuzgang der Stiftskirche zu Berchtesgaden eine Säule, auf der, wie man annimmt, diese Göttersage ebenfalls dargestellt ist (Abb. 55, 56 u. 57). In diese Säule sind zwei Bilder eingemeißelt. Das eine zeigt einen Mann, der sich mit dem rechten Arm an die linke Schulter greift, wo nur noch ein Stumpf des Armes zu sehen ist. Das zweite Bild zeigt ein wolfsähnliches Tier und darunter einen Spielmann mit Harfe. Der einarmige Mann und das Tier sollen Tiwaz und den Fenriswolf darstellen. Der Spielmann wäre dann Egdir, der Hüter der Riesin, mit der Fenris die Wölfe Skoll und Hati zeugte, die einst Sonne und Mond verschlingen werden.

Dazu heißt es in der Edda:

Östlich saß die Alte im Eisenwald
Und fütterte dort Fenrirs Geschlecht.
Von ihnen allen wird einer das Schlimmste:
Des Mondes Mörder übermenschliche Gestalt.
Da saß auf dem Hügel und schlug die Harfe
Der Riesin Hüter, der heitre Egdir.

Daß hier der Gott die linke Hand eingebüßt hat, obwohl die rechte Hand als Schwurhand gilt, begründet keinen Zweifel an der Richtigkeit der Deutung, weil diese Einzelheit auch auf den Brakteaten unterschiedlich dargestellt ist. So legt auf dem Brakteaten von Skrydstrup der Gott dem Wolf die rechte Hand, auf dem Brakteaten von Trollhättan (Abb. 48) die linke Hand in den Rachen.

Wie der Riese Tjazi erschlagen wurde

Einst wanderten die Götter Wodan, Loki und Hönir über Berge und durch Ödland. Als sie Hunger verspürten, schlachteten sie einen Stier und versuchten, das Fleisch auf eine Art zu kochen, die man Seydir nennt. Dabei werden die Fleischstücke in Laub gewickelt und zwischen erhitzten Steinen erwärmt, bis sie gar sind. Doch der Seydir wollte an diesem Tage nicht gelingen. Solange sie auch warteten, und sooft sie auch nachschauten, das Fleisch wurde nicht gar.

Da sprach plötzlich aus der Krone des Eichbaumes, unter dem sie saßen, ein Adler zu ihnen: »Wenn ihr die Ursache sucht, warum es im Seydir nicht gar wird, dann schaut mich an. Doch wenn ihr mich an eurer Mahlzeit teilhaben laßt, werde ich dafür sorgen, daß euer Stier sofort gar wird.« Die Götter willigten ein. Da ließ sich der Adler herabsinken, setzte sich auf den Seydir und verschlang sofort beide Keulen und beide Schulterstücke. Darüber ergrimmte Loki dermaßen, daß er einen langen Ast ergriff und damit nach dem Adler schlug. Dieser wich aber geschickt aus, ergriff den Ast mit den Fängen und flog dann in so niedriger Höhe davon, daß Loki, der seine Hände vom anderen Ende des Astes nicht lösen konnte, über Steine, Geröll und Dornenbüsche geschleift wurde. Er hatte ein Gefühl, als würden ihm die Arme aus den Schultern gerissen. Da rief er dem Adler zu, er möge ihn doch schonen und den Ast endlich loslassen. Der Adler erwiderte: »Ich gebe dich nur frei, wenn du die Göttin Idun mit ihren Äpfeln aus Asgard entführst und mir übergibst.« In seiner Not versprach Loki, was der Adler forderte, und so ließ dieser ihn frei.

Nach Asgard zurückgekehrt, erzählte Loki der Idun, er habe im Wald Äpfel gefunden, die ihm sehr gefallen hätten, Idun solle sich diese Äpfel doch einmal ansehen und ihre eigenen mitbringen, um die Äpfel miteinander zu vergleichen. Idun ging auf den Vorschlag ein. Doch kaum hatten Loki und Idun den Wald erreicht, da erschien der Riese Tjazi in Adlergestalt, ergriff Idun und flog mit ihr davon nach Riesenheim.

Die Asen spürten sehr schnell, daß ihnen Iduns Äpfel fehlten, die sie vor dem Altern bewahrt hatten. Nun wurden sie rasch alt und grau. Da rief Wodan zum Thing, und die Götter hielten Rat. Dabei stellte sich heraus, daß man Idun zuletzt gesehen hatte, als sie mit Loki Asgard verließ. Doch Loki tat unwissend. Daraufhin drohten ihm die Götter mit Folterung und Tod, wenn er nicht auf der Stelle die Wahrheit sage. Da offenbarte Loki, was Idun geschehen war, und versprach, die Göttin mit ihren Äpfeln unverzüglich aus Riesenheim zurückzuholen. Freia möge ihm dazu ihr Falkengewand leihen.

Die Götter willigten ein, und so flog Loki im Falkengewand der Freia nach Riesenheim. Er hatte Glück, denn als er dort eintraf, war Tjazi aufs Meer hinaus gerudert und Idun allein zu Hause. Loki verwandelte Idun in eine Nuß, packte sie mit den Fängen und flog, so schnell er konnte, nach Asgard zurück. Als Tjazi den Falken mit der Nuß in den Fängen eilig gen Asgard fliegen sah, schöpfte er Verdacht, ruderte schnell nach Hause, nahm sein Adlergewand und verfolgte Loki mit rauschendem Flügelschlag.

Der Adler hatte den Falken fast eingeholt, als beide sich Asgard näherten. Da schichteten die Götter rasch einen großen Haufen Hobelspäne vor dem Wall auf und setzten ihn in Brand, als der Adler ganz dicht herangekommen war. Dieser konnte seinen Flug nicht schnell genug hemmen. So versengten die hochschlagenden Flammen ihm das Gefieder, und er fiel zu Boden. Da stürzten sich die Götter auf ihn und erschlugen den Riesen Tjazi.

Es dauerte nicht lange, da erschien Skadi, die Tochter des Riesen, angetan mit Helm, Brünne und allen Kriegswaffen, vor den Toren Asgards und forderte Rache für ihren Vater. Die Götter sahen ein, daß sie dem Mädchen Buße schuldeten, und boten ihr an, sich unter allen Asen einen Mann auszuwählen, jedoch dürfe sie bei der Wahl nur die Füße der Götter sehen. Skadi willigte ein. Als sich nun alle Götter hinter einem großen Leinentuch, das bis kurz über dem Erdboden herabhing, aufgestellt hatten, sah Skadi ein Paar ausnehmend schöne Füße und dachte, diese Füße müßten dem schönen Balder gehören. Es waren aber Njörds Füße.

Skadi wollte nun gern mit Njörd dort wohnen, wo ihr Vater gelebt hatte und wo sie aufgewachsen war, in den schneebedeckten Bergen von Riesenheim. Njörd aber liebte das Meer. Er hatte seine Burg direkt an der Küste erbaut und mochte die See nicht missen. So einigten sie sich, daß sie abwechselnd neun Tage in den Bergen und neun Tage am Meer leben wollten. Doch beide wurden darüber nicht glücklich. Njörd klagte: »Leid sind mir die Berge. Ich mag das Wutgeheul der Wölfe nicht mehr hören. Wieviel schöner klingt doch am Meer der Gesang der Schwäne.« Darauf erwiderte Skadi: »Leid ist mir die See. Das Gekreisch der Möwen und das ewige Tosen der Brandung rauben mir den Schlaf.«

So trennten sich beide. Skadi lebt seitdem wieder im alten Ahnenhof in den Bergen, läuft eifrig Ski und jagt das Wild mit Pfeil und Bogen. Njörd aber lebt weiterhin in seiner Burg am Meer und ist glücklich, wenn die Morgensonne auf dem Wasser glitzert und er mit seinem Schiff zum Fischfang hinausfährt.

Wie Frei um Gerda warb

Einst saß Frei, der starke Gott der Fruchtbarkeit, Sohn des Njörd, betrübt in seiner Halle. Nichts konnte ihn aufheitern, weder seine Gold- und Silberschätze noch seine wilden weißen Hengste noch sein schneller Eber Goldborste. Das ging nun schon tage- und wochenlang. Da faßte sein Diener Skirnir, der Vertraute seines Herrn seit Jugendtagen, allen Mut zusammen und sprach: »Frei, mein göttlicher Herr und König, sage mir, warum sitzt du schon so lange einsam im Saal und schaust betrübt vor dich hin?«

»Wie soll ich es dir sagen, junger Gefährte?« erwiderte Frei. »In mir brennt eine große Sehnsucht und ein großer Kummer zugleich. Ich bin verliebt in das schönste Mädchen, das ich je sah, aber es ist mir nicht vergönnt, jemals mit ihr zusammenzusein.«

»Sag mir, wer sie ist, mein Herr. Wir sind seit unserer Jugend Gefährten und haben schon manch vertrautes Gespräch miteinander geführt. Vielleicht weiß ich Rat«, sprach Skirnir.

»Das Mädchen, das ich liebe, sah ich im Hof des Riesen Gymir gehen. Ihre schlanken Arme leuchteten, daß Luft und Land erstrahlten. Nie sah ich ein schöneres Mädchen. Seitdem raubt mir die Sehnsucht den Schlaf«, seufzte Frei.

»Gib mir dein bestes Pferd, auf dem ich unversehrt das Flammenmeer durchreiten kann, das den Hof des Gymir umgibt; dazu dein Schwert, das von selbst kämpft und die Riesen niederstreckt. Gib mir reiche Geschenke für das Mädchen dazu. Dann will ich versuchen, die Schöne für dich zu gewinnen«, sprach Skirnir fest und voll Zuversicht.

Frei sprang auf und rief: »Das würdest du für mich tun? Du bist ein guter Freund, Skirnir. Nimm mein Pferd und mein

Schwert, nimm auch den Ring Draupnir, den Wodan einst Balder auf den Scheiterhaufen legte, und nimm noch elf goldene Äpfel dazu!«

Gesagt, getan. Schon bald ritt Skirnir in die Nacht hinaus gen Riesenheim. Nach langem Ritt sah er auf einem Hügel einen Wächter sitzen. Er rief ihn an: »He, du da auf dem Hügel! Zeig mir den Weg zu Gymirs Hof. Ich muß seiner schönen Tochter eine Botschaft bringen.« Der Wächter sprang auf und rief zurück: »Bist du von Sinnen? Du bist dem Tode geweiht! Oder bist du vielleicht schon gestorben? Niemand gelangt ohne Erlaubnis zu Gymirs Hof.« »Ich brauche deine Erlaubnis nicht!« rief Skirnir und gab seinem Pferd die Sporen. Da hob der Riese wütend einen Felsblock empor, um damit Roß und Reiter zu zerschmettern. Doch ehe er zum Wurf kam, hatte das Schwert des Frei ihn schon niedergestreckt.

Und weiter galoppierte Skirnir, direkt auf die Waberlohe zu, die er bereits am Horizont leuchten sah. Ohne zu zögern, sprang sein Pferd durch die Flammen, und wenig später ritt Skirnir auf den Hof des Gymir.

»Draußen ist ein Mann vom Pferd gestiegen«, meldete eine Dienerin der schönen Gerda, der Tochter des Gymir. »Er trägt ein schmales, reich verziertes Schwert und sieht sehr mutig aus.« »Bitt ihn herein und biet ihm zu trinken an«, befahl Gerda ihr. Da betrat Skirnir den Saal des grimmigen Gymir und sah voll Staunen die wunderschöne Tochter des Riesen vor sich. »Bist du ein Sohn der Asen oder der weisen Wanen? Warum rittest du allein durch das rasende Feuer? Nur um unseren Saal zu sehen?« fragte ihn Gerda. »Ich bin weder ein Sohn der Asen noch der Wanen. Im Auftrag meines Herrn, des Gottes Frei, ritt ich allein durch das rasende Feuer, um dich zu sehen. Hier sind elf goldene Äpfel. Die will ich dir geben, wenn du Frei deine Liebe schenkst.«

»Die elf Äpfel kannst du behalten«, erwiderte Gerda empört. »Niemals werde ich zum Sohne Njörds gehen, niemals, solange ich lebe!«

Doch geduldig fuhr Skirnir fort: »Ich gebe dir auch diesen Ring, einen kostbareren gibt es nicht. Es ist Draupnir, von dem jede 9. Nacht acht gleich schwere Ringe abträufeln. Wodan, Gottvater, legte ihn einst seinem Sohne Balder auf den Scheiterhaufen. Doch Balder schickte den Ring aus Hel zurück.«

»Ich brauche auch diesen Ring nicht«, erwiderte Gerda verächtlich, »sei er von Wodan oder irgend jemand sonst. Mir fehlt es nicht an Gold auf meines Vaters Hof. An Schätzen hab' ich mehr als reichlich. Ich bin nicht käuflich.«

Da stieg Skirnir die Zornesröte ins Gesicht, und er rief mit scharfer Stimme: »Sieh dieses Schwert hier, dieses schmale, reich verzierte, das ich in der Hand halte! Das Haupt trenn' ich dir damit vom Halse, wenn du nicht versöhnlicher sprichst!«

»Auch mit Gewalt kann man mich nicht zur Liebe zwingen. Wart nur, bis mein Vater dich hier findet, dann kannst du deinen Kampfesmut beweisen!« rief Gerda zurück.

Mit flammendem Blick stierte Skirnir das schöne Mädchen an. Er kochte vor Zorn über so viel Widerspenstigkeit. Doch er bezwang sich und sprach mit ruhiger, aber eiskalter Stimme: »Verzaubern werde ich dich! Zähmen nach meinem Willen, Weib! Einsam auf einer Felsspitze sollst du sitzen mit dem Blick gen Hel! Eklig sei dir jede Speise, ekliger als den Menschen die Midgardschlange! Zum Scheusal sollst du werden, daß jeder dich angafft! Wahnsinn, Neid und Not bringe dir Tränen und Trübsal! Alle Tage sollen Unholde dich quälen, Leid statt Lust sollst du erfahren! Bei dreiköpfigen Riesen sollst du ständig hausen. Begierde und sinnliche Sehnsucht soll dich ergreifen, dich versengen, doch entbehren sollst du jeglichen Mann! Wie eine Distel sollst du verdorren! Höre: Ich ging zum Wald, schnitt Zweige vom grünen Baum und ritzte Runen hinein. Und dies sagt das Los: Der Zorn Wodans, der Zorn Donars und der Zorn Freis werden dich treffen. Hassen werden dich alle Asen! Auf ewig entbehrst du Mannesliebe! Zu den Frostriesen am Tor des Totenreiches wirst du täglich verhungert hinkriechen, und Geißenharn wird dein Trank sein! Dies sagen dir die drei Runen: Leid, Lüsternheit und Liebesrasen. So steht es geritzt. Aber wenn du dich besinnst, kann ich die Runen abhobeln und neue ritzen.«

Schweigend hatte Gerda sich die wilden Drohungen angehört, zunächst voll Zorn und Empörung. Doch dann wuchs ein ungläubiges Staunen in ihr. Wie groß mußte die Liebessehnsucht eines Mannes sein, daß er die ganze Macht des Himmels aufbot, um das begehrte Mädchen zu gewinnen. So erwiderte sie lächelnd mit sanfter Stimme: »Heil dir, Jüngling, hebe den Eiskelch, mit Met gefüllt, und trinke. Du hast gesiegt. Ich werde deinem Herrn gewogen sein. «

Erleichtert atmete Skirnir auf. Dann sprach er: »Eines sag mir noch, holdes Mädchen, ehe ich von dannen reite, wann und wo wirst du Frei treffen?«

»Barri heißt der Wald der heimlichen Liebe, den wir beide kennen. Nach neun Nächten wird Gerda dort Frei ihre Liebe schenken. «

Glücklich verabschiedete sich Skirnir und ritt heim. Frei erwartete ihn bereits vor der Halle und rief ihm entgegen: »Sag mir, Skirnir, bringst du frohe Kunde?« Skirnir entgegnete mit den Worten Gerdas: »Barri heißt der Wald der heimlichen Liebe, den wir beide kennen. Nach neun Nächten wird Gerda dort Frei ihre Liebe schenken.« Freis Augen leuchteten. Dann seufzte er: »Lang ist eine Nacht, länger sind zwei, wie ertrage ich drei? Kein Monat könnte länger sein, als diese neun Nächte Wartezeit.«

Anmerkung:
Der Name Barri kommt von dem germanischen Wort Barr = Korn. Darin liegt eine deutliche Anspielung auf den Glauben, daß durch einen rituellen Beischlaf auf dem Acker die Fruchtbarkeit des Ackers bzw. des Getreides gefördert werde.

Wie Sleipnir gezeugt wurde

Als die Götter Asgard bauten, kam ein Handwerker zu ihnen, der ihnen anbot, innerhalb von nur drei Halbjahren eine so treffliche Burg zu bauen, daß diese allen Angriffen der Riesen trotzen würde. Als Gegenleistung forderte er die Göttin Freia sowie Sonne und Mond.

Die Götter hielten Rat und kamen überein, dem Handwerker das Gewünschte zu versprechen unter der Bedingung, daß er die Burg innerhalb nur eines Winters erbaue. Sollte sie nicht pünktlich am 1. Sommertag fertig sein, würde er nichts erhalten; waren sie doch fest überzeugt, daß der Baumeister diese Bedingung nie würde erfüllen können. Der Handwerker war einverstanden und bat nur um das Zugeständnis, daß ihm sein Hengst Swadilfari helfen dürfe. Auf Lokis Rat wurde ihm auch dies bewilligt und sodann die Abmachung durch Zeugen und Eide bekräftigt.

Pünktlich am 1. Wintertag begann der Handwerker mit seiner Arbeit und kam schnell voran. Zum Erstaunen der Asen karrte der Hengst viele Ladungen riesiger Steine heran und schaffte das Doppelte seines Herrn. Je weiter der Winter voranschritt, desto höher wuchs die Burg, und als nur noch drei Tage bis zum Sommeranfang fehlten, stand die Arbeit kurz vor dem Abschluß.

Da hielten die Götter erneut Rat, und jeder fragte, wer eigentlich vorgeschlagen habe, Freia, die Sonne und den Mond fortzugeben. Es stellte sich heraus, daß dieser Rat von Loki, dem Urheber alles Bösen, gekommen war. Da drohten die Asen ihm Folter und Tod an, falls er nicht einen Ausweg finde, daß der Baumeister seinen Anspruch verliere. Loki bekam Angst und schwor heilige Eide, daß er bestimmt einen Ausweg finden werde.

Als am Abend desselben Tages der Baumeister mit seinem Hengst wieder hinausfuhr, um Steine zu holen, galoppierte wiehernd eine rossige Stute aus dem Wald und drängte sich dicht an den Hengst heran. Da zerriß der Hengst sein Zuggeschirr, um die Stute decken zu können. Doch diese stürmte davon und der

Hengst mit ihr. Laut schreiend lief der Baumeister hinter den Pferden her, aber diese rannten die ganze Nacht. Erst gegen Morgen gelang es dem armen Mann, seinen Hengst wieder einzufangen. Doch beide, Mann und Pferd, waren so erschöpft, daß an diesem und auch am folgenden Tage nur geringe Arbeit geleistet wurde. Da wurde dem Handwerker klar, daß er den Termin zur Fertigstellung der Burg nicht werde einhalten können. Darüber geriet er dermaßen in Wut, daß er seine Maske fallen ließ und die Götter erkannten, daß er ein Bergriese war. Nun fühlten die Götter sich ihrerseits hintergangen und riefen nach Donar, der mal wieder im Osten weilte, um Riesen zu erschlagen. Donar eilte herbei und machte nicht viel Federlesens. Er stürzte sich auf den Riesen und schlug mit dem Hammer so kräftig zu, daß gleich mit dem ersten Schlag der Schädel des Riesen in tausend Stücke zerbarst.

Es war Loki gewesen, der sich in die rossige Stute verwandelt hatte, und so gebar er nach einiger Zeit ein Fohlen, das acht Beine hatte und ein Grauschimmel wurde. Das ist Sleipnir, das beste Pferd bei Göttern und Menschen.

Donar bei Utgard-Loki

Als Donar einmal in Begleitung von Loki mit seinem Bocksgespann unterwegs war, kehrte er abends bei einem Bauern ein, der ihm Nachtquartier gab. Zum Abendessen schlachtete Donar seine beiden Böcke, enthäutete und kochte sie und lud dann den Bauern und seine Familie ein, mit ihm und Loki zu speisen. Die Felle der Böcke breitete Donar vor dem Herdfeuer aus und ermahnte den Bauern und die Seinen, alle Knochen auf diese Felle zu werfen. Dies taten auch alle, doch Tjalfi, der Sohn des Bauern, spaltete mit dem Messer einen der Schenkelknochen, um an das Mark zu gelangen.

Als Donar am nächsten Morgen den Hammer erhob und damit die Bocksfelle weihte, standen die Böcke wieder lebendig vor ihm. Doch eines der Tiere lahmte mit einem Hinterbein. Da wurde Donar wütend, stellte den Bauern zur Rede und hielt ihm vor, daß er oder einer der Seinen einen Schenkelknochen gebrochen habe. Dabei sprühten seine Augen vor Zorn, so daß der Bauer und seine Angehörigen um ihr Leben fürchteten. Sie baten um Schonung und boten all ihre Habe als Buße an. Da bekam Donar Mitleid mit ihnen und sprach: »Gib Deinen Sohn Tjalfi und Deine Tochter Röskwa in meine Dienste, dann soll die Sache vergessen sein.« So geschah es, und seit dieser Zeit begleitete Tjalfi seinen Herrn auf allen Reisen.

Donar ließ die Böcke bei dem Bauern zurück und wanderte mit Loki, Tjalfi und Röskwa nach Osten gen Riesenheim. Bald gelangten sie zu einem Wald, durch den sie wanderten, bis es dunkel war. Auf der Suche nach einer Nachtherberge fanden sie einen riesigen Schlafsaal, dessen eine Seite in voller Breite offenstand. Sie gingen hinein und legten sich zur Ruhe. Doch gegen Mitternacht setzte ein starkes Erdbeben ein, der ganze Schlafsaal schwankte, und ein dröhnendes Rasseln erfüllte die Luft. Donar stand auf und weckte die Gefährten. Vorsichtig tasteten sie sich voran. Sie fanden an der Mitte der Längswand eine Öffnung zu einem Nebenraum. Dort gingen sie hinein. Und während sich die Gefährten in großer Angst im hintersten Winkel verkrochen, hielt Donar am Eingang Wache, den Hammer fest umklammert.

Bei Tagesanbruch trat Donar ins Freie und entdeckte in unmittelbarer Nähe ihrer Nachtherberge einen Riesen von gewaltigen Ausmaßen. Er lag im Gras, schlief und schnarchte laut. Jetzt wußte Donar, was das rasselnde Geräusch war, das er die ganze Nacht hindurch gehört hatte. Er trat an den Mann heran und fragte ihn nach seinem Namen. »Ich heiße Skrymir«, antwortete er. »Und du bist Donar, das sehe ich gleich. Warum hast du meinen Handschuh verschleppt?« Da erkannte Donar, daß der vermeintliche Schlafsaal, in dem sie übernachtet hatten, der Handschuh des Riesen war und daß er sich mit seinen Gefährten in den Däumling verkrochen hatte.

»Ist es Euch recht, wenn ich Euch auf Eurer Reise begleite?« fragte der Riese. »Gewiß, ich habe nichts dagegen«, erwiderte Donar. »Gut, dann laß uns den Reiseproviant zusammenpacken«, schlug Skrymir vor, stopfte alle Vorräte in einen Sack und schwang ihn sich auf den Rücken. Dann ging er mit großen Schritten voran, so daß Donar und seine Gefährten Mühe hatten, zu folgen. Spät am Abend schlugen sie ihr Nachtlager unter einer Eiche auf. »Nehmt Ihr den Proviant und eßt zu Abend. Ich lege mich schon schlafen«, sprach der Riese, legte sich ins Gras, schlief und schnarchte.

Donar nahm den Proviantsack und wollte ihn aufschnüren. Doch so sehr er sich auch mühte, er konnte keinen einzigen Knoten lösen. Da wurde er wütend, nahm seinen Hammer und schlug ihn dem Riesen auf den Kopf. Skrymir erwachte und fragte: »Ist mir ein Laubblatt auf den Kopf gefallen? Habt Ihr gut gegessen?« Donar blickte ihn verdutzt an und erwiderte: »Schon gut, wir gehen jetzt schlafen.« Sie gingen zu einer anderen Eiche und legten sich nieder. Doch von Schlaf konnte keine Rede sein, denn der Wald dröhnte vom Schnarchen des Riesen. Da trat Donar erneut an Skrymir heran und versetzte ihm einen weiteren wuchtigen Schlag mitten auf den Scheitel. Doch der Riese schlug nur schläfrig die Augen auf und fragte: »Was gibt es? Ist mir eine Eichel auf den Kopf gefallen? Was guckst du mich so an, Donar?« Da ging Donar zu seinem Schlafplatz zurück und murmelte: »Es ist nichts. Ich war nur eben kurz aufgewacht.« Doch er war fest entschlossen, bei der nächsten sich bietenden Gelegenheit einen solchen Schlag zu führen, daß der Riese nie wieder aufwachen würde. So lag er wach und lauschte. Kurz vor Tagesanbruch hörte er wieder das gleichmäßige Schnarchen des Riesen. Er stand auf und sprang zu Skrymir, der mit dem Kopf auf der Seite lag. Donar holte gewaltig mit dem Hammer aus und legte seine ganze Asenkraft in einen fürchterlichen Schlag. Der Hammer traf die Schläfe des Riesen und drang bis zum Schaft in dessen Kopf. Aber Skrymir strich sich nur über die Schläfe und fragte: »Sitzen da Vögel auf dem Baum? Mir war, als wäre mir Reisig auf den Kopf gefallen. Bist du wach, Donar? Dann laß uns aufstehen und aufbrechen. Ihr habt es jetzt nicht mehr weit bis zur Burg Utgard. Ich hörte Euch flüstern, ich sei nicht klein von Wuchs, aber wenn Ihr nach Utgard kommt, werdet Ihr dort Leute sehen, die noch viel größer sind als ich. Ich will Euch einen guten Rat geben: Macht nicht viel Aufhebens von Euch. Die Gefolgsmannen von Utgard-Loki werden sich von Euch Bürschlein keine Spottreden gefallen lassen. Das beste wird sein, Ihr kehrt wieder um. Der Weg zu Utgard-Loki führt nach Osten, ich aber muß nach Norden, zu jenen Bergen dahinten.« Damit warf er sich den Proviantsack auf den Rücken und ging davon.

Donar und seine Gefährten wanderten weiter in Richtung Riesenheim und erreichten gegen Mittag eine gewaltige Burg. Sie mußten den Kopf weit in den Nacken legen, um bis zu den Turmspitzen hinaufzusehen. Geschickt zwängten sie sich durch die breiten Gitterstäbe des geschlossenen Tores und erblickten bald eine große Halle, deren Tür offenstand. Sie traten ein und sahen viele Leute von riesigem Wuchs an der Tafel sitzen. Sie gingen zu König Utgard-Loki und begrüßten ihn. Er sah sie herablassend an und fragte spöttisch: »Vermute ich richtig, daß dieses kleine Kerlchen hier der leibhaftige Donar ist? Aber vielleicht bist du ja bedeutender, als du aussiehst. Könnt Ihr irgend etwas Besonderes leisten? Es soll nämlich niemand unter uns weilen, der nicht auf irgendeinem Gebiet eine Höchstleistung vollbringen kann.« Da erwiderte Loki, der am weitesten hinten stand: »Ich beherrsche eine Kunst, die ich gern unter Beweis stelle. Hier ist gewiß niemand im Saal, der sein Essen schneller verzehren kann als ich.« »Das ist eine sehr nützliche Kunst, die wir gleich erproben wollen«, entgegnete Utgard-Loki und rief einen Mann namens Logi vom unteren Bankende herbei. Dann wurde ein großer Trog geholt, mit Fleischstücken gefüllt und so auf den Tisch gestellt, daß Loki und Logi an je einem Ende des Troges saßen. Auf Kommando begannen beide, aus Leibeskräften zu essen. Sie begegneten sich schließlich in der Mitte des Troges. Aber da Loki nur das Fleisch, Logi dagegen auch die Knochen und den Trog gegessen hatte, wurde Logi zum Sieger erklärt.

Nun wandte sich Utgard-Loki an Tjalfi und fragte: »Und auf welche Kunst versteht sich dieser junge Mann?« »Ich bin ein schneller Läufer und laufe mit jedem um die Wette, den du dazu bestimmst«, erwiderte Tjalfi. »Nun gut, dann will ich dir gleich die Freude bereiten, deine Kunst zu beweisen. Draußen auf dem flachen Feld ist eine gute Rennstrecke, dort laßt uns hingehen und das Schauspiel genießen«, sprach Utgard-Loki. Und während alle nach draußen gingen, rief er einen Mann namens Hugi zu sich und bestimmte ihn zum Gegner für Tjalfi. Beide stellten sich nebeneinander auf, und auf Kommando des Königs rannten sie aus Leibeskräften davon. Doch obwohl Tjalfi flink war wie ein Reh, hatte Hugi bald einen großen Vorsprung und erreichte weit vor Tjalfi das Ziel. Da meinte Utgard-Loki: »Es kam noch niemand zu mir als Gast, der schneller lief als du. Aber um Hugi zu schlagen, mußt du dich noch wesentlich mehr anstrengen.« Dann ließ er beide ein zweites Mal gegeneinander laufen. Doch diesmal war der Abstand zwischen beiden noch größer, als Hugi die Ziellinie passierte. »Tjalfi läuft so gut«, rief da Utgard-Loki, »er soll eine letzte Chance haben«, und er ließ die beiden ein drittes Mal gegeneinander antreten. Doch als Hugi ins Ziel lief, hatte Tjalfi erst die Hälfte der Strecke zurückgelegt. Damit war der Wettkampf entschieden.

Alle begaben sich zurück in die Halle, und als wieder Ruhe eingekehrt war, wandte sich Utgard-Loki an Donar: »Nun, Donar, welche Kunst willst du uns vorführen? Man hört so viel von deinen großen Taten, da bekommen wir jetzt doch sicherlich ein ganz besonderes Schauspiel geboten.« »Ich bin bereit, mich mit jedem deiner Leute im Trinken zu messen«, erwiderte Donar. »Den Spaß sollst du haben«, sprach Utgard-Loki und befahl, ein Trinkhorn zu bringen. Als es Donar übergeben wurde, sagte Utgard-Loki: »Meine besten Leute leeren dieses Horn in einem Zug, manche brauchen auch zwei Züge, aber mit drei Zügen schafft es jeder in diesem Saal.«

Donar schaute sich das Horn an. Es schien ihm nicht sonderlich breit, dafür aber ziemlich lang zu sein. Doch da er sehr durstig war, glaubte er, es in einem Zuge leeren zu können. Er setzte an und trank, bis ihm der Atem ausging. Doch als er absetzte und ins Horn hineinschaute, traute er seinen Augen nicht. Man konnte kaum bemerken, daß der Inhalt abgenommen hatte. Da spottete Utgard-Loki: »Gut getrunken, aber wenig geschafft! Hätte mir je einer erzählt, was für ein schwacher Trinker Donar ist, ich hätte es nicht geglaubt. Aber sicherlich wirst du das Horn jetzt mit dem zweiten Zuge leeren.« Schweigend setzte Donar das Horn erneut an und trank aus Leibeskräften, doch die Spitze des Horns kam nicht in die Höhe. Als er es absetzte und hineinsah, mußte er feststellen, daß es noch immer fast bis zum Rand gefüllt war. »Nun, Donar«, rief Utgard-Loki hämisch lachend. »Du sparst wohl deine Kraft für den dritten Zug? Aber du wirst bei uns nicht als großer Mann gelten, wenn du nicht in anderen Künsten mehr zu leisten vermagst als im Trinken.« Da wurde Donar wütend, setzte das Horn erneut an und trank so mächtig, wie er nur konnte. Als er danach hineinblickte, hatte der Inhalt zwar merklich abgenommen, aber leer war das Horn noch lange nicht. Kopfschüttelnd reichte er das Horn dem Mundschenken zurück. Da rief Utgard-Loki triumphierend in den Saal: »Jetzt haben wir den Beweis, daß Donars Kraft nicht so groß ist, wie wir immer glaubten! Nun, Donar, willst du noch andere Wettkämpfe versuchen?«

Donar reckte sich trotzig und sprach: »Ihr könnt mich nicht demütigen. Ich weiß um meine Stärke. Von mir aus können wir noch andere Spielchen treiben. Was schlagt Ihr vor?« »Wohlan«, rief der König der Riesen, »ich habe eine Katze, die heben unsere Kinder vom Boden auf. Das ist nichts Besonderes für sie. Ich hätte nicht gewagt, den Donar aufzufordern, es unseren Kindern gleichzutun, hätte ich nicht gerade gesehen, wie unbedeutend du bist.« Und schon kam eine große graue Katze in den Saal gesprungen. Donar packte die Katze, griff ihr mit den Händen unter den Bauch und versuchte, sie hochzuheben. Aber je höher er sie hob, desto krummer machte sie ihren Rücken. Erst als er sich so hoch aufreckte, wie er nur konnte, hob die Katze einen Fuß vom Boden. Mehr wollte ihm trotz aller Anstrengung nicht gelingen.

»Das Spiel hat den Verlauf genommen, den ich erwartet habe«, sagte Utgard-Loki grinsend, »die Katze ist etwas groß und Donar klein und schwächlich.« Da brauste Donar auf. »Klein und schwächlich nennt Ihr mich? So kommt nur her! Ich kämpfe gegen jeden hier im Saal. Jetzt bin ich zornig!« Und er warf einen flammenden Blick auf die Versammelten. Doch Utgard-Loki tat unbeeindruckt. Er sah die Bänke entlang und entgegnete gleichmütig: »Für jeden, den ich hier sehe, wäre es eine Kleinigkeit, sich mit dir zu messen. Ich schlage daher vor, wir fangen zunächst mit meiner alten Pflegemutter Elli an. Mit ihr mag Donar ringen. Sie hat schon stärkere Leute zu Fall gebracht.« Und schon betrat ein uraltes Weib den Saal. Utgard-Loki befahl ihr, mit Donar zu ringen. Und tatsächlich schritt sie furchtlos auf Donar zu und packte ihn. Es begann ein heftiges Gerangel, doch je kräftiger Donar zupackte, desto fester stand die Alte. Schließlich gelang es ihr sogar, Donar mit einem Bein aufs Knie zu zwingen. Da rief Utgard-Loki: »Halt ein, Alte! Das soll genug sein. Du hast gesiegt, und Donar wird keine Lust verspüren, noch weitere Ringkämpfe zu bestreiten. Laßt uns nun gemeinsam essen und trinken. Es ist inzwischen Abend geworden.«

Schweigend nahmen Donar und seine Begleiter Platz. Ihnen war die Stimmung verdorben.

Am nächsten Morgen standen alle früh auf. Nach einem guten Frühstück geleitete Utgard-Loki seine Gäste hinaus. Als sie vor der Burg waren, fragte er Donar: »Nun, wie denkst du über deine gestrigen Erlebnisse?« Donar erwiderte: »Es wurmt mich, daß Ihr jetzt geringschätzig über mich reden werdet.« »Ich will dir die

Wahrheit sagen«, entgegnete Utgard-Loki. »Ich bin froh, daß du aus der Burg heraus bist, und solange ich lebe, werde ich dafür sorgen, daß du nie wieder hineinkommst, denn seit gestern weiß ich, daß du noch viel stärker bist, als ich je geahnt habe. Ich habe dir von Anfang an Sinnestäuschungen bereitet. Der Skrymir, dem Ihr im Walde begegnet seid, das war ich. Daß du meinen Rucksack nicht öffnen konntest, war kein Wunder, denn ich hatte ihn mit verzaubertem Eisendraht verschnürt. Und siehst du den Berg dort drüben? Sieh genau hin, er hat drei viereckige Täler. Das sind die Abdrücke deiner drei Hammerschläge, die du mir versetzt hast. Jeder wäre tödlich gewesen, hätte ich nicht jedesmal, unsichtbar für dich, den Berg vor meinen Kopf geschoben. Und auch bei den Wettkämpfen habe ich Eure Sinne getäuscht. Loki hat gut und sehr schnell gegessen, aber der, den ich Logi nannte, das war das Lauffeuer. Es verbrannte den Trog ebenso schnell wie Fleisch und Knochen. Und der Mann, den ich Hugi nannte, das war mein Gedanke. Tjalfi ist ein sehr schneller Läufer, aber niemand ist schneller als ein Gedanke. Und das Horn, das du nicht leeren konntest, lag mit seinem offenen Ende draußen im Meer. Du wirst staunen, wenn du gleich an die Küste kommst. Das Meer ist geschrumpft, als sei Ebbe, doch in Wahrheit ist Flut. So gewaltig hast du getrunken. Doch noch größer war Deine Leistung, als du die Katze anhobst. Wir bekamen alle Angst, als es dir fast gelang, sie zu stemmen, denn diese Katze war niemand anders als die Midgardschlange. Und daß du meine Pflegemutter Elli nicht besiegen konntest, wirst du ebenfalls verstehen, wenn ich dir sage, daß du mit dem Alter gerungen hast, denn niemand kann das Alter überwinden. Verstehst du jetzt, warum ich dich hier niemals wiedersehen möchte?«

Als Donar diese Rede hörte, ergrimmte er. Doch als er gerade mit dem Hammer zuschlagen wollte, war Utgard-Loki verschwunden. Und dort, wo die Burg gestanden hatte, sah er nur weite, grüne Felder. Da machte er sich mit seinen Gefährten auf den Heimweg nach Asgard.

Anmerkung:
In dieser Sage sind mehrere früher selbständige Sagen miteinander verwoben worden. Aus älterer Zeit stammt vermutlich die Erzählung, wie Tjalfi Donars Diener wurde, weil Tjalfi auch in anderen Sagen auftritt. Auch der Aufenthalt Donars im Däumling des Riesen wird noch an anderer Stelle erwähnt, nämlich in Lokis Schmährede. Die Figur des Utgard-Loki und die Wettkämpfe sind offensichtlich eine Erfindung der Skalden. Utgard-Loki stellt mit seinem Listenreichtum, seiner Bosheit und seinem Spott das Gegenstück zu Asen-Loki dar. Die ganze Darstellung scheint bewußt darauf abgestellt zu sein, eine trinkfreudige Männerrunde zu unterhalten und zu belustigen.

Im ganzen deutschsprachigen Alpenraum ist eine Sage lebendig, die mit dem Schlachten und Wiederauferstehen von Donars Böcken große Ähnlichkeit hat: Überirdische Mächte, »das Nachtvolk«, haben beim Durchzug durch das Dorf die schönste Kuh aus dem Stall genommen und verspeist, jedoch so, daß Haut und Knochen unversehrt geblieben sind. Am folgenden Morgen erhebt sich aus diesen Überresten die Kuh in alter Schönheit und Frische. In Vorarlberg wird diese Sage ein klein wenig anders erzählt, wodurch sie der Eddadarstellung noch ähnlicher ist: Dort lahmt nämlich am folgenden Morgen die Kuh, weil ihr ein Knochen fehlt.

Die sorgsame Behandlung der Knochen der geschlachteten Böcke entspricht im übrigen genau den germanischen Opferbräuchen, wie wir sie kennengelernt haben.

Die Hrungnirsage

Einst ritt Wodan auf Sleipnir nach Riesenheim. Dort traf er Hrungnir, den stärksten Riesen, dessen Herz weltberühmt ist, denn es ist aus hartem Stein und hat drei vorstehende Ecken. Hrungnir fragte erstaunt: »Wer ist der Mann, der im Goldhelm über Luft und Meer reitet und ein so treffliches Pferd sein eigen nennt?« »Recht hast du«, erwiderte Wodan, »in ganz Riesenheim gibt es kein Pferd, das es auch nur annähernd mit meinem aufnehmen könnte«. »Was sagst du da?« schrie erregt der Riese. »Mein Pferd Goldmähne ist das beste! Es gibt kein besseres!« »Nun, dann beweis es, Prahlriese«, rief Wodan ihm zu, »spring in den Sattel! Wir reiten um die Wette! « Und schon preschten beide davon.

Binnen kurzem war Sleipnir der Goldmähne um Längen voraus, und der Abstand vergrößerte sich bald so sehr, daß Hrungnir Mühe hatte, Wodan nicht aus den Augen zu verlieren. Der Zorn über diese Schmach machte ihn so blind, daß er gar nicht bemerkte, daß der Ritt direkt nach Asgard ging. Plötzlich stand er im Hof der Götterburg und hörte das Gelächter der Asen aus dem Saal schallen. Hrungnir trat in die Halle, und die Götter luden ihn ein, Platz zu nehmen und mitzuzechen. Man brachte Hrungnir die großen Schalen, aus denen Donar zu trinken pflegte. Der große Donnerer weilte nämlich gerade wieder im Osten, um Riesen zu erschlagen. Hrungnir langte kräftig zu und wurde schnell betrunken. Schon bald hatte er die eben erst erlittene Schmach vergessen und begann erneut zu prahlen. »Ganz Walhall werde ich mit meinen beiden Händen nach Riesenheim tragen! Asgard werde ich in die Erde stampfen und euch Götter alle totschlagen! Nur eure beiden schönsten Frauen, Freia und Sif, werde ich als Gespielinnen mit nach Hause nehmen.«

Die Götter lachten. Doch als ihnen das Geprahl des betrunkenen Riesen zu langweilig wurde, riefen sie Donar. Dieser war alsbald zur Stelle. Als er Hrungnir an der Tafel der Götter sitzen sah, geriet er in helle Wut und rief: »Wer hat erlaubt, daß dieser dämliche Riese an der Göttertafel sitzt und Freia ihn sogar noch bedient?« »Wodan hat mich eingeladen«, erwiderte Hrungnir. »Du wirst bald bereuen, dieser Einladung gefolgt zu sein!« brüllte Donar ihn an und holte mit seinem Hammer weit aus. Als Hrungnir den drohenden Hammer sah, war er schlagartig wieder nüchtern. Er sprang auf und rief: »Das würde Donar wenig Ehre bringen, einen Waffenlosen zu erschlagen. Oder wünscht Donar, daß man ihn einen Neiding nennt? Laß mich meinen Schild und meinen Wetzstein holen, dann fordere ich dich zum Zweikampf. Bei den Felsenhöfen an der Grenze zu Utgard erwarte ich dich.«

Donar sah Hrungnir erstaunt an. Das hatte noch niemand gewagt, ihn zum Zweikampf zu fordern. »Wohlan, es sei«, entgegnete er.

Als die Riesen von dem bevorstehenden Kampf erfuhren, gerieten sie in helle Aufregung. Hrungnir war ihr stärkster Mann, und sie wußten, was es für sie bedeutete, falls Donar ihn erschlug. Um nun Hrungnirs Chancen zu verbessern, erfanden sie eine List. Sie schufen einen Menschen aus Lehm, neun Meilen hoch und drei Meilen breit, gaben ihm das Herz einer Stute und stellten ihn auf dem verabredeten Kampfplatz auf in der Hoffnung, Donar werde ihn, wenn er in Windeseile heranbrause, für Hrungnir halten. Hrungnir selbst aber würde in der Nähe des Lehmriesen sein und den ersten Schlag führen können, noch bevor Donar seinen Irrtum bemerkt habe.

Doch Hrungnir wurde selbst das Opfer einer List. Als Donar mit seinem schlauen Diener Tjalfi zum Kampfplatz kam, lief Tjalfi voraus und rief Hrungnir zu: »Du stehst unvorsichtig da, Riese. Du hältst den Schild vor dich, aber Donar kommt durch die Erde, er wird von unten angreifen.« Gutgläubig legte Hrungnir seinen gewaltigen steinernen Schild auf die Erde und stellte sich darauf. Dann nahm er seinen Schleifstein in beide Hände und erwartete Donars Angriff. Schon bald zuckten helle Blitze und rollte grollender Donner. Ungestüm brauste Donar durch die Lüfte heran. Groß war sein Zorn und unbändig seine Kraft. Er würdigte den plumpen Lehmriesen keines Blickes und schleuderte bereits von weitem den zermalmenden Hammer mit gewaltigem Schwung. Als Hrungnir den Hammer fliegen sah, warf er ihm seinen Wetzstein mit seiner ganzen Riesenkraft entgegen. Beide Waffen trafen einander in der Luft. Der Wetzstein wurde in der Mitte durchtrennt. Während der eine Teil zu Boden fiel, drang der andere Donar in den Kopf, so daß der Gott vornüber auf die Erde fiel. Der Hammer aber flog mit ungebremster Kraft weiter und zertrümmerte Hrungnirs Kopf vollständig. Der Riese stürzte nieder und fiel über Donar, so daß ein Bein des Riesen auf Donars Hals lag.

Währenddessen griff Tjalfi den Lehmriesen an, der bereits vor lauter Angst Wasser ließ. Er hatte wenig Mühe, diesem schwächlichen Ungetüm den Garaus zu machen. Dann beugte er sich über Donar und versuchte, das Bein Hrungnirs von ihm zu nehmen, aber er bekam es nicht von der Stelle. Da eilten alle Asen herbei, um Donar aus seiner mißlichen Lage zu befreien, doch keiner konnte das Bein anheben. Schließlich trat Magni hervor, Donars Sohn, der damals gerade drei Tage alt war. Er warf Hrungnirs Bein von Donar herunter und sprach: »Dumm, daß ich so spät gekommen bin, Vater. Diesen Riesen hätte ich mit der bloßen Faust totgeschlagen, wäre ich ihm begegnet.« Donar stand auf, begrüßte seinen Sohn und sagte: »Aus dir wird noch mal was, mein Junge.«

Dann begab Donar sich zu der Seherin Groa, um sich den Wetzstein aus dem Kopf entfernen zu lassen. Groa sang ihre Zauberlieder, und der Wetzstein begann sich zu lockern. Zum Dank wollte Donar Groa eine Freude machen, und so berichtete er ihr, daß ihr lange vermißter Gemahl Orendel bald nach Hause zurückkehren werde. Er habe ihn selbst aus Riesenheim herausgeholt. Darüber war Groa so glücklich, daß sie sich plötzlich auf keine Zauberlieder mehr besinnen konnte. So kommt es, daß der Wetzstein noch heute in Donars Kopf steckt.

Hrungnirs Herz aber ist seit dieser Zeit ein kraftvolles Zeichen, in Stein oder Eisen geritzt, bannt es alles Böse.

Anmerkung:
Der Kern dieser Sage muß sehr alt sein, denn das Hrungnirherz findet sich als magisches Zeichen bereits auf den gotländischen Bildsteinen Lärbro Hammars I, Hammars III und Tängelgärda I, die alle um das Jahr 700 geschaffen wurden (Abb. 33, 51 u. 54).

Wie Donar seinen Hammer zurückholte

Donar hütete seinen geliebten Hammer wie seinen Augapfel. Vom Erwachen bis zum Schlafengehen führte er ihn in der Faust, um jederzeit den Feinden der Asen Einhalt gebieten zu können. Alle Asen wußten, daß Donars Hammer die stärkste Waffe der Götter in ihrem Kampf gegen die Riesen war. Und Donar liebte seinen Hammer, diesen fürchterlichen Zermalmer, der ihn zum stärksten Wesen der Welt machte. Kein noch so grausiges Ungeheuer konnte ihm lange Widerstand leisten, wenn er die Blitz und Donner sprühende Waffe in der Faust führte. Donar mochte sich daher auch nachts nicht von seinem Hammer trennen und legte ihn deshalb immer direkt neben sein Lager, um sofort nach ihm greifen zu können.

Eines Morgens erwachte Donar und griff ins Leere. Sein Hammer war fort! Wild sprang er auf, schüttelte sein rotes Haar, ballte die Fäuste und brüllte vor Zorn. Das hörte Loki und kam neugierig herbei. »Höre, Loki«, sprach Donar, »dir will ich anvertrauen, was noch niemand weiß, weder auf Erden noch im Himmel, was aber für die ganze Welt schreckliche Folgen haben kann: Mein Hammer ist gestohlen!«

Der schlaue Loki überlegte nur kurz. Dann erwiderte er: »Ein Riese wird ihn geraubt haben. Freia soll mir ihr Federkleid leihen, dann will ich nach Riesenheim fliegen und erkunden, wo dein Hammer steckt.«

Donar fand diesen Vorschlag gut, und beide gingen unverzüglich zur Halle der schönen Freia. Donar sprach: »Denk dir, Freia, mein Hammer ist gestohlen. Leih mir dein Federkleid. Loki soll damit nach Thursenheim fliegen, um den Hammer zu suchen.«

»Dir leih' ich mein Federkleid gern, und wär' es aus purem Gold«, erwiderte die schöne Göttin, »denn fürwahr, es könnte uns allen übel ergehen, erhieltest du nicht bald deinen Hammer zurück.«

So flog Loki im rauschenden Federkleid davon. Bald lag Asgard hinter ihm, und nach langem Flug erkannte er das Land der Riesen unter sich. Auf einem Hügel saß Thrym, der König der Riesen. Er band seinen Jagdhunden goldene Bänder und strich seinen Pferden die Mähnen glatt. Trotz des Federkleides erkannte er Loki sofort. »Was gibt's bei den Asen? Was gibt's bei den Alben? Was trieb dich her nach Riesenheim?« fragte er scheinheilig. »Schlimm geht's den Asen, und schlimm geht's den Alben. Hältst du Donars Hammer versteckt?«

Da lachte der Riese triumphierend! »Gewiß, ich habe ihn versteckt! Acht Meilen unter der Erde. Und keiner holt ihn dort jemals hervor, es sei denn, Ihr Asen führt mir die schöne Freia als Braut zu.«

Schweigend verharrte da Loki. Dann sprach er: »Gut, ich werd's ausrichten«, und erhob sich in die Lüfte, daß die Federn rauschten. In Asgard sah er Donar ungeduldig vor seiner Halle auf- und abgehen. Noch ehe er gelandet war, rief Donar ihm zu: »Sag, was hast du erkundet? Berichte ausführlich! Hat sich die Mühe gelohnt? Ich will alles genau erfahren.«

»Die Mühe hat sich gelohnt«, erwiderte Loki. »Thrym, der König der Riesen, hat deinen Hammer. Er hält ihn acht Meilen unter der Erde versteckt. Und dies ist seine Bedingung für die Herausgabe: Er will die schöne Freia zur Frau!«

»Der Schurke!« brüllte Donar, »dieser unverschämte Grobian! Was bildet der sich eigentlich ein?« Doch nach kurzem Bedenken fuhr er ruhig fort: »Aber wir haben keine andere Wahl. Laß uns zu Freia gehen.«

Entschlossen begaben sich beide zur Halle der Göttin. Doch kaum hatte Loki die Bedingung des Riesen ausgesprochen, da erlebten sie einen Wutausbruch, wie sie ihn zuvor noch nie bei einer Frau gesehen hatten. »Seid ihr von Sinnen?« schrie sie mit zornrotem Gesicht und flammendem Blick. »Das mannstollste Weib müßte ich sein, reiste ich zu diesem Scheusal nach Riesenheim!« Wutentbrannt riß sie sich Brisingamen, den kostbaren Halsschmuck aus Gold und Edelsteinen, herunter und warf ihn zu Boden. Dann stampfte sie mit den Füßen, daß ganz Asgard erbebte.

Betreten schlichen Donar und Loki zu Wodan und erstatteten ihm Bericht. Darauf versammelte Wodan alle Götter zum Thing, und auch alle Göttinnen hielten Rat. Der Hammer mußte unbedingt zurückgeholt werden, darin waren sich alle einig. Aber wie? Schließlich sprach der kluge Heimdal: »Donar selbst muß als Braut verkleidet nach Riesenheim gehen. Nur so kann es gelingen. Binden wir ihn also mit Brautlinnen, schmücken ihn mit Brisingamen, hüllen ihn in Frauenkleider, stecken ihm das Haar zu einer schmucken Frisur und hängen ihm die klirrenden Schlüssel an den Gürtel.«

Dröhnendes Gelächter erfüllte den Saal. Da sprach Donar bitter: »Zum Gespött macht ihr mich. Weibisch werden mich Asen und Wanen nennen, falls ich mich als Braut verkleide.« Doch Loki fiel ihm ins Wort: »Spar dir deine Empfindlichkeit. Wir haben keine andere Wahl. Willst du, daß bald Riesen in diesem Saale sitzen? Also zier dich nicht. Ich werde dich als deine Magd begleiten.«

Also geschah es. Für die Göttinnen war es ein Riesenspaß, den stolzen Donar als Braut zu schmücken. Sie ließen es an keiner fraulichen Zutat fehlen. Doch Donar war nicht nach Lachen zumute. Nur mühsam konnte er seinen Zorn unterdrücken. Als die Frauen endlich ihr liebevolles Werk beendet hatten, ließ er die Böcke anschirren, sprang mit Loki in den Wagen und jagte davon, daß die Funken sprühten und die Berge donnerten.

Als Thrym das Gefährt aus Asgard herankommen sah, brach Jubel in Riesenheim aus. In aller Eile wurde die Hochzeit vorbereitet. Es sollte das größte und schönste Fest werden, das Riesenheim je gesehen hatte. Der Saal wurde reich mit Blumen geschmückt. Kühe mit goldenen Hörnern und rabenschwarze Ochsen wurden zum Schlachten getrieben, damit es an nichts fehle. Und Thrym jubelte: »Habe vielen Schmuck, viele Schätze, allein Freia, die schönste Frau der Welt, fehlte mir noch zu meinem Glück.«

Der Saal war bereits mit Gästen gefüllt, als Thrym die Braut zu ihrem Ehrenplatz geleitete. Dann begann das Festmahl. Donar verschlang einen Ochsen, acht Lachse, alles Gebäck, das für die Frauen bestimmt war, und trank drei Tonnen Met. Da staunte Thrym: »Nie sah ich Bräute gieriger schlingen, nie ein Mädchen so viel Met trinken!« Rasch beugte sich da die gewitzte Magd zu Thrym und sprach: »Acht Tage und Nächte hat Freia nichts gegessen, so sehr sehnte sie sich nach Thryms Saal.«

Das erfreute den König der Riesen. Lüstern rückte er näher an die Braut und hob vorsichtig ihren Schleier, um ihr Antlitz zu schauen. Doch erschrocken fuhr er zurück. »Wie furchtbar sind Freias Augen! Wie Feuer flammt es aus Freias Blick!« Wieder beugte sich die Magd zu Thrym und sprach rasch: »Acht Tage und Nächte lang hat Freia nicht geschlafen, so sehr sehnte sie sich nach Thryms Saal.«

Das beruhigte den erschrockenen Riesen, und er rief glücklich in den Saal: »Bringt den Hammer! Der Bund der Ehe soll nun geweiht werden! Legt Mjölnir der Braut in den Schoß!«

Da lachte Donar das Herz im Leibe, als er sah, wie sein Hammer hereingetragen wurde. Kaum lag die Waffe in seinem Schoß, da sprang er auf und schleuderte ihn gegen Thrym, der auf der Stelle tot zusammenbrach. Den versammelten Riesen blieb kaum Zeit, sich von diesem Schrecken zu erholen. Ohne Unterlaß wütete Donar wie entfesselt und ruhte nicht eher, bis alle Riesen erschlagen waren.

So holte Donar seinen Hammer heim.

Wie Donar den Braukessel erbeutete

Einst kamen die Asen von anstrengender Jagd. Reichlich Wild hatten sie erbeutet. Nun lechzten sie nach einem erfrischenden Trunk, denn ihr Durst war groß. Da beschlossen sie, zum Meerriesen Ägir zu gehen, bei dem sie schon häufig gezecht hatten und wo es immer Bier im Überfluß gab.

Sie fanden Ägir arglos vor seiner Felswohnung sitzen. »Auf Alter«, fuhr Donar ihn barsch an, »die Götter haben Durst, schenk ihnen ein, aber reichlich!« Verdutzt schaute Ägir zu den hohen Gästen auf. »Gern würde ich euch reichlich Bier brauen, doch mir fehlt der Kessel dazu«, meinte er. Mißtrauisch durchsuchten die Götter die Wohnung des Riesen und stellten verärgert fest, daß in der Tat kein Kessel vorhanden war. Da sprach Tiwaz, Gott des Things: »Ich weiß Rat. Hoch im Norden am Himmelsrand, dort wo die Fluten zu Eis erstarrt sind, wohnt mein weiser Vater, der kühne, bärenstarke Riese Hymir. Er besitzt genau den Kessel, den wir brauchen. Ein mächtiges, meilentiefes Gefäß.« »Auf, was warten wir noch! Laßt es uns holen!« rief Donar und wandte sich bereits zu seinem Bocksgespann. »Moment, warte, Freund! Laß mich mit dir gehen, denn nur mit List werden wir den Kessel erbeuten«, erwiderte Tiwaz und eilte Donar nach.

Beide bestiegen Donars schnelles Gefährt, und schon rasten die Böcke davon, daß die Blitze krachten und der Donner rollte. Nach langer Fahrt erreichten sie das Heim des befreundeten Riesen Egil, bei dem sie die Böcke unterstellten. Dann schritten sie zur Halle des Hymir.

Tiwaz' Mutter freute sich riesig, als sie ihren Sohn erkannte. Sie umarmte ihn und begrüßte auch seinen Freund Donar herzlich. Dann holte sie Bier herbei und sprach: »Erfrischt euch erst einmal von der langen Reise. Aber setzt euch mit dem Bier hinter die Säule. Mein Mann ist so schrecklich geizig und duldet daher keine Gäste. Er braucht euch nicht gleich zu sehen, wenn er heimkommt.« Donar hielt diese Vorsichtsmaßnahme zwar für überflüssig, aber um die rührend besorgte Mutter seines Freundes nicht zu kränken, setzte er sich mit Tiwaz hinter die Säule.

Spät erst kehrte der grimmige Hymir heim. Das Eis klirrte, als er den Saal betrat. Selbst sein Bart war von der eisigen Kälte gefroren. »Heil dir, Hymir«, begrüßte ihn sein Weib, »ich habe eine freudige Überraschung für dich. Dein Sohn sitzt hier in der Halle. Er hat eine weite Reise hinter sich. Er hat seinen Freund Donar, den Beschützer der Menschen, mitgebracht. Sie sitzen dort im Saalgiebel hinter der Säule.«

Hymir stutzte, als er den Namen seines Feindes Donar hörte, der schon so viele Riesen getötet hatte. Er richtete seinen Blick mit solcher Schärfe gegen die Säule, daß diese zerbarst und acht Kessel, die auf dem Querbalken gestanden hatten, zu Boden stürzten und zersprangen. Doch unbekümmert traten Tiwaz und Donar hinter Schutt und Scherben hervor und begrüßten den grimmigen Alten.

Nun wurden drei Stiere aus dem Stall geholt, rasch geschlachtet und als Mahlzeit zubereitet. Doch da staunte selbst der ungeschlachte Riese Hymir, als Donar zwei der Stiere ganz allein verzehrte. »Alle Achtung«, sprach er. »Ich dachte, drei Stiere würden für uns drei für mehrere Tage reichen. Doch nun müssen wir wohl morgen aufs Meer fahren und auf Fischfang gehen, damit ich euch auch morgen noch ein Nachtmahl vorsetzen kann.« »Das fügt sich gut«, erwiderte Donar, »ich wollte schon immer einmal mit einem Riesen zum Fischen gehen.«

Früh am nächsten Morgen brachen Hymir und Donar auf. »Wo ist der Köder?« fragte Donar. »Den mußt du dir selbst besorgen«, entgegnete der Riese, »geh doch zur Herde, wenn du Mut hast, und entlocke dem Stier einen Köder, wenn du kannst.« Das ließ Donar sich nicht zweimal sagen. Wortlos schritt er zum Wald, wo die Rinderherde weidete. Als ein mächtiger schwarzer Stier mit gesenktem Haupt auf ihn zugerannt kam, packte er ihn behende bei den Hörnern und riß ihm mit einer blitzschnellen Drehung den Schädel ab.

Hymir schaute Donar aus großen Augen wortlos an, als dieser mit dem bluttriefenden Stierschädel zum Boot zurückkehrte. Ihm schwante Unheil. Mit kräftigen Ruderschlägen trieben beide das Boot weit aufs Meer. »Hier laß uns stoppen, hier ist ein guter

Fanggrund«, riet Hymir nach einer Weile. »Vorwärts!« knurrte Donar und ruderte mit kräftigen Schlägen unverdrossen weiter. »Was hast du vor, Riesentöter?« fragte Hymir. »Wenn du so weitermachst, sind wir bald im Reich der Midgardschlange, die mit ihrem Körper die Erde umgürtet, und dann wehe uns! Sie versteht keinen Spaß.« Doch Donar antwortete nicht. Mit unbewegtem Gesicht ruderte er immer weiter. Endlich hielt er ein. »So, nun frisch ans Werk!« rief er.

Hymir warf seine Angel aus und holte binnen kurzem zwei mächtige Wale aus dem Wasser. Währenddessen spießte Donar den Stierschädel auf einen riesigen Haken, der an einer armdicken Angelschnur befestigt war, und warf ihn mit kräftigem Schwung über Bord. Es dauerte nicht lange, da geriet das Meer in brodelnde Bewegung. Vom Grunde des Ozeans griff gierig zum Köder die Midgardschlange, der schreckliche Wurm, der die Erde bedrohte und den die Götter haßten. Mit äußerster Kraft holte nun Donar die Leine ein und riß den Kopf der Schlange die Bordwand hoch, daß die Gischt hoch aufspritzte und Boot und Männer im Sprühnebel verschwanden. Donar zückte seinen Hammer und hieb ihn mit äußerster Kraft der Schlange aufs Haupt, wieder und wieder! Doch da brach ein Inferno los. Die Schlange wehrte sich wütend, spie ätzendes Gift und peitschte mit ihrem Körper die See, daß die Erde bebte, die Berge schwankten und die Felsen dröhnten. Da faßte sich Hymir, der schon um sein Leben fürchtete, ein Herz und hieb mit dem Fischmesser die Angelschnur durch, daß die Schlange ins Meer zurücksank. Wütend brüllte Donar den Riesen an: »Warum hast du das getan! Du hast mir den besten Fang meines Lebens geraubt!« »Hast du vergessen, daß die Midgardschlange der Freund der Riesen ist?« erwiderte Hymir, »gar schlecht lohnst du meine Gastfreundschaft, wenn du meine Freunde erschlägst.«

Schweigend miteinander grollend, ruderten beide heim. Doch als sie in der Halle saßen, brach sich Hymirs Zorn erneut Bahn. »Du ruderst zwar stark und schwingst kräftig den Hammer, doch diesen Kelch hier zerbrichst du nicht!« So reizte er Donar und stellte seinen mächtigen gläsernen Bierkrug auf den Tisch. Donar ergriff den Krug und schleuderte ihn gegen eine Säule. Doch siehe da, die Säule sprang in Stücke, aber der Kelch blieb heil. «Da seht her, was es mit der vielgerühmten Stärke des großen Donnerers auf sich hat!« höhnte da Hymir. Wütend packte Donar den Krug aufs neue und schleuderte ihn gegen eine andere Säule. Doch wiederum barst die Säule, und der Krug blieb unversehrt. Dröhnend lachte Hymir. Da flüsterte das Weib des Riesen dem Gott ins Ohr: »Nur Riesenschädel sind härter als dieser Kelch.« Rasch ergriff Donar den Krug ein drittes Mal, holte gewaltig aus und hieb ihn mit seiner ganzen Asenstärke dem Riesen auf den Kopf. Klirrend zerbrach der Kelch.

Wütend sprang Hymir auf, und es schien, als wolle er sich auf Donar stürzen. Doch dann verwandelte sich sein Gesicht in Trauer. Langsam setzte er sich und sprach: »Meinen geliebten Krug hast du mir zerbrochen, mein kostbarstes Kleinod. Nie mehr werde ich jetzt Bier brauen. Zieht von hinnen auf Nimmerwiedersehen. Und nehmt den Braukessel dort mit, falls ihr ihn heben könnt. Ich brauche ihn nicht mehr.« Da warfen Tiwaz und Donar sich einen verstohlenen Blick zu. Es war der mächtige, meilentiefe Braukessel, auf den sie es von Anbeginn abgesehen hatten. Tiwaz ging zum Kessel, zerrte zweimal mit aller Kraft daran, aber der Zuber rührte sich nicht. Darauf packte Donar den Kessel mit beiden Händen, hob ihn hoch in die Luft und stülpte sich ihn über den Kopf, so daß die Kesselringe an seinen Knöcheln klirrten. So verließen sie die Halle Hymirs.

Doch der Riese sann auf Rache. Kaum waren die beiden Asen hinter der ersten Anhöhe verschwunden, da versammelte er ein Heer von kampfeshungrigen Riesen und nahm mit ihm die Verfolgung der Götter auf. Als Tiwaz die wilden Gestalten nahen sah, rief er Donar zu: »Freund, wende dich um, dein Hammer soll erneut Arbeit bekommen.« Donar setzte den Kessel ab und sah den Riesen gelassen entgegen. Er ließ sie ganz nahe herankommen, ehe er den schrecklichen Zermalmer zückte und so lange kreisen ließ, bis alle Angreifer tot am Boden lagen.

Groß war der Jubel in Ägirs Halle, als wenig später Donar und Tiwaz mit dem gewaltigen Braukessel dort eintrafen. Nun konnten die Götter Bier trinken, soviel sie wollten, den ganzen Winter hindurch.

Donar bei Geiröd

Eines Tages lieh Loki sich Frijas Falkengewand und flog damit nach Riesenheim. Dort setzte er sich auf die Halle des Riesen Geiröd. Dieser entdeckte ihn jedoch durch ein Dachfenster und befahl einem Diener, den Vogel zu greifen. Da das Dach sehr steil war, hatte der Diener große Mühe, zu dem Vogel aufzusteigen. Immer wieder rutschte er ab. Darüber freute sich Loki, und er nahm sich vor, erst im allerletzten Augenblick aufzufliegen. Doch als der Zeitpunkt gekommen war, klebten seine Füße fest am Dach. Da wurde Loki gegriffen und zu Geiröd gebracht.

Als der Riese dem Vogel in die Augen sah, kam ihm der Verdacht, er könnte ein getarnter Mensch sein, und fragte: »Wer bist du, der du im Falkengewand zu mir kommst?« Aber Loki schwieg. Da sperrte ihn Geiröd in eine Kiste und ließ ihn dort drei Monate schmachten. Als er ihn danach erneut befragte, nannte Loki seinen Namen und bat um seine Freiheit. Da erwiderte Geiröd: »Ich lasse dich nur frei, wenn du mir einen heiligen Eid schwörst, Donar ohne Hammer und Kraftgürtel in meine Halle zu bringen.« Notgedrungen leistete Loki den Eid.

Nach Asgard zurückgekehrt, ging Loki zu Donar und schwärmte dort von der Milde und Gastfreundschaft des Riesen Geiröd. So konnte er Donar überreden, ohne Hammer und Kraftgürtel zu Geiröd aufzubrechen.

Unterwegs kehrten Donar und Loki bei der freundlichen Grid ein, der Mutter von Wodans Sohn Widar. Als diese erfuhr, wohin die Reise gehen sollte, warnte sie Donar eindringlich vor der Falschheit des Geiröd und riet ihm, keinesfalls unbewaffnet zu ihm zu gehen. So lieh sie ihm aus ihrem eigenen Besitz Kraftgürtel, Eisenhandschuhe und einen Kraftstab.

Auf der Weiterreise kamen Donar und Loki an einen mächtigen Strom. Da band Donar seinen Kraftgürtel um und stemmte sich mit dem Stab gegen die Strömung. Loki aber hielt sich am Kraftgürtel fest. Als Donar die Mitte des Stromes erreicht hatte, spülte ihm das Wasser bereits über die Schultern. Da sah er stromabwärts Geiröds Tochter Gjalp mitten im Strom stehen und wußte, warum sich das Wasser so gewaltig staute. Er nahm einen großen Stein, warf ihn nach ihr und rief: »An der Quelle staut man, was quillt!« Erschrocken sprang die Riesentochter aus dem Wasser. Am jenseitigen Steilufer ergriff Donar den überhängenden Ast einer Eberesche und zog sich daran hoch. Seitdem gilt die Eberesche als Donars Rettung.

Kurz darauf erreichten sie Geiröds Halle. Als Donar eintrat, bat Geiröd ihn, auf einem Stuhl Platz zu nehmen. Doch kaum hatte Donar sich gesetzt, da stieg der Stuhl zum Dach empor. Darauf stemmte Donar seinen Stab so kräftig gegen das Dach, daß unter seinem Stuhl plötzlich ein Krachen und Schreien ertönte. Was war geschehen? Unter dem Stuhl hatten Geiröds Töchter Gjalp und Greit gesteckt. Nun hatte er ihnen das Rückgrat gebrochen.

Als Donar nun auf Geiröd zuging, nahm dieser mit einer Zange ein glühendes Stück Eisen aus dem Herdfeuer und schleuderte es gegen Donar. Doch dieser ergriff mit seinem Eisenhandschuh das glühende Geschoß im Fluge. Als er ausholte, um es Geiröd heimzuzahlen, sprang dieser schnell hinter eine Säule. Da schleuderte Donar das Eisenstück mit seiner ganzen Asenkraft, daß es zuerst die Säule durchschlug, dann Geiröds Kopf, danach die Wand der Halle und sich schließlich draußen tief ins Erdreich bohrte. So strafte Donar den heimtückischen Anschlag des Riesen.

Die Baldersage

Einst hatte der gute Balder schwere Träume, die Gefahr für sein Leben bedeuteten. Als er die Träume den Asen erzählte, rief Wodan zum Thing, und die Götter hielten Rat. Sie beschlossen, Frija solle alle Dinge der Welt, Menschen, Tiere, Pflanzen, Steine, Erde, Eisen, Feuer, Wasser und alle Krankheiten, heilige Eide schwören lassen, daß sie ihrem Sohn Balder kein Leid zufügen würden. Darauf eilte Frija durch die ganze Welt und ließ alle Dinge schwören. Als dies geschehen war, machten sich die Götter einen Zeitvertreib daraus, daß auf ihren Thingversammlungen Balder sich in der Mitte aufstellte und alle Götter auf ihn schossen, ihn mit Steinen bewarfen und mit Schwertern auf ihn einhieben, denn was auch immer sie taten, nichts konnte Balder etwas anhaben.

Als der böse Loki dies beobachtete, faßte er den Plan, Balder zu verderben. Er ging in Gestalt einer alten Frau zu Frija und fragte sie, was für ein merkwürdiges Spiel die Asen mit Balder trieben. Die arglose Frija erzählte es der alten Frau. Da fragte Loki: »Haben tatsächlich alle Dinge ohne Ausnahme den Eid geschworen?« »Alle«, erwiderte Frija, »nur westlich von Walhall wächst ein kleiner Mistelschößling, der erschien mir für einen Eid zu jung.«

Darauf wanderte Loki zu dem Mistelzweig, riß ihn samt Wurzel heraus und ging mit ihm zum Thing. Etwas abseits der Männer, die Balder umringten, sah er den blinden Hödur stehen. Loki fragte ihn: »Warum schießt du nicht auch auf Balder?« »Du weißt doch, ich kann nicht sehen, und außerdem bin ich waffenlos«, erwiderte Hödur. Da sagte Loki: »Erweise doch Balder die Ehre und tu wie die anderen. Ich zeige dir, wo er steht. Schieße mit diesem Stock, ich führe dir die Hand.« Da nahm Hödur den Zweig und schleuderte ihn mit Lokis Hilfe auf Balder. Das Geschoß durchdrang die Brust des unschuldigen Gottes, und Balder sank tot zur Erde.

Lähmendes Entsetzen befiel die Götter. Keiner war fähig, ein

Wort zu sprechen oder eine Hand zu rühren. Fassungslos sahen sie einander an, und als sie reden wollten, kamen ihnen die Tränen. Alle waren erfüllt von tiefer Trauer, und alle fühlten zugleich die Pflicht zur Rache an dem, der diese Untat begangen hatte. Doch der unbedingte Friede der Thingstätte hinderte sie daran, die Rache auf der Stelle zu vollziehen.

Nach einer Weile ergriff Frija als erste das Wort. »Diese Untat darf keinen Bestand haben«, sprach sie, »niemals werde ich den Verlust meines geliebten Balder verwinden. Ich bitte euch inständig, daß einer von euch zur Hel reitet und dort Balder sucht. Er soll Hel jedes gewünschte Lösegeld bieten, wenn sie ihn heimziehen läßt nach Asgard. All meine Gunst und mein tiefer Dank gilt demjenigen von euch, der diesen Ritt wagt.« Da erhob sich der kühne Hermod und sprach: »Ich reite.« Und Wodan sagte: »Nimm meinen Hengst Sleipnir, mein Sohn, er wird dich sicher den Helweg führen.«

Dann nahmen sie Balders Leichnam und trugen ihn ans Meer, wo sein prächtiges Schiff Ringsteven am Strand lag. Sie errichteten auf dem Schiff einen Scheiterhaufen und betteten den Leichnam darauf. Als Balders Gemahlin Nanna dies sah, zersprang ihr das Herz vor Leid, und sie brach tot zusammen. Da legten sie Nannas Leichnam neben Balder und zündeten den Scheiterhaufen an. Auch Balders Pferd wurde gesattelt und gezäumt auf den Holzstoß geführt. Dann streifte Wodan seinen Goldring Draupnir, von dem jede 9. Nacht acht ebenso schwere Goldringe abtropfen, auf Balders Arm, und Donar weihte den Scheiterhaufen mit seinem Hammer.

Alle Asen waren zu diesem Begräbnis erschienen. Wodan und Frija standen in vorderster Reihe, umgeben von den Walküren. Auf Wodans Schultern saßen die Raben Hugin und Munin. Frei saß in seinem Wagen, vor den er den Eber Goldborste gespannt hatte. Heimdal ritt seinen Hengst Goldmähne, und Freia war mit einem Katzengespann erschienen. Auch eine große Schar Riesen war gekommen, die sich still und respektvoll im Hintergrund hielt. Als die Flammen prasselnd hochschlugen, schoben die Götter das Schiff in die Brandung. Ruhig und majestätisch, weithin leuchtend, trieb es hinaus auf die offene See.

Inzwischen ritt Hermod den Helweg. Nach neun Nächten durch nachtschwarze, tiefe Täler gelangte er an den reißenden Strom, hinter dem die Unterwelt beginnt. Als er über die goldene Brücke ritt, fragte ihn die Wächterin, die Magd Modgund, nach Namen und Abkunft und fügte hinzu: »Gestern sind fünf Scharen toter Männer über die Brücke geritten, aber die Brücke dröhnte nicht lauter als unter dir. Du siehst nicht aus wie ein Toter. Wie kommst du hierher?« »Ich muß zu Hel, um Balder zu suchen«, antwortete Hermod, »hast du ihn gesehen?« »Ja«, erwiderte sie, »er ist gestern über diese Brücke geritten und sitzt jetzt in Hels Halle.« Da spornte Hermod Sleipnir kräftig an und sprang mit einem gewaltigen Satz über das hohe Heltor. Dann ritt er zur Halle, stieg vom Pferd und ging hinein. Da sah er seinen Bruder Balder an der Tafel sitzen.

Am nächsten Morgen sprach Hermod lange und eindringlich mit Hel. Er schilderte ihr die Trauer der Asen und den tiefen Schmerz Frijas und bat sie, Balder heimreiten zu lassen. Hel antwortete: »Wenn es wahr ist, daß alle Welt um Balder trauert, dann soll er nach Asgard heimkehren. Meine Bedingung ist, daß alle Dinge in der Welt, lebendige und tote, ihn beweinen. Falls auch nur ein Ding keine Tränen für ihn vergießen will oder kann, muß er hier in der Unterwelt bleiben.« Erleichtert verabschiedete sich Hermod. Balder und Nanna geleiteten ihn zur Halle hinaus. Balder reichte Hermod den Ring Draupnir und sprach: »Gib ihn meinem Vater zurück als Andenken an seinen Sohn Balder.« Und Nanna überreichte ihm das kostbare Tuch, das man ihr auf den Scheiterhaufen mitgegeben hatte, als Dank an Frija.

Hermod ritt zurück nach Asgard und berichtete den Asen alles, was er in der Hel gesehen und gehört hatte. Darauf sandten die Götter Boten aus in alle Welt, um alle Dinge aufzufordern, für Balder zu weinen. Und alle taten es. Menschen, Tiere, Pflanzen,

Steine, Erde, jedes Gerät und jedes Ding, sei es aus Holz, Eisen oder Gold. Als die Boten heimkehrten, sahen sie in einer Berghöhle eine Riesin sitzen. Auch sie baten sie, um Balder zu weinen. Doch sie antwortete: »Weder lebend noch tot hat dieser Wodanssohn mir Gutes getan. Hel behalte, was sie hat.«

Die Riesin war der verkleidete Loki. Er machte Balders Tod unabänderlich.

Anmerkung:
Auch vom Tod Balders gibt es eine bildliche Darstellung auf einem der gotländischen Bildsteine, nämlich im obersten Feld des Steines Ardre VIII, der im 8. Jahrhundert entstanden ist. Dort sieht man ganz links Balder im Schwerttanz, sodann einen Kultstein und rechts davon Hödur und Loki, die den todbringenden Speer gegen Balder führen. Zwei Beifiguren, eine liegend vor Hödur, den Kultstein berührend, und eine stehend hinter Loki, vervollständigen das Bild. Rechts sieht man Wodan auf dem achtbeinigen Sleipnir und oberhalb der Balderszene den mächtigen Palast Walhall (Abb. 60).

Die Rache an Loki

Nach Balders Tod wußte Loki genau, daß die Asen zur Rache schreiten würden. Er flüchtete ins Gebirge und baute sich auf einem hohen Berg ein Haus mit vier offenen Türen nach allen Seiten, so daß er ständig beobachten konnte, ob sich jemand näherte. Oft verwandelte er sich auch in einen Lachs und verbarg sich unter einem Wasserfall. Doch Wodan entdeckte ihn von seinem Hochsitz aus.

Als die Asen den Berg zu Lokis Haus hinaufstiegen, flüchtete Loki gleich in den Fluß. Doch die Götter hatten ihn bemerkt. Sie nahmen ein Schleppnetz, warfen es unter dem Wasserfall in den

Fluß und schleppten es dann flußabwärts. Donar hielt die eine Netzleine, am linken Ufer gehend, die übrigen Götter führten die andere Leine, das rechte Ufer entlangwandernd. Loki schwamm vor dem Netz her und legte sich dann so geschickt zwischen zwei Steine auf den Grund, daß das Netz über ihn hinwegglitt. Doch die Götter bemerkten es. Sie gingen zum Wasserfall zurück und warfen das Netz von neuem aus, beschwerten es diesmal aber so stark, daß nichts darunter durchschlüpfen konnte. Loki schwamm wieder vor dem Netz her, und als er sah, daß er ins Meer getrieben wurde, wandte er sich um, sprang über den oberen Rand des Netzes und schwamm zum Wasserfall zurück. Wiederum hatten die Götter ihn bemerkt. Sie gingen erneut zum Wasserfall hinauf und warfen das Netz zum dritten Mal aus. Jetzt watete Donar in der Mitte des Flusses, und die übrigen Asen verteilten sich auf beide Ufer und zogen die Netzleinen. Wieder schwamm Loki vor dem Netz her, und wiederum näherten sie sich dem Meer. Loki wußte, daß beide Möglichkeiten, die ihm blieben, ins Meer zu treiben oder noch einmal über das Netz zu springen, lebensgefährlich waren. Er entschied sich für einen erneuten Sprung über das Netz. Aber Donar griff blitzschnell zu und packte ihn. So sehr Loki auch zappelte, es half ihm nichts.

Die Götter brachten Loki in eine Felshöhle. Dort stellten sie drei flache Findlinge senkrecht auf, schlugen in jeden ein Loch und legten Loki so auf die Steine, daß der erste unter seinen Schultern stand, der zweite unter seinem Kreuz und der dritte unter seinen Knien. Dann holten sie Lokis Söhne Wali und Nari. Sie verwandelten Wali in einen Wolf. Dieser zerriß seinen Bruder Nari, und dessen Därme nahmen die Asen und banden damit Loki auf den Steinen fest. Danach verwandelten sie die Därme in Eisen.

Doch damit war die Rache noch nicht vollendet. Skadi nahm eine Giftschlange und brachte sie so über Loki an, daß ihr Gift Loki ins Gesicht träufeln sollte. Aber Sigyn, Lokis Frau, steht ständig neben ihrem Mann und hält eine Schüssel unter das träufelnde Gift. Nur wenn die Schüssel voll ist und Sigyn sie rasch ausschüttet, fallen Loki die giftigen Tropfen ins Gesicht. Dann zuckt er so heftig vor Schmerz, daß die ganze Erde bebt. Doch die eisernen Bande halten ihn unerbittlich fest. So büßt Loki für seine Untat an Balder.

Götterdämmerung und Weltuntergang

Schlimme Vorzeichen ließen Böses ahnen. Drei lange Winter hindurch wurden auf der ganzen Welt große Schlachten geschlagen. Die Menschen verrohten, die Sitten verfielen. Die Bande der Sippe galten nichts mehr. Brüder erschlugen einander, der Sohn hob das Schwert gegen den Vater, und der Vater mordete den Sohn. Niemand scheute Ehebruch und Laster. Es folgten drei Winter unmittelbar aufeinander, ohne Sommer dazwischen, mit Schneetreiben aus allen Himmelsrichtungen, starkem Frost und eisigen Winden. Die Sonne schien nicht mehr.

Dann geschieht es. Die Erde bebt, Berge brechen, Bäume stürzen, alle Fesseln und Bande reißen. Der Fenriswolf kommt los! Er rennt mit klaffendem Rachen, daß die Kiefer Himmel und Erde berühren. Feuer glüht in seinen Augen und Nüstern. Überall gärt und brodelt es, rast die Rachsucht. Von allen Seiten stürmen die Feinde der Götter und Menschen gegen Asgard. Von der Unterwelt sticht das Schiff Nagelfar, das aus den Nägeln der Toten erbaut ist, in See. Am Steuer steht Loki. Auch seine Fesseln sind gesprengt. Er führt die wilde, grauenvolle Schar der Helbewohner. Die Midgardschlange rast in Riesenzorn! Sie peitscht wütend die Wellen und geifert Gift. Gellend heult Garm, der Höllenhund. Von Süden reitet Surt heran mit sengender Glut. Er führt das rasende Riesenheer. Die Weltesche zittert. Zwerge stöhnen vor Steintoren.

Da stößt Heimdal ins Horn. Er weckt die Helden in Walhall, die sich waffenklirrend hinter Wodan scharen. Wodan versammelt die Götter zum Thing. Dann reitet er zu Mimirs Brunnen und weiß: Dies ist das Ende der Welt.

Da reiten sie alle zum Felde Wigrid, der großen Walstatt, 100 Meilen in Länge und Breite, und stellen sich auf zur letzten Schlacht. Ihre Helme und Schwerter blitzen in der Sonne. Heran stürzen da Riesen, Fenriswolf und Midgardschlange und Hels wilde Schar. Ihnen entgegen reiten die Asen. Voran reitet Wodan, er stürmt auf den Fenriswolf zu und schwingt den Speer. Neben ihm reitet Donar, er greift die Midgardschlange an, und Frei kämpft gegen Surt. Wütend tobt der Kampf! Die Erde bebt, der Himmel bricht, Sterne stürzen vom Firmament. Wodan schleudert Gungnir, doch der Fenriswolf wird nur verwundet. Er stürmt ungebremst weiter und verschlingt Wodan mit seinem Riesenrachen. Aber gleich erscheint Wodans Sohn Widar und rächt den Vater. Er tritt mit dem linken Fuß auf den Unterkiefer des Wolfes und reißt mit den Armen den Oberkiefer so hoch, daß der Rachen bricht und der Wolf verendet. Donar schlägt mit seinem Hammer voll Zorn und aller Kraft auf die Midgardschlange ein, die Gift und Galle speit. Doch Donar siegt, die Schlange sackt tot zusammen. Dann jedoch taumelt Donar neun Schritte zurück und fällt. Das Gift der Schlange hat ihn getötet. Frei, der ohne Schwert kämpft, kann Surt nicht standhalten. Auch er fällt. Tiwaz tritt gegen den gefährlichen Höllenhund Garm an, den Bewacher der Unterwelt. Beide kämpfen lange und verbissen und sinken gleichzeitig tot zu Boden. Überall Blut und Stöhnen! Heimdal liefert sich mit Loki einen harten Kampf. Jeder tötet den anderen. Götter, Helden und Riesen, alle sinken dahin. Da verlischt die Sonne, die blutgetränkte Erde versinkt im Meer, die Sterne stürzen vom Himmel. Rauch und Feuer rasen umher. Hohe Hitze steigt himmelan.

Das ist das Ende der Welt.

Doch eines Tages stieg die Erde wieder aus dem Meer empor, grün und schön, auf den Feldern wuchs das Korn ohne Aussaat, und der Adler schwebte über dem Felsen. Am Himmel erschien eine Tochter der erloschenen Sonne, die der Mutter ebenbürtig an Schönheit war und dieselbe Straße ging. Balder und Hödur kamen aus Hel zurück. Widar und Wali, die Söhne Wodans, kehrten wieder, auch Modi und Magni, die Söhne Donars. Sie brachten den Hammer ihres Vaters mit. Die jungen Götter wohnten auf dem Idafelde, wo früher Asgard stand. Alle setzten sich zusammen, trafen sich an goldenen Tafeln, und es herrschte Friede und Eintracht. Auch die Menschen kehrten auf die Erde zurück. Lif (Leben) und Liftrasir (Lebenskraft) lebten in einem Hain und nährten sich vom Morgentau. Von ihnen stammen alle heutigen Völker ab.

Anmerkung:
Man vermutet, daß diese Sage erst in der Zeit entstanden ist, als sich die germanische Religion bereits mit dem Christentum auseinandersetzen mußte. Schon der Hinweis auf die allgemeine Sündhaftigkeit der Menschen in der Einleitung der Sage läßt den Untergang der Götter und der Welt als eine Art Jüngstes Gericht erscheinen, zumal danach die »unschuldigen« Götter wiederkehren, allen voran Balder, der in seiner strahlenden Unschuld und Schönheit in der Zeit der Christianisierung als ein germanisches Ebenbild zu Christus empfunden wurde.

Diese Sage »ist das erschütternde Bekenntnis einer Seele, die zwischen zwei Weltperioden lebt; mit seinem Herzen hängt der Dichter an dem Alten, aber seine Sehnsucht führt ihn schon dem Neuen entgegen. So enthält das Gedicht die Zukunftsvision eines Mannes, der sehnsüchtig nach Erlösung aus dieser bösen Welt von Kampf und Trug, von Laster und Sünde verlangt.« (de Vries)

Die Vorstellung vom Untergang der eigenen Götter erscheint auch unvereinbar mit der tiefen Gläubigkeit, mit der die germanische Religion vor dem Aufkommen des Christentums von den Germanen empfunden und gelebt wurde. Denn Götter, die untergehen, sind weder allmächtig noch ewig.

Gleichwohl könnte in der Spätzeit des germanischen Glaubens die Vorstellung vom Untergang der eigenen Götter gemeingermanisches Gedankengut gewesen sein. Jedenfalls ist auch in alten deutschen Kirchen das sog. Verschlingungsmotiv anzutreffen, also Darstellungen, in denen ein wolfsgestaltiges Untier einen Menschen verschlingt wie der Fenriswolf Wodan, so u. a. im Dom zu Freising (Abb. 58 u. 59), in der Stiftskirche zu Berchtesgaden und in der Kapelle im Schloß Tirol. Ganz offensichtlich hat die christliche Kirche diese Vorstellung dankbar aufgegriffen und für ihre Zwecke nutzbar gemacht.

ANHANG

Hinweise

Dieses Buch beruht auf langjähriger, intensiver Beschäftigung mit den Quellen und der fachwissenschaftlichen Literatur einschließlich neuester Publikationen. Dennoch wurde es nicht in erster Linie für die Fachwelt geschrieben, sondern für alle geschichtlich und kulturhistorisch Interessierten. Jedem, der sich für die Religion unserer Ahnen interessiert, soll es die Möglichkeit bieten, sich ohne fachwissenschaftliche Vorkenntnisse ein umfassendes und zutreffendes Bild zu machen und alles Wissenswerte zu erfahren.

Aus diesem Grunde wurde sowohl auf eine breite Darstellung und Diskussion fachlicher Streitfragen als auch auf die Verwendung fachwissenschaftlicher Spezialausdrücke verzichtet. Ebenso wurde davon Abstand genommen, den laufenden Text mit Anmerkungen über Quellen- und Literaturhinweise zu versehen. Der Fachwissenschaftler wird anhand des Literaturverzeichnisses ohnehin leicht feststellen können, auf welchen Quellen die jeweilige Darstellung beruht. Dem interessierten Laien aber würde das Verständnis erheblich erschwert, wenn er das Lesen des Textes laufend unterbrechen mußte, um Anmerkungen zu studieren. Liest er die Anmerkungen aber nicht, so sind sie überflüssig.

Um jedoch dem interessierten Laien, der sich gern noch eingehender mit dem Stoff befassen und die unterschiedlichen Standpunkte zu Einzelproblemen kennenlernen möchte, bei der Auswahl geeigneter Literatur behilflich zu sein, seien hier einige der wichtigsten Standardwerke genannt:

de Vries, Jan	Altgermanische Religionsgeschichte, 2 Bände, 3. Aufl., Berlin 1970

Ström, Ake V. — Germanische Religion in: Die Religionen der Menschheit, Bd. 19, Stuttgart, Berlin, Köln, Mainz 1975

Derolet, R. L. M. — Götter und Mythen der Germanen, Wiesbaden 1963

Grönbech, Wilhelm — Kultur und Religion der Germanen, Hamburg 1937

Much, Rudolf — Die Germania des Tacitus, 3. Aufl., Heidelberg 1967

Genzmer, Felix — Edda, Erster Band, Heldendichtung (Thule I), Jena 1928
Edda, Zweiter Band, Götterdichtung und Spruchdichtung (Thule II), Jena 1920

Neckel, Gustav — Die jüngere Edda (Thule XX), Jena 1925

Wer einen Einblick in das Alltagsleben der Germanen in vorchristlicher Zeit gewinnen möchte, dem sei empfohlen, die Isländischen Sagas zu lesen, 1987 neu herausgegeben von Ulf Diederichs unter dem Titel »Die Helden von Thule«. Denken und Handeln der Frauen und Männer jener Zeit im Rahmen von Familiengeschichten, geschildert in der nüchternen, realistischen und dadurch modern anmutenden Sprache eines unbeteiligten Beobachters, werden zu einer unglaublich spannenden Lektüre.

Wer darüber hinaus die Kultgegenstände, die uns erhalten geblieben sind, im Original betrachten möchte, steht vor einem schwierigen Problem, denn diese sind über alle großen Museen Europas verstreut. Damit der Leser aber nicht umständliche eigene Nachforschungen anstellen muß, wurde bei jeder Abbildung der gegenwärtige Aufbewahrungsort angegeben, so daß der Leser die Möglichkeit hat, den einen oder anderen Museumsbesuch in eine Urlaubsreise einzuplanen.

In dem einleitenden Kapitel »Grundlagen« wurden bereits die schwierigen Probleme aufgezeigt, die eine Darstellung der germanischen Religion zu einer fast unlösbaren Aufgabe machen.

Der Verfasser ist sich daher durchaus bewußt, daß man zu manchen Einzelproblemen seiner Darstellung auch einen anderen Standpunkt vertreten kann und daß man noch mehr Fragezeichen hätte setzen können, als dies hier geschehen ist. Ausgehend von der Zielsetzung, ein Buch für *alle* geschichtlich Interessierten zu schreiben, mußte jedoch davon abgesehen werden, fachliche Streitfragen ausführlich darzustellen und zu diskutieren. Vielmehr sah der Verfasser seine Aufgabe darin, das Bild der germanischen Religion so zu zeichnen, wie es der überwiegenden Meinung der Fachwelt entspricht. Abweichende Meinungen wurden deshalb nur dort erörtert, wo sie dem Verständnis der Sache förderlich waren. Sonst sind sie nur angedeutet.

Die 2. Auflage dieses Buches wurde insgesamt überarbeitet und an mehreren Stellen durch weitere Beispiele und Bezüge zur Gegenwart erweitert.

Allen, die mit Rat und Tat bei dieser Arbeit geholfen haben, sei herzlich gedankt.

Burgwedel, im Sommer 1996 Dr. Klaus Bemmann

Zeittafel

ca. 35000	Auftauchen des Neuzeitmenschen, auch Cromagnon-Mensch genannt
ca. 10000–5000	Einheitliche Grundsprache der Indogermanen, anschließend Beginn des Zerfalls in Einzelsprachen (nach Kilian)
ca. 4000–1600	Jungsteinzeit
ca. 3000	Übergang von der Jagd zur Landwirtschaft, Hünengräber, Denghoog in Wenningstedt/Sylt
ca. 1600–800	Bronzezeit, Germanen in Norddeutschland, Dänemark und Südschweden. Felszeichnungen, Kivik-Grabmal, Luren, Sonnenwagen von Trundholm
ca. 800–0	Vorrömische Eisenzeit, Wagen von Dejbjerg
113–101	Zug der Kimbern und Teutonen von Jütland nach Norditalien und Südfrankreich, erste Kämpfe zwischen Germanen und Römern
200–0	Erfindung der Runen, Kessel von Gundestrup
58–51	Cäsar erobert Gallien, der Rhein wird die Grenze zwischen Germanien und dem Römischen Reich
ab 12	Die Römer versuchen, Germanien zu unterwerfen und zur römischen Provinz zu machen.
—	Christi Geburt, Zeitenwende
9	Schlacht im Teutoburger Wald. Die Germanen unter Arminius vernichten 3 römische Legionen unter Varus, Germanien ist befreit
14–16	Weitere Feldzüge der Römer zur Unterwer-

	fung der Germanen mit dem Ergebnis, daß sich die Römer endgültig auf die Rheingrenze zurückziehen
98	Tacitus (53–120) schreibt die Germania.
bis 300	Ausbreitung der Germanen (Goten, Wandalen, Gepiden, Heruler) nach Ost- und Südosteuropa bis zum Don und Schwarzen Meer
ca. 350	Der Westgote Wulfila (311–383) übersetzt die Bibel ins Gotische und schafft damit die Grundlage für die gesamte Christianisierung der Germanen
350–500	Christianisierung der Goten, Vandalen, Langobarden, Burgunder, Bayern, Alamannen und Thüringer durch gotische Missionare
375	Hunnensturm, Beginn der Völkerwanderung
ca. 380	König Athanarich versteckt den Königs- u. Kultschatz der Westgoten bei Pietroasa
ca. 400	Die Goldhörner von Gallehus, Aufkommen der Brakteaten und der Bildsteine auf Gotland/Schweden
410	Die Westgoten unter Alarich erobern Rom, Untergang des weströmischen Reiches, in ganz Westeuropa und Nordafrika entstehen Germanenreiche
498	Der Frankenkönig Chlodwig tritt zum Christentum über, die Franken werden Christen
ca. 625	Der Helm von Vendel
ca. 650	Aufkommen der Bezeichnung »deutsch« für die Sprache der Festlandsgermanen
772–804	Krieg der Franken unter Karl dem Großen gegen die Sachsen mit dem Ziel der Unterwerfung und Christianisierung mit Massenzwangstaufen, Massenhinrichtungen und anderen Grausamkeiten

919	Gründung des Deutschen Reiches
934–980	Christianisierung der Dänen als Folge kriegerischer Niederlagen gegen die Deutschen unter den sächsischen Kaisern
1000–1100	Christianisierung der Schweden, Norweger und Isländer
ca. 1220	Niederschrift der älteren und der jüngeren Edda

Literaturverzeichnis

Adam von Bremen:	Hamburgische Kirchengeschichte, 1987 [Historiker des Deutschen Altertums]
Almgren, Oscar:	Nordische Felszeichnungen als religiöse Urkunden, 1934
Ammianus Marcellinus:	Das römische Weltreich vor dem Untergang. Sämtliche erhaltenen Bücher, 1974
Arntz, Helmut	Handbuch der Runenkunde, 1944
Autorenkollektiv	Die Germanen, Ein Handbuch in zwei Bänden, 1978 und 1983
Baetke, Walter	Art und Glaube der Germanen, 1934
ders.	Das Heilige im Germanischen, 1942
ders.	Die Religion der Germanen in Quellenzeugnissen, 1937
Beck, Heinrich	Germanische Menschenopfer in der historischen Überlieferung, in: Akademie der Wissenschaften in Göttingen, 1970
Beck, Heinrich, u. a.	Germanische Religionsgeschichte, 1992
Beck, Inge	Studien zur Erscheinungform des heidnischen Opfers nach altnordischen Quellen, 1967
Becker, Carl Johan	Zur Frage der eisenzeitlichen Moorgefäße in Dänemark, in: Akademie der Wissenschaften in Göttingen, 1970

Behm-Blancke, Günther Germanische Mooropferplätze in Thüringen, in: Ausgrabungen und Funde 2, 1957
ders. Ein westgermanisches Moor- und Seeheiligtum in Nordwestthüringen, in: Ausgrabungen und Funde 3, 1958
ders. Latènezeitliche Opferfunde aus dem germanischen Moor- und Seeheiligtum von Oberdorla, in: Ausgrabungen und Funde 5, 1960
ders. Das germanische Tierknochenopfer und sein Ursprung, in: Ausgrabungen und Funde 10, 1965
ders. Kult und Ideologie, in: Die Germanen Band 1, 1976
Behn, Friedrich Die Bronzezeit in Nordeuropa, 1967
Betz, Werner Die altgermanische Religion, 1962
Bing, Just Germanische Religion der älteren Bronzezeit, 1914
ders. Der Sonnenwagen von Trundholm, 1934
Boudriot, Wilhelm Die altgermanische Religion in der amtlichen kirchlichen Literatur des Abendlandes des 5. bis 11. Jh., 1928
Buschan, Georg Altgermanische Überlieferungen in Kult und Brauchtum der Deutschen, 1936
Capelle, Wilhelm Das alte Germanien. Die Nachrichten der griechischen und römischen Schriftsteller, 1929
Clemen, Karl Altergermanische Religionsgeschichte, 1934
Closs, Alois Das Versenkungsopfer, 1952
Colp, Carsten Theoretische Möglichkeiten zur Iden-

	tifizierung von Heiligtümern und Interpretation von Opfern, in Akademie der Wissenschaften in Göttingen, 1970
Derolez, R. L. M.	Götter und Mythen der Germanen, 1963
Diederichs, Ulf	Die Helden von Thule, 1987
ders.	Germanische Götterlehre, 1987
Dietz, Karin	Mythos und Kult des Gottes Freyr in der Überlieferung der Nordgermanen, 1974
Diwald, Hellmut	Heinrich der Erste, 1987
Donat, Peter	Haus, Hof und Dorf im Mittelalter, 1980
Drexel, Friedrich	Die Götterverehrung im römischen Germanien, 1922
Dumézil, Georges	Mythes et dieux des Germains, 1939
Dunareanu-Vulpe, Ecaterina	Der Schatz von Pietroasa, 1967
Ellger, Dietrich	Die Ausgrabungen in der Stiftskirche zu Enger, in: Denkmalpflege und Forschung in Westfalen, 1979
Funke, Ulrich	Enthalten die deutschen Märchen Reste der germanischen Götterlehre? 1932
Gehl, Walther	Der germanische Schicksalsglaube, 1939
Geisslinger, Helmut	Horte als Geschichtsquelle, 1967
Genzmer, Felix	Edda, Erster Band, Heldendichtung, 1928
ders.	Edda, Zweiter Band, Götterdichtung und Spruchdichtung, 1920
ders.	Die Götter des Zweiten Merseburger Zauberspruchs, 1949
ders.	Germanische Zaubersprüche, in Ger-

manisch-Romanische Monatsschrift 32, 1950/51

Gladigow, Burkhard — Die Teilung des Opfers, in Frühmittelalterliche Studien 18, 1984

Golther, Wolfgang — Handbuch der germanischen Mythologie, 1895 (Nachdruck 1984)

Gregor von Tours — Fränkische Geschichte, 1988 [Historiker des Deutschen Altertums]

Grimm, Jacob — Deutsche Mythologie, 4. Aufl., 1876

Grönbech, Wilhelm — Kultur und Religion der Germanen, 1937

Haas, Hans — Bilderatlas zur Religionsgeschichte, 1923

Harck, Ole — Gefäßopfer der Eisenzeit im nördlichen Mitteleuropa, in Frühmittelalterliche Studien 18, 1984

Hartner, Willi — Die Goldhörner von Gallehus, 1969

Hauck, Karl — Germanische Bilddenkmäler des frühen Mittelalters, in Deutsche Vierteljahresschrift für Literaturwissenschaft und Geistesgeschichte, 1957

ders. — Überregionale Sakralorte und die vorchristliche Ikonographie der Seegermanen, in: Akademie der Wissenschaften in Göttingen, 1981

ders. — Text und Bild in einer oralen Kultur, in Frühmittelalterliche Studien 17, 1983

ders. — Varianten des göttlichen Erscheinungsbildes im kultischen Vollzug, in Frühmittelalterliche Studien 18, 1984

Hawkes, Jacquetta — Bildatlas der frühen Kulturen, 1980

Helm, Karl — Altgermanische Religionsgeschichte, 1913–1953

Herrmann, Paul — Altdeutsche Kultbräuche, 1928

ders.	Das altgermanische Priesterwesen, 1929
Höfler, Otto	Der Sakralcharakter des germanischen Königtums, 1959
Hoops, Johannes	Reallexikon der Germanischen Altertumskunde, Bd. 1–6, 1973–1986
Ihm, Maximilian	Der Mutter- oder Matronenkultus und seine Denkmäler, 1887
Jankuhn, Herbert	Die religionsgeschichtliche Bedeutung des Thorsberger Fundes, in: Forschungen und Fortschritte 12, 1936
ders.	Denkmäler der Vorzeit zwischen Nord- und Ostsee, 1957
ders.	Archäologische Beobachtungen zu Tier- und Menschenopfern bei den Germanen in der römischen Kaiserzeit, in: Akademie der Wissenschaften in Göttingen, 1967
ders.	Vor- und frühgeschichtliche Opfersitten, 1970
Jantzen, Hans	Saxo Grammaticus. Die ersten neun Bücher der dänischen Geschichte, 1900
Jung, Erich	Germanische Götter und Helden in christlicher Zeit, 1922
Kaiser, Hermann	Museumsdorf Cloppenburg, 1981
Karsten, Torsten E.	Tiwaz, 1914
ders.	Die Germanen, 1928
ders.	Die neuen Runen- und Bilderfunde aus der Unterweser, 1930
Kaspers, W.	Germanische Götternamen, 1952
Keller, Gustav	Tanz und Gesang bei den alten Germanen, 1927
Kilian, Lothar	Zum Ursprung der Indogermanen, 1983

ders.	Zum Ursprung der Germanen, 1988
Klingenberg, Heinz	Runenschrift, 1973
Koschorreck, Walter	Der Sachsenspiegel in Bildern, 1976
Krause, Wolfgang	Runen, 1970
Lammers, Walther	Die Eingliederung der Sachsen in das Frankenreich, 1970
Lange, Wolfgang	Theophore Ortsnamen und Kultstätten, 1968
Leyen, Fr. von der	Die germanische Runenreihe und ihre Namen, 1930
ders.	Die Götter der Germanen, 1937
Lindquist, Sune	Gotlands Bildsteine, 1941
Lintzel, Martin	Karl der Große und Widukind, 1935
ders.	Ausgewählte Schriften, 2 Bände, 1961
Mahr, August	Wodan in der deutschen Volksüberlieferung, 1928
Mantel, Kurt	Geschichte des Weihnachtsbaumes, 3. Aufl., 1989
Meisen, Karl	Die Sagen vom Wütenden Heer und Wilden Jäger, 1935
Merkel, R. F.	Anfänge der Erforschung germanischer Religion, 1937
Meyer, Elard Hugo	Germanische Mythologie, 1891
Meyer, Richard M.	Altgermanische Religionsgeschichte, 1910 (Nachdruck 1986)
Misch, Jürgen	Die Langobarden, 1979
Mogk, Eugen	Die Menschenopfer der Germanen, 1909
ders.	Die altgermanische Religion, 1924
Much, Rudolf	Die Germania des Tacitus, 3. Aufl., 1967
Müller-Wille, Michael	Opferplätze der Wikingerzeit, in: Frühmittelalterliche Studien 18, 1984

Naumann, Hans	Die Götter Germaniens, 1930
ders.	Germanischer Schicksalsglaube, 1934
Neckel, Gustav	Die jüngere Edda, 1925
ders.	Walhall, Studien über germanischen Jenseitsglauben, 1931
Nylen, Erik u. Lamm, Jan Peder	Bildsteine auf Gotland, 1981
Olsen, E.	Neue Beiträge zur altnordischen Religionsgeschichte, 1934
Olsen, Olaf	Vorchristliche Heiligtümer in Nordeuropa, in Akademie der Wissenschaften in Göttingen, 1970
Ottenjan, Helmut u. Kaiser, Hermann	Alte Bauernhäuser zwischen Weser und Ems, 1982
dies.	Der Bauernhausgiebel, 1986
Pfannenschmid, H.	Germanische Erntefeste im heidnischen und christlichen Cultus mit besonderer Beziehung auf Niedersachsen, 1878
Philippson, E. A.	Die Volkskunde als Hilfswissenschaft der germanischen Religionsgeschichte, 1938
ders.	Die Genealogie der Götter in germanischer Religion, Mythologie und Theologie, 1953
Pörtner, Rudolf	Bevor die Römer kamen, 1961
Prideaux, Tom	Der Cro-Magnon-Mensch, 1973
Procop	Der Gotenkrieg, Magnus-Verlag 1981
Raddatz, Klaus	Religionsgeschichtliche Probleme des Thorsberger Moorfundes, in Akademie der Wissenschaften in Göttingen, 1970
Rademacher, Karl	Wodan – St. Michael – Der Deutsche Michel, 1934

Rueckert, Hans — Die Christianisierung der Germanen, 1934

Schäfer, Dietrich — Das Bauernhaus im Deutschen Reiche und seinen Grenzgebieten, 1974

Schlender, Ida H. — Germanische Mythologie, Religion und Leben der Germanen, 5. Aufl., 1934

Schneider, Hermann — Germanische Altertumskunde, 1938

ders. — Die Götter der Germanen, 1938

ders. — Die Geschichte des Riesen Hrungnir, in: Festschrift zum 70. Geburtstag von Felix Genzmer, 1952

Schneider, Karl — Die germanischen Runennamen, 1956

Schreiber, Hermann — Wie die Deutschen Christen wurden, 1984

Schröder, Franz Rolf — Neuere Forschungen zur germanischen Altertumskunde und Religionsgeschichte, 1929

ders. — Quellenbuch zur germanischen Religionsgeschichte, 1933

ders. — Balder und der Zweite Merseburger Zauberspruch, 1953

Schulz, Walter — Archäologisches zur Wodan- und Wanenverehrung, 1932

Schwarz, Paul — Reste des Wodankultes in der Gegenwart, 1891

Seipp, Horst — Entwicklungszüge der germanischen Religionswissenschaft, 1968

Stenberger, Marten — Die Schatzfunde Gotlands der Wikingerzeit, 1947

Stjernquist, Berta — Präliminarien zu einer Untersuchung von Opferfunden, 1962

dies.	Germanische Quellenopfer, in: Akademie der Wissenschaften in Göttingen, 1970
Ström, Ake Viktor	Germanische Religion, in: Die Religionen der Menschheit, 1975
Tacitus, Cornelius	Sämtliche Werke, Phaidon-Verlag, 1985
Thietmar von Merseburg	Chronik, in: Ausgewählte Schriften zur deutschen Geschichte des Mittelalters, 1970
Tille, Alexander	Die Geschichte der deutschen Weihnacht, 1893
Tromnau, Gernot	Archäologie in der DDR, Ausstellungskatalog 1987
de Vries, Jan	Altgermanische Religionsgeschichte, 2 Bände, 3. Aufl. 1970
Wenskus, Reinhard	Stammesbildung und Verfassung, 1961
ders.	Sächsischer Stammesadel und fränkischer Reichsadel, 1976
Wolfram, Herwig	Geschichte der Goten, 1983
Widukind von Corvey	Sächsische Geschichte, 1986 [Historiker des Deutschen Altertums]

Register

Bildquellennachweis

Archiv des Verfassers: 13–16, 19, 22–24, 26, 28, 35, 55–59 / Bengt Lundberg, Stockholm: 60 / Cramers Kunstanstalt, Dortmund: 25 / Isländisches Nationalmuseum Reykjavik: 18 / Museum Bunge, Gotland: 33 / Museum für Ur- und Frühgeschichte Thüringens, Weimar: 36, 37 / Nationalbibliothek Paris: 32 / Nationalmuseum Kopenhagen (Lennart Larsen): 17, 20, 27 / Staatlich Historisches Museum Stockholm: 1, 11, 12, 29, 30, 48, 51, 54 / Städt. Kunstsammlungen Augsburg: 46, 47 / Verlagsarchiv: 2–10, 21, 31, 34, 38–45, 49, 50, 52, 53

Verfasser und Verlag danken nochmals allen Personen und Institutionen, die bei der Bildbeschaffung behilflich waren, besonders Herrn Jens Peder Lamm, Staatlich Historisches Museum Stockholm, und dem Wittelsbacher Ausgleichsfond für die Fotogenehmigung in der Stiftskirche Berchtesgaden.

KIMBERN
HERULER
ANGELN
SACHSEN
SURR
LANGOBARDEN
FRIESEN
AMPSIVARIER
CHAUKEN
Visurgis
Albis
Vidrus
CHASU-
ARIER
ANGRIVARIER
Amisia
BRUKTERER
BATAVER
CHAMAVEN
CHERUSKER
Lupia
Caesias
MARSER
Aliso
Melibocus mons
Sala
TENKTERER
Gelduba
TUNGRER
Atuatuca
NERVIER
Adrana
CHATTEN
HERMUNDUREN
SUCAMBRER
Semana silva
Colognia Agrip.
USIPETER
Rhenus
UBIER
Taunus m.
MATTIACER
Moenus
TREVERER
Mosa
Augusta Treverorum
Mosella
VANGIONEN
Borbetomagus
TURONEN
NEMETER
Noviomagus
Divodurum
Matrona
Tullum
mons
TRIBOCER
Argentoratum
Marciana silva
Nicer
Alba Silva
Danuvius
Augusta Vindel.
Abnoba s.
Vosegus
Andematunnum
L. Venetus

DIE STÄMME DER SÜDGERMANEN
IM I. JAHRHUNDERT
N. CHR.
RUGIER
GEPIDEN
Chronus
NEN
SIDINEN
WARNEN
LEMOVIER
GOTEN
Vistula
SEMNONEN
BURGUNDER
Suebus
Albis
SUEBEN
WANDALEN
HARIER
SILINGER
s. NAHARVALANEN
Vandalici montes
Asciburgius mons
montes
Vistula
MARKOMANNEN
QUADEN
Marus
Cusus
Luna silva
silva
Vindobona
Carnuntum

Verwandtschaft

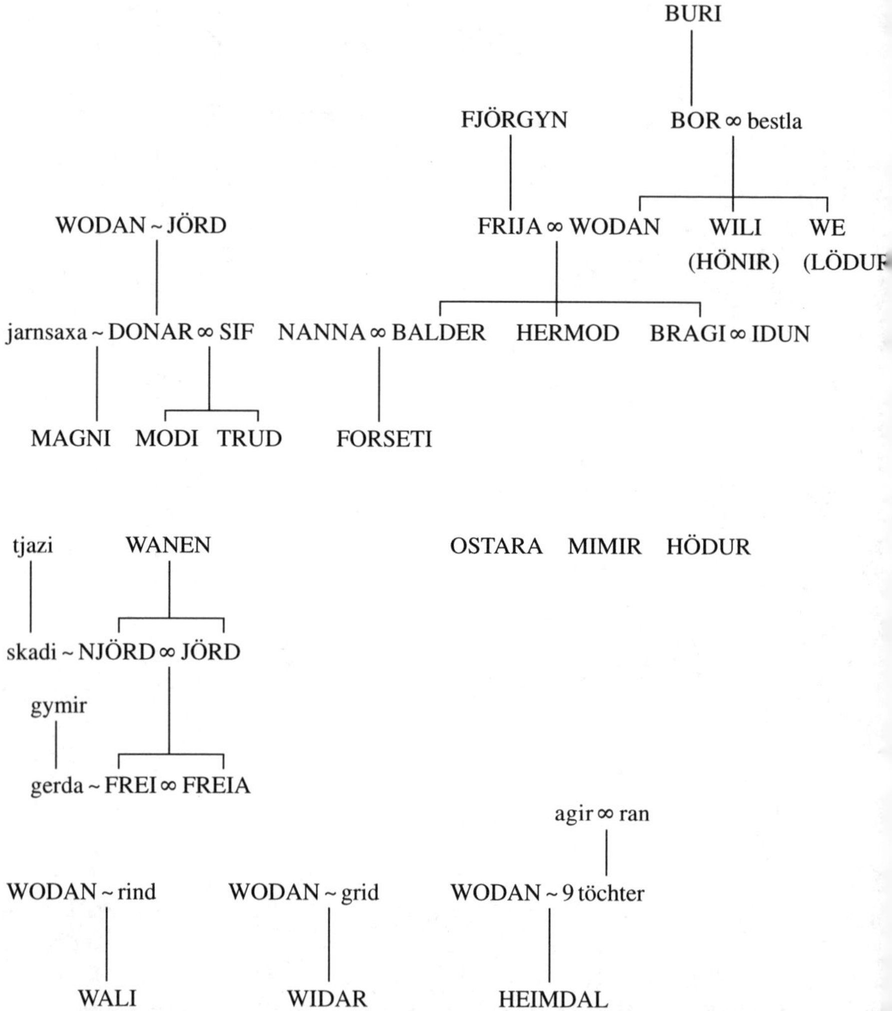

eziehungen

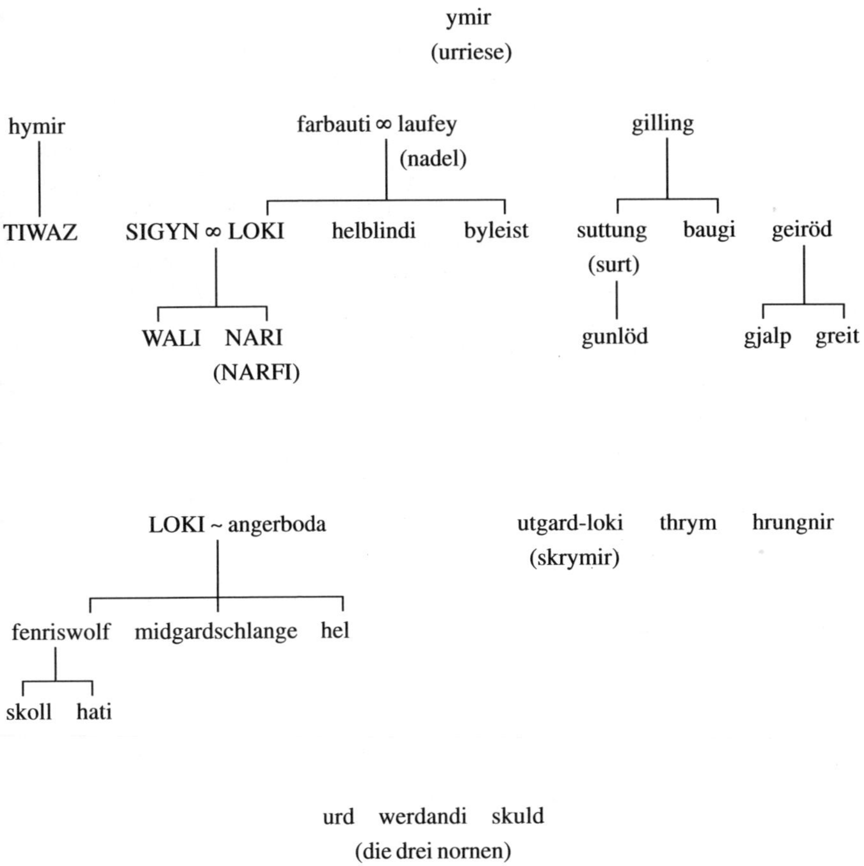

Erläuterungen:

GROSSBUCHSTABEN: GÖTTER ∞ eheliche Verbindung

kleinbuchstaben: riesen ~ nichteheliche Verbindung

Zur besseren Übersichtlichkeit ist WODAN 5× und sind LOKI und JÖRD je 2× aufgeführt.